**Anthologie
de la
littérature
française**

siècle

D1628176

Collection dirigée par
Robert Horville

ISBN 2-03-871594-7
I.S.S.N. 0297-4479.

Anthologie de la littérature française

XIXe

siècle

Textes choisis et présentés par
Anne-Élisabeth Halpern
agrégée de lettres modernes

Un siècle
de révolutions

Annexes

Un siècle
de révolutions

*H*éritier de la révolution de 1789 et de ses
bouleversements, le XIXe siècle en France est marqué par de grandes crises politiques qui entraînent
de nombreux changements de régime (trois répu-
bliques, deux empires et deux monarchies). La révolution industrielle, largement amorcée en
Angleterre dès le XVIIIe siècle, atteint la France. La
société est en pleine mutation : les ouvriers forment une nouvelle classe sociale, tandis que le pouvoir économique et politique de la bourgeoisie se
renforce. Cette mutation s'accompagne de profonds bouleversements dans les mentalités.

Des révolutions politiques

1800-1815 : La figure dominante du début du
siècle est Napoléon Bonaparte (1769-1821), qui incarne un idéal militaire et patriotique. Au nom

d'une grande France, il unifie le pays grâce à une centralisation des pouvoirs étatiques, mais le ruine aussi par des guerres expansionnistes. Le règne de l'Empereur s'achève avec sa défaite contre les Anglais à Waterloo en 1815.

1815-1848 : La France retourne alors à un régime monarchique, celui de la Restauration. Louis XVIII puis Charles X (à partir de 1824), tous deux frères de Louis XVI, y assurent une monarchie constitutionnelle (avec deux Chambres, selon le modèle anglais). La décision prise par le roi de légiférer par ordonnances (donc sans le concours des Chambres) et de restreindre ainsi certaines libertés, notamment celle de la presse, est à l'origine de la révolution de 1830 et de la destitution de Charles X lors des Trois Glorieuses (27-28-29 juillet). Louis-Philippe prend le pouvoir. Ce régime, appelé « monarchie de Juillet », est plus libéral, plus proche de la bourgeoisie que le précédent.

1848-1870 : Le libéralisme n'est cependant pas la démocratie et le peuple redescend dans la rue en 1848. Cette révolution accorde le suffrage universel (aux hommes seulement), abolit l'esclavage (aboli déjà en 1794, mais rétabli par Napoléon Ier) et considère comme fondamentaux le droit au travail et la liberté de la presse. Cependant la deuxième République, avec Louis-Napoléon (neveu de Napoléon Ier) comme président, est de courte durée.

Elle est balayée par le coup d'État de 1851 du président lui-même, qui devient empereur (sous le nom de Napoléon III) et instaure, avec le second Empire, un régime autoritaire dans lequel la liberté d'expression est bafouée (Victor Hugo doit s'exiler, par exemple). C'est aussi l'époque de la révolution industrielle, qui fait de la France une grande puissance internationale.

1870-1914 : La guerre contre la Prusse et la victoire de cette dernière mettent à bas l'Empire. Alors même que la troisième République est proclamée, la guerre s'achève par la répression sanglante de la Commune : c'est contre le gouvernement, qui avait capitulé devant la Prusse, que s'était constitué ce mouvement révolutionnaire ; les troupes gouvernementales officielles répriment l'insurrection et déportent les communards. La troisième République se réclame pourtant des valeurs de la démocratie : une plus grande liberté d'expression, l'élargissement de l'instruction à de nouvelles couches sociales (lois scolaires de Jules Ferry en 1880-1881), etc. L'évolution des sciences et des techniques nourrit parallèlement l'idéal d'une marche constante de l'humanité vers le progrès. Pasteur crée le vaccin contre la rage en 1885, Eiffel érige sa fameuse tour métallique en 1889 ; Niepce en 1829 invente la photographie et les frères Lumière mettent au point le cinématographe en 1895. L'urbanisme lui-même est bouleversé, avec notamment les projets du baron Haussmann, à partir de 1853.

Mais se développe également dans les mentalités un courant de nationalisme exacerbé teinté d'antisémitisme. C'est ainsi que Dreyfus, officier juif, injustement accusé d'espionnage, est dégradé en 1894. Son innocence n'est rétablie qu'en 1906 et « l'Affaire » divise la France : d'un côté les dreyfusards, tels Zola et d'autres intellectuels modérés ou socialistes ; de l'autre les antidreyfusards, hommes de la droite nationaliste et antisémite. Ce climat de nationalisme, commun à tous les pays d'Europe, alimentera les tensions internationales qui concourront à l'explosion de la Première Guerre mondiale en 1914.

Une révolution mentale et spirituelle

Ayant accédé au pouvoir avec la Révolution française, la bourgeoisie a, de régime en régime, construit ce qui fera la France contemporaine : la démocratie, l'économie capitaliste avec ses conséquences sociales, la reconnaissance des nationalités. Les acquis théoriques de la Révolution française, en matière de droit et de progrès, se veulent universels, donc exportables dans le monde entier : c'est ce qui motive en partie l'expansion coloniale française (en Afrique et en Asie du Sud-Est), bien que celle-ci ait comporté abus et exactions. L'éveil des nationalités et la volonté des peuples d'accéder à leur indépendance jalonnent l'histoire européenne de cette époque : la Grèce se soulève contre l'Empire ottoman ; l'Allemagne se constitue en une fédération d'États ; l'Italie est unifiée. Le mouvement est amplifié par la diffusion des cultures européennes et par leur connaissance mutuelle, grâce, en partie, aux artistes qui voyagent beaucoup. L'émergence de nouvelles unités nationales s'accompagne de l'idée d'une nécessaire liberté des peuples, qui s'exprime dans des soulèvements politiques (comme les révolutions successives en France). La révolution industrielle et les bouleversements sociaux qui lui sont liés favorisent une réflexion de la part des intellectuels, sur la dignité humaine et sur ce nouvel esclavage que serait la machine. Le combat pour les libertés prend, jusqu'au milieu du siècle, la forme d'un engagement des artistes dans la vie publique. Pourtant, à l'époque du second Empire, nombre d'entre eux, déçus par l'action — à cause des suites de la révolution de 1848 notamment —, se détournent des combats politiques. Certains apportent néanmoins leur soutien au mouvement ouvrier, en dénonçant dans leurs œuvres les injustices sociales.

Périodes littéraires

L'art dans la marche du siècle

Aux tumultueux débats politiques se superposent de virulents discours théoriques sur l'art, qui font du XIXᵉ siècle un immense creuset d'entreprises esthétiques. Philosophiquement, le siècle oscille entre deux pôles : le spiritualisme et le positivisme. Le premier, qui considère que l'esprit est supérieur à la réalité, jugée trop matérielle, est le fait de penseurs catholiques auxquels se rattachent Chateaubriand ou Huysmans ou des fervents de l'occultisme, tels Balzac ou Villiers de L'Isle-Adam, qui croient à l'action des forces surnaturelles. Le second courant, rationaliste, met en avant les pouvoirs de la raison et non plus de la foi. Il est à la base de l'élaboration des théories socialistes et de l'attrait pour la science. L'idée de progrès lié au développement des sciences fait l'objet, comme au XVIIIᵉ siècle, d'une controverse : les uns, comme Zola, croient à l'amélioration de l'humanité sous l'égide de la science ; les autres, comme Vigny, considèrent que la technique détruit les valeurs humaines authentiques et que la révolution industrielle annoncerait la fin du monde. Quoi qu'il en soit, l'artiste bénéficie de ces bouleversements techniques : grâce aux nouveaux moyens de diffusion et à la lutte contre l'illettrisme, la littérature, dès le milieu du siècle, conquiert un public de plus en plus vaste. La presse, en particulier, connaît un essor remarquable et nombre d'écrivains ont d'abord fait connaître leurs œuvres grâce aux journaux. Les arts plastiques (peinture, sculpture, architecture) sont l'objet de débats passionnés sur la modernité. Les hommes de lettres y prennent part : c'est ainsi que les romantiques défendent le peintre Delacroix (1798-1863), et que les naturalistes soutiennent Manet (1832-1883).

Le mouvement romantique

Le refus du pouvoir de la seule raison, l'exaltation de la sensibilité de l'individu et l'imagination semblent être les mots d'ordre du romantisme jusqu'en 1850. Les romantiques définissent peu à peu leur révolution littéraire et politique, en réaction contre le XVIIIe siècle. Techniquement, cette révolution passe par le rejet de certaines règles classiques, au théâtre en particulier : les romantiques rêvent d'un art plus spontané et sans limites. Si la poésie, de son côté, privilégie les épanchements intimes, elle n'en considère pas moins le poète comme un missionnaire social, chargé de conduire le peuple vers un avenir radieux. Se développe aussi un courant philosophique qui érige l'Histoire et la critique littéraire comme sciences. Cette dernière, en particulier, ne relève plus du seul goût, mais se dote d'instruments d'étude précis. Le romantisme suit ainsi une double voie : l'individualisme et l'engagement dans la lutte collective. La réaction aux excès de ces deux voies va donner naissance aux mouvements ultérieurs du siècle : le naturalisme d'une part et le symbolisme d'autre part.

Du positivisme au naturalisme

Hérité de l'esprit rationaliste du XVIIIe siècle, le positivisme (voir p. 338), d'abord doctrine philosophique, émerge dans les disciplines artistiques. En effet, les romans intimistes du début du siècle sont bientôt relayés par des tentatives pour traduire plus fidèlement le réel : Balzac ou Stendhal font entrer l'Histoire dans leurs œuvres et dressent un tableau de la société. Peu à peu le réalisme, tel que le pratique Flaubert et qui se veut dépourvu de l'excessive sensibilité romantique, se radicalise dans le naturalisme. Maupassant et Zola, par exemple, préconisent de s'appuyer sur une documentation précise pour exprimer, dans les romans, la vérité des faits. Dans la ligne de certains penseurs, comme Renan (1823-1892) et Comte (1798-1857), ils subordonnent le progrès humain à l'acquisition de connaissances objectives et scientifiques. Enfin, tandis que la question sociale est posée par les théoriciens du socialisme tels que Proudhon (1809-1865) en France ou Marx (1818-1883) en Allemagne, la dénonciation des maux sociaux dans les romans est destinée à faire prendre conscience au lecteur des souffrances du peuple.

L'héritage encyclopédique du siècle des Lumières se manifeste, par ailleurs, dans le *Diction-*

naire de la langue française d'Émile Littré et dans le *Grand Dictionnaire universel* de Pierre Larousse, qui rencontrent un succès grandissant. Quant à la poésie, l'abandon du lyrisme (voir p. 338) personnel, porté à la caricature par certains romantiques, conduit à des projets plus vastes. C'est ainsi que Baudelaire, entre autres, fait du poète le seul être capable d'expliquer le monde dans ses dimensions spirituelles.

Parnasse et symbolisme

La voie naturaliste est, elle aussi, remise en cause, comme certains excès du romantisme. Aux idéologies sociales et scientifiques se substituent alors des théories spiritualistes. La fin du siècle s'oriente vers une littérature sans théoriciens, éclatée dans des formes variées et servie par des personnalités qui ne se réclament plus d'aucune école. Déçus par leur époque, certains écrivains vouent un véritable culte à la forme seule, aux dépens du contenu. Gautier et Leconte de Lisle militent au sein du Parnasse, un mouvement qui se réclame de l'esthétique de l'Antiquité. Puis, privilégiant les forces de l'imaginaire et du rêve, le symbolisme, qui regroupe des artistes d'inspirations diverses, réinterprète la réalité en un ensemble de signes qui prennent la place du réel. Les poètes de cette fin de siècle, comme Mallarmé, véritables jongleurs de la langue, trouvent dans les mots une raison de vivre qui leur est refusée dans le monde concret. Écrivains et peintres s'efforcent de retranscrire leurs impressions profondes devant le mystère quasi mystique de l'existence. La communauté d'esprit entre poètes et peintres ou musiciens est grande, si l'on en juge par la collaboration fructueuse de Verlaine et Mallarmé avec les musiciens Fauré (1845-1924) ou Debussy (1862-1918), par exemple.

La Première Guerre mondiale, en changeant radicalement l'ordre politique et les mentalités, donnera naissance à une autre réflexion sur les arts et les hommes.

Le mouvement romantique

Le mouvement romantique

Un mouvement européen

Issu des cultures anglaise et allemande de la fin du XVIIIe siècle, le romantisme imprime sa marque à toute la première moitié du siècle suivant. Le mot « romantisme » vient de l'anglais et renvoie d'abord aux romans puis à toute production artistique qui s'oppose au classicisme. L'œuvre à laquelle se réfèrent les premiers romantiques, *les Souffrances du jeune Werther,* est publiée par l'Allemand Goethe (1749-1832) en 1774. L'Allemagne, par ailleurs, en la personne de Hoffmann (1776-1822), l'Angleterre, avec les romans de Walter Scott (1771-1832), ont influencé durablement la littérature française romantique et fantastique (Nodier, Mérimée). C'est surtout Mme de Staël qui fait connaître ces cultures et qui donne, avec Constant et Chateaubriand, l'élan vital au mouvement romantique français. Le rationalisme (voir p. 338) dont s'était réclamée la Révolution française y est battu en brèche.

L'idéal romantique

Deux groupes essentiellement élaborent les théories romantiques : le « Cénacle » (voir p. 338) autour de Hugo, surtout à partir de 1827, et le salon de Nodier. On y détermine les objectifs du mouvement : la liberté dans l'art, la position privilégiée de l'individu et l'intégration de l'art français à un vaste mouvement européen. Le romantisme est ainsi à la fois une révolution artistique et la synthèse de grandes aspirations humaines. Cela explique sa dimension métaphysique. L'artiste parle d'ailleurs au nom des puissances supérieures : celles du rêve (Nodier, Nerval) ou de Dieu lui-même (Vigny, Hugo). Le mouvement romantique, à partir de 1830, est un véritable phénomène de société. Les romantiques vont cultiver comme une mode le pittoresque et l'originalité et ils seront caricaturés pour cela, surtout dans les années 1850.

La bataille romantique

Historiquement, la génération romantique doit survivre à la défaite napoléonienne et trouver de difficiles repères dans un pouvoir politique sans vigueur. Déçus par la Restauration, les artistes n'ont néanmoins pas perdu tout espoir d'offrir aux hommes un soulagement à leurs tourments. Car le héros romantique, incarné par Musset, n'est pas seulement enfermé dans sa mélancolie individuelle. Aussi la génération qui a connu les journées de révolte de 1830 (Lamartine, Hugo, Mérimée) s'engage-t-elle dans l'action politique. D'abord conservateur, le mouvement s'oriente vers le libéralisme. La poésie « sera philosophique, religieuse, politique, sociale », proclame Lamartine (*Destinées de la poésie,* 1834), qui considérait, avec Hugo ou Sand, que l'artiste devait mettre son talent au service du peuple et de tous ceux qui ne savent pas s'exprimer. La révolte romantique s'attaque ainsi à tout ce qui nuit à l'épanouissement de l'homme, dans le domaine politique, social ou moral. Ses outils sont ceux de la littérature, mais aussi de la peinture, avec Delacroix (1798-1863), ou de la musique, sous la baguette de Berlioz (1803-1869).

Le romantisme réunit tous ceux qui défendent l'idée d'un combat contre les auteurs du siècle passé, les classiques, trop attachés à des règles rigides. C'est essentiellement au théâtre que va se dérouler le conflit : Vigny, Hugo, Musset, Dumas prônent la suppression des genres et le mélange de la tragédie avec la comédie ; ils rapprochent les extrêmes, « l'ombre à la lumière, le grotesque au sublime, en d'autres termes le corps à l'âme, la bête à l'esprit » (Hugo, Préface de *Cromwell,* 1827). On abandonne les règles classiques de vraisemblance, de bienséance, d'unité de lieu et de temps. Lors des représentations d'*Hernani,* en 1830, les partisans de la pièce de Hugo, menés par Gautier et Nerval, s'opposent violemment aux défenseurs du classicisme. Pour les romantiques, l'esthétique et la politique sont intimement liées : « L'art, c'est la liberté » (Gautier, Préface d'*Albertus*) ; le succès que remporte finalement *Hernani* est donc aussi une victoire morale et politique.

MADAME DE STAËL (1766-1817)

....

UNE VIE DE VOYAGES. Fille du banquier et homme politique suisse Necker, Germaine de Staël, forcée à l'exil, d'abord par la Révolution, puis par Napoléon pour ses opinions libérales, mène une vie mondaine à travers l'Europe. Dans son salon de Paris, puis de Coppet (Suisse), se réunissent écrivains, philosophes et hommes politiques. Remarquablement intelligente, elle vit aussi une existence sentimentale riche et orageuse (notamment avec Benjamin Constant, voir p. 29). Elle diffuse les idées nouvelles et fait connaître l'Allemagne, où elle a séjourné à plusieurs reprises.

UNE ŒUVRE AUTOBIOGRAPHIQUE ET MILITANTE. Ses ouvrages, romans ou essais critiques, sont construits comme des journaux de voyage ou des échanges de lettres. Dans *Delphine* (1802) et *Corinne* (1807), la romancière retrace le destin de deux femmes victimes de leur supériorité intellectuelle qui doivent sacrifier leur amour à leur devoir. Mme de Staël y développe avec fougue ses idées féministes quant à la primauté de la passion sur les conventions sociales telles que le mariage. Le ton de ses essais critiques est plus modéré et théorique. Elle défend la tradition littéraire allemande dans *De l'Allemagne* (1810), qui contient un bel éloge de cette littérature d'outre-Rhin dans laquelle prime l'émotion individuelle et le lyrisme (voir p. 338). *De la littérature considérée dans ses rapports avec les institutions sociales*

(1800) propose une classification des types littéraires en fonction du climat géographique dans lequel ils ont éclos : le goût n'est donc qu'une notion relative, qu'il convient d'enrichir par la fréquentation d'autres littératures que celle de son pays. Cette femme enthousiaste, mais souvent déçue par son entourage, est la première théoricienne du romantisme.

DELPHINE (1802). Dans ce roman par lettres, la jeune veuve, qui donne son nom à l'œuvre, ne peut vivre sa passion pour Léonce, à cause des conventions sociales et pour préserver son honneur. En effet, à la suite de manœuvres de son entourage, le jeune homme est amené à se marier avec une autre. Les deux héros mourront sans cesser de s'aimer. Cette œuvre ouvre la voie au romantisme, par ses développements sur les mouvements du cœur et par ses réflexions théoriques sur la société postrévolutionnaire.

« Je veux être heureux ! »

« Ô Léonce, lui dis-je, ni ce ciel, ni cette nature, ni ma tendresse ne peuvent rien pour ton bonheur ? — Rien ! me répondit-il, rien ne peut affaiblir la passion que j'ai pour toi ; et cette
5 passion, à présent, me fait mal, toujours mal. Tes yeux qui s'élèvent vers le ciel comme vers ta patrie, tes yeux implorent la force de me résister. Delphine, dans ces étoiles que tu contemples, dans ces

mondes peut-être habités, s'il y a des êtres qui s'ai-
10 ment, ils se réunissent ; les hommes, la société, leurs
vertus mêmes ne les séparent point. — Cruel !
m'écriai-je, et ne me suis-je donc pas donnée à toi ?
ai-je une idée dont tu ne sois pas l'objet ? mon cœur
bat-il pour un autre nom que le tien ?

15 — Va, reprit Léonce, puisque ton amour est
moins fort que ton devoir, ou ce que tu crois ton devoir, quel est-il cet amour ? peut-il suffire au mien ? »
Et il me repoussa loin de lui, mais avec des mains
tremblantes et des yeux voilés de pleurs.

20 « Delphine, ajouta-t-il, ta présence, tes regards,
tout ce délire, tout ce charme qui réveille tant de regrets, c'en est trop, adieu. » Et se levant précipitam-
ment, il voulut s'en aller.

« Quoi ! lui dis-je en le retenant, tu veux déjà me
25 quitter ? Est-ce ainsi que tu prodigues[1] les heures qui
nous restent ? les heures d'une vie de si peu de durée
pour tous les hommes, hélas ! peut-être bien plus
courte encore pour nous ? — Oui, tu as raison, répondit-il en revenant, j'étais insensé de partir ! je
30 veux rester ! je veux être heureux ! Pourquoi suis-je
dans cet état ? Pourquoi, continua-t-il en mettant
ma main sur son cœur, pourquoi y a-t-il là tant de
douleurs ? Ah ! je ne suis pas fait pour la vie, je me
sens comme étouffé dans ses liens ; si je savais les
35 rompre tous, tu serais à moi, je t'entraînerais. »

DELPHINE, *1802,*
III, lettre XXXIX.

---

1. Gaspilles.

Guide de lecture
....

1. **Quelles sont les manifestations de la passion intense qui unit les deux personnages ?**
2. **Par quels arguments s'exprime le conflit entre passion et devoir ?**

3. **Étudier les moyens stylistiques employés par l'auteur pour traduire l'exaltation.**

DE L'ALLEMAGNE (1810).   Ce livre se présente comme un traité : la première partie concerne les mœurs allemandes, la deuxième s'attache à la littérature et aux arts, la troisième à la philosophie et à la morale, la quatrième aborde le problème religieux. Mme de Staël ne se contente pas d'y faire l'éloge de la culture allemande : en rejetant préjugés et interdits en tout genre, elle revendique pour les artistes une liberté intellectuelle qui leur permette de créer une littérature nouvelle. Dès la parution de l'ouvrage, le public s'est enflammé pour cette œuvre qui propose des éléments de définition du romantisme, ou contre elle.

« Le génie poétique est une disposition intérieure »

L
e don de révéler par la parole ce qu'on ressent au fond du cœur est très rare ; il y a pourtant de la poésie dans tous les êtres capables d'affections vives et profondes ; l'expression manque à ceux qui

5 ne sont pas exercés à la trouver. Le poëte ne fait
pour ainsi dire que dégager le sentiment prisonnier
au fond de l'âme ; le génie poétique est une disposition intérieure de la même nature que celle qui rend
capable d'un généreux sacrifice : c'est rêver l'hé-
10 roïsme que composer une belle ode[1]. Si le talent n'é-
tait pas mobile, il inspirerait aussi souvent les belles
actions que les touchantes paroles ; car elles partent
toutes également de la conscience du beau, qui se
fait sentir en nous-mêmes.

15 Un homme d'un esprit supérieur disait *que la prose*
était factice, et la poésie naturelle : en effet, les nations
peu civilisées commencent toujours par la poésie, et
dès qu'une passion forte agite l'âme, les hommes les
plus vulgaires se servent, à leur insu, d'images et de
20 métaphores ; ils appellent à leur secours la nature
extérieure pour exprimer ce qui se passe en eux d'i-
nexprimable. Les gens du peuple sont beaucoup
plus près d'être poètes que les hommes de bonne
compagnie, car la convenance et le persiflage[2] ne
25 sont propres qu'à servir de bornes, ils ne peuvent
rien inspirer.

Il y a lutte interminable dans ce monde entre la
poésie et la prose, et la plaisanterie doit toujours se
mettre du côté de la prose ; car c'est rabattre[3] que
30 plaisanter. L'esprit de société est cependant très fa-

---

1. Poème sur des sujets nobles, destiné à l'origine à être chanté.

2. Manière ironique de tourner une situation en ridicule.

3. Diminuer l'importance.

vorable à la poésie de la grâce et de la gaieté dont
l'Arioste, La Fontaine, Voltaire[1], sont les plus brillants modèles. La poésie dramatique[2] est admirable
dans nos premiers écrivains ; la poésie descriptive,
35 et surtout la poésie didactique[3] a été portée chez les
Français à un très haut degré de perfection ; mais il
ne paraît pas qu'ils soient appelés jusqu'à présent à
se distinguer dans la poésie lyrique ou épique[4], telle
que les Anciens[5] et les étrangers la conçoivent.

40   La poésie lyrique s'exprime au nom de l'auteur
même ; ce n'est plus dans un personnage qu'il se
transporte, c'est en lui-même qu'il trouve les divers
mouvements dont il est animé : J.-B. Rousseau[6] dans
ses odes religieuses, Racine[7] dans *Athalie,* se sont
45 montrés poètes lyriques ; ils étaient nourris des
psaumes[8] et pénétrés d'une foi vive ; néanmoins les
difficultés de la langue et de la versification fran-
çaises s'opposent presque toujours à l'abandon de
l'enthousiasme. On peut citer des strophes admi-
50 rables dans quelques-unes de nos odes ; mais y en
a-t-il une entière dans laquelle le dieu n'ait point
abandonné le poète ?

---

1. L'Arioste (1474-1533) : poète italien ; La Fontaine (1621-1695) : écrivain
français ; Voltaire (1694-1778) : écrivain français.

2. Poésie au théâtre.

3. Qui veut instruire.

4. Voir définitions p. 338.

5. Les auteurs de l'Antiquité.

6. Jean-Baptiste Rousseau (1671-1741), poète français.

7. Jean Racine (1639-1699), dramaturge français.

8. Poèmes religieux ; 150 psaumes forment, dans la Bible, le livre des
Psaumes.

De beaux vers ne sont pas de la poésie ; l'inspiration dans les arts est une source inépuisable qui vivi-
55 fie depuis la première parole jusqu'à la dernière : amour, patrie, croyance, tout doit être divinisé dans l'ode, c'est apothéose[1] du sentiment : il faut, pour concevoir la vraie grandeur de la poésie lyrique, errer par la rêverie dans les régions éthérées[2], oublier
60 le bruit de la terre en écoutant l'harmonie céleste, et considérer l'univers entier comme un symbole des émotions de l'âme.

De l'Allemagne, 1810,
II, x, « De la poésie ».

Guide de lecture

1. Quelle part a le lyrisme (voir p. 338) dans cette définition de la poésie ?
2. Relever les termes qui associent la poésie à l'élan religieux.

3. Quelle place Mme** de Staël accorde-t-elle à la technique dans ce texte ?**

---

1. Épanouissement sublime.
2. De la nature de l'éther, aériennes.

BENJAMIN CONSTANT *(1767-1830)*

UNE VIE ENTRE AMOUR ET POLITIQUE. Né en Suisse, Benjamin Constant voyage beaucoup dans sa jeunesse et publie des pamphlets (voir p. 338) politiques (contre Napoléon Ier). Protégé, puis amant de Mme de Staël, qu'il rencontre en 1794, il s'en éloigne pour d'autres amours plus ou moins malheureuses. Ses articles et ses essais politiques virulents lui valent d'être élu député libéral en 1819 ; il a un grand succès comme parlementaire et orateur. Reconnu surtout comme théoricien de la politique (1818 : *Cours de politique constitutionnelle*), il a aussi écrit un *Journal intime* (qui relate, entre autres, sa passion avortée pour Mme Récamier, la muse de Chateaubriand) et, surtout, *Adolphe* (1806), roman autobiographique qui transpose dans la fiction sa liaison mouvementée avec Mme de Staël et qui ne sera publié que dix ans plus tard.

ADOLPHE (1816). Le héros de ce roman, Adolphe, séduit par ennui Ellénore, de dix ans son aînée, qui lui sacrifie tout mais l'asservit. Le jeune homme repousse toujours le moment de rompre. Cette œuvre analyse avec une grande finesse la complexité et l'ambiguïté, et même une certaine cruauté des sentiments.

« Je passai quelques heures à ses pieds »

Elle me permit de lui peindre mon amour ; elle se familiarisa par degrés avec ce langage : bientôt elle m'avoua qu'elle m'aimait.

Je passai quelques heures à ses pieds, me proclamant le plus heureux des hommes, lui prodiguant[1] mille assurances de tendresse, de dévouement et de respect éternel. Elle me raconta ce qu'elle avait souffert en essayant de s'éloigner de moi ; que de fois elle avait espéré que je la découvrirais malgré ses efforts ; comment le moindre bruit qui frappait ses oreilles lui paraissait annoncer mon arrivée ; quel trouble, quelle joie, quelle crainte elle avait ressentis en me revoyant ; par quelle défiance d'elle-même, pour concilier le penchant de son cœur avec la prudence, elle s'était livrée aux distractions du monde, et avait recherché la foule qu'elle fuyait auparavant. Je lui faisais répéter les plus petits détails, et cette histoire de quelques semaines nous semblait être celle d'une vie entière. L'amour supplée aux longs souvenirs, par une sorte de magie. Toutes les autres affections ont besoin du passé : l'amour crée, comme par enchantement, un passé dont il nous entoure. Il nous donne, pour ainsi dire, la conscience d'avoir vécu, durant des années, avec un être qui naguère nous était étranger. L'amour n'est qu'un point lumineux, et néanmoins il semble s'emparer du temps. Il y a peu de jours qu'il n'existait pas, bientôt

---

1. Accordant généreusement.

il n'existera plus ; mais, tant qu'il existe, il répand sa
clarté sur l'époque qui l'a précédé, comme sur celle
30 qui doit le suivre.

Ce calme pourtant dura peu. Ellénore était d'autant plus en garde contre sa faiblesse qu'elle était
poursuivie du souvenir de ses fautes : et mon imagination, mes désirs, une théorie de fatuité[1] dont je ne
35 m'apercevais pas moi-même se révoltaient contre
un tel amour. Toujours timide, souvent irrité, je me
plaignais, je m'emportais, j'accablais Ellénore de re-
proches. Plus d'une fois, elle forma le projet de briser un lien qui ne répandait sur sa vie que de
40 l'inquiétude et du trouble ; plus d'une fois je l'apai-
sai par mes supplications, mes désaveux et mes
pleurs.

ADOLPHE, *1816*,
chap. III.

Guide de lecture

**I. Analyser la composi-
tion du texte : événe-
ments rapportés,
discours indirect (voir
p. 338), répétitions,
raccourcis, etc.
2. Quelle théorie de
l'amour peut-on déga-
ger de ce passage ?**

**3. Étudier l'effet
produit par la juxta-
position du récit et des
réflexions postérieures
du narrateur.**

---

1. Vanité, orgueil.

CHATEAUBRIAND *(1768-1848)*

UNE EXISTENCE MOUVEMENTÉE. François-René de Chateaubriand, né à Saint-Malo, passe son enfance en Bretagne, entre une mère adorée mais effacée, un père autoritaire et l'une de ses sœurs qu'il idolâtre, Lucile. À seize ans, ayant reçu à Rennes une formation à la carrière des armes, il rentre à Combourg, le château de son père où, dans l'attente de son brevet d'aspirant, il s'abandonne à « deux années de délire » *(Mémoires d'outre-tombe)*. En 1791, pour fuir la Révolution mais plus encore parce qu'il rêve de gloire et d'exotisme, il s'embarque pour l'Amérique. Il y fait provision d'images et de sensations, matériau essentiel de ses futures œuvres. Rentré en France à l'annonce de l'arrestation de Louis XVI, il rejoint l'armée des émigrés, puis doit s'exiler en Angleterre (1792). De nouveau en France, il publie successivement *Atala* (1801) et le *Génie du christianisme* (1802). Le succès est immédiat.

Séduit un temps par Napoléon qui, en 1803, fait de lui son secrétaire d'ambassade à Rome, Chateaubriand s'en éloigne bientôt et prend prétexte d'un projet de roman pour entreprendre un voyage en Orient (1806-1807). À son retour, il s'oppose résolument à l'Empereur et soutient Louis XVIII. Les relations qu'il entretient avec le roi ne sont pas moins complexes : ses articles politiques, appréciés des libéraux et de la jeunesse provoquent son éloignement (comme ambassadeur cependant) à Berlin puis à Londres, mais, par la suite, le roi nomme Chateaubriand ministre des Affaires étrangères. Sa carrière politique prend fin en 1830 et il se consacre alors à son vaste projet des *Mémoires d'outre-tombe*, commencé en 1809 et dont la publication ne débutera qu'en octobre 1848, quelques mois après sa mort, il est aidé par sa femme, et par la spirituelle Mme Récamier.

L'ENCHANTEUR ROMANTIQUE. Le surnom d'« Enchanteur » lui a été donné par ses contemporains qui, comme Hugo, l'admirent. Toutes ses œuvres sont effectivement marquées d'une grande poésie, même lorsque le propos de l'auteur est politique comme dans l'*Essai sur les révolutions* (1797). Chateaubriand revient sans cesse sur l'écoulement irrémédiable du temps, dans une perspective chrétienne qui le sauve du désespoir (*Génie du christianisme*, 1802).

L'écriture est le moyen de laisser une trace de sa vie personnelle, comme le prouvent les *Mémoires d'outre-tombe*, mais aussi un récit des événements historiques qui ont bouleversé la France et l'Europe ; en ce sens, Chateaubriand est un remarquable chroniqueur de son siècle. Il est aussi, avec *René* (1802), l'un des premiers représentants de ce romantisme en proie au « vague des passions », comme il l'appelle, à ce dégoût de la vie où l'on s'ennuie et qui rend vaine l'action.

ATALA (1801). Un vieil Indien, Chactas, raconte comment, dans sa jeunesse, il a été délivré d'une tribu sauvage par la fille du chef, Atala, une chrétienne dont il s'éprend. Il s'enfuit avec elle. Mais, bien qu'elle l'aime aussi, Atala refuse toujours de céder à son amour, et s'empoisonne pour rester fidèle à un vœu de virginité. Chactas et un ermite rencontré dans la forêt l'enterrent ; le jeune homme jure alors de se convertir au christianisme.

« Le double sommeil
de l'innocence et de la tombe »

Vers le soir, nous transportâmes ses précieux restes à une ouverture de la grotte, qui donnait vers le nord. L'ermite les avait roulés dans une pièce de lin d'Europe, filé par sa mère : c'était le seul bien
5 qui lui restât de sa patrie, et depuis longtemps il le destinait à son propre tombeau. Atala était couchée sur un gazon de sensitives[1] de montagnes ; ses pieds, sa tête, ses épaules et une partie de son sein étaient découverts. On voyait dans ses cheveux une
10 fleur de magnolia[2] fanée... celle-là même que j'avais déposée sur le lit de la vierge pour la rendre féconde. Ses lèvres, comme un bouton de rose cueilli depuis deux matins, semblaient languir et sourire. Dans ses joues d'une blancheur éclatante, on distinguait
15 quelques veines bleues. Ses beaux yeux étaient fermés, ses pieds modestes étaient joints, et ses mains d'albâtre pressaient sur son cœur un crucifix

---

1. Plantes dont les feuilles se rétractent au moindre contact.
2. Grande fleur blanche odorante.

d'ébène ; le scapulaire[1] de ses vœux était passé à son
cou. Elle paraissait enchantée par l'Ange de la mé-
20   lancolie, et par le double sommeil de l'innocence et
de la tombe. Je n'ai rien vu de plus céleste. Qui-
conque eût ignoré que cette jeune fille avait joui de
la lumière aurait pu la prendre pour la statue de la
Virginité endormie.

25   Le religieux ne cessa de prier toute la nuit. J'étais
assis en silence au chevet du lit funèbre de mon
Atala. Que de fois, durant son sommeil, j'avais sup-
porté sur mes genoux cette tête charmante ! Que de
fois je m'étais penché sur elle, pour entendre et pour
30   respirer son souffle ! Mais à présent aucun bruit ne
sortait de ce sein immobile, et c'était en vain que
j'attendais le réveil de la beauté !

      La lune prêta son pâle flambeau à cette veillée fu-
nèbre. Elle se leva au milieu de la nuit, comme une
35   blanche vestale[2] qui vient pleurer sur le cercueil
d'une compagne. Bientôt elle répandit dans les bois
ce grand secret de mélancolie, qu'elle aime à raconter aux vieux chênes et aux rivages antiques des
mers. De temps en temps, le religieux plongeait un
40   rameau fleuri dans une eau consacrée, puis, secouant la branche humide, il parfumait la nuit des
baumes[3] du ciel. Parfois il répétait sur un air antique

---

1. Étoffe bénite, témoin de l'engagement de la mère d'Atala la consacrant
à la virginité.

2. Dans la mythologie romaine, prêtresse de Vesta chargée de maintenir
le feu sacré ; désigne plus généralement une jeune fille vierge.

3. Mélanges de plantes odorantes.

quelques vers d'un vieux poète nommé Job ; il disait : « J'ai passé comme une fleur ; j'ai séché comme
45 l'herbe des champs. Pourquoi la lumière a-t-elle été
donnée à un misérable, et la vie à ceux qui sont dans
l'amertume du cœur ?[1] »

Ainsi chantait l'ancien des hommes[2]. Sa voix
grave et un peu cadencée allait roulant dans le si-
50 lence des déserts. Le nom de Dieu et du tombeau
sortait de tous les échos, de tous les torrents, de
toutes les forêts. Les roucoulements de la colombe
de Virginie, la chute d'un torrent dans la montagne,
les tintements de la cloche qui appelait les voya-
55 geurs, se mêlaient à ces chants funèbres, et l'on
croyait entendre dans les Bocages[3] de la mort le
chœur lointain des décédés, qui répondait à la voix
du Solitaire.

ATALA, *1801.*

Guide de lecture

1. Analyser ce qui   **3. Quelle image de la**
fonde l'harmonie du   **destinée humaine est**
texte : rythmes, sonori-   **proposée ici ?**
tés, images, etc.
2. Comment s'exprime
le chagrin ?

---

1. Verset du psaume CII et citation de *Job* (III, 20) dans la Bible.

2. L'ermite.

3. Petits bois clos ; désigne ici le cimetière où est enterrée Atala.

Rᴇɴᴇ́ (1802).   Ce roman fait suite à *Atala* : ayant fui en Amérique où il mourra, René, déçu par ses voyages, raconte sa vie à Chactas, un vieil Indien. Son enfance d'orphelin n'a trouvé d'amour qu'auprès de sa sœur Amélie qui entre au couvent, le laissant désemparé. René souffre du « vague des passions », ce mal du siècle qui empêche les êtres épris d'infini de trouver le bonheur et les fait errer dans une solitude désespérée.

« Levez-vous vite, orages désirés »

L'automne me surprit au milieu de ces incertitudes : j'entrai avec ravissement dans le mois des tempêtes. Tantôt j'aurais voulu être un de ces guerriers errant au milieu des vents, des nuages et
5 des fantômes ; tantôt j'enviais jusqu'au sort du pâtre[1] que je voyais réchauffer ses mains à l'humble feu de broussailles qu'il avait allumé au coin d'un bois. J'écoutais ses chants mélancoliques, qui me rappelaient que dans tout pays, le chant naturel de
10 l'homme est triste, lors même qu'il exprime le bonheur. Notre cœur est un instrument incomplet, une lyre où il manque des cordes, et où nous sommes forcés de rendre les accents de la joie sur le ton consacré aux soupirs.
15 Le jour, je m'égarais sur de grandes bruyères terminées par des forêts. Qu'il fallait peu de chose à ma

---

1. Berger.

rêverie : une feuille séchée que le vent chassait devant moi, une cabane dont la fumée s'élevait dans la
cime dépouillée des arbres, la mousse qui tremblait
20 au souffle du nord sur le tronc d'un chêne, une
roche écartée, un étang désert où le jonc flétri mur-
murait ! Le clocher solitaire s'élevant au loin dans la
vallée a souvent attiré mes regards ; souvent j'ai
suivi des yeux les oiseaux de passage qui volaient
25 au-dessus de ma tête. Je me figurais les bords ignorés, les climats lointains où ils se rendent ; j'aurais
voulu être sur leurs ailes. Un secret instinct me tourmentait ; je sentais que je n'étais moi-même qu'un
voyageur ; mais une voix du ciel semblait me dire :
30 « Homme, la saison de ta migration[1] n'est pas encore venue ; attends que le vent de la mort se lève,
alors tu déploieras ton vol vers ces régions in-
connues que ton cœur demande. »

   « Levez-vous vite, orages désirés, qui devez em-
35 porter René dans les espaces d'une autre vie ! » Ainsi
disant, je marchais à grands pas, le visage enflammé,
le vent sifflant dans ma chevelure, ne sentant ni
pluie, ni frimas[2], enchanté[3], tourmenté, et comme
possédé par le démon de mon cœur.

40   La nuit, lorsque l'aquilon[4] ébranlait ma chaumière, que les pluies tombaient en torrent sur mon
toit, qu'à travers ma fenêtre je voyais la lune sillon-

---

1. Voyage, ici de la mort.
2. Brouillard épais et givrant.
3. En proie à un charme magique qui ensorcelle.
4. Vent du nord, froid et violent.

ner les nuages amoncelés, comme un pâle vaisseau
qui laboure les vagues, il me semblait que la vie re-
45 doublait au fond de mon cœur, que j'aurais eu la
puissance de créer des mondes. Ah ! si j'avais pu
faire partager à une autre les transports[1] que
j'éprouvais ! Ô Dieu ! si tu m'avais donné une
femme selon mes désirs ; si, comme à notre premier
50 père, tu m'eusses amené par la main une Ève tirée
de moi-même... Beauté céleste ! je me serais pros-
terné devant toi ; puis te prenant dans mes bras,
j'aurais prié l'Éternel de te donner le reste de ma vie.

Hélas ! j'étais seul, seul sur la terre ! Une langueur
55 secrète s'emparait de mon corps. Ce dégoût de la vie
que j'avais ressenti dès mon enfance, revenait avec
une force nouvelle. Bientôt mon cœur ne fournit
plus d'aliment à ma pensée, et je ne m'apercevais
de mon existence que par un profond sentiment
60 d'ennui.

RENÉ, *1802.*

Guide de lecture
....

1. **Étudier le rôle que**
joue ici la nature.
2. **Montrer comment**
s'exprime l'exaltation
du personnage (mouve-
ments, tournures excla-
matives, enthousiasme
poétique et religieux).

3. **Relever et analyser**
les thèmes qui
définissent le « vague
des passions ».

---

1. Élans.

GÉNIE DU CHRISTIANISME (1802). Cette œuvre est une
défense de la religion et d'une foi fondées sur l'imagination et la poésie, plus que sur la raison. L'existence de
Dieu se prouve d'elle-même à travers les merveilles de
la nature qui s'apparentent aux œuvres d'art. La troisième partie de l'ouvrage est justement consacrée aux
beaux-arts.

« Les forêts ont été les premiers temples »

L es forêts ont été les premiers temples de la Divinité, et les hommes ont pris dans les forêts la
première idée de l'architecture. Cet art a donc dû va-
rier selon les climats. Les Grecs ont tourné l'élégante
5   colonne corinthienne avec son chapiteau[1] de feuilles
sur le modèle du palmier. Les énormes piliers du
vieux style égyptien représentent le sycomore, le fi-
guier oriental, le bananier et la plupart des arbres gigantesques de l'Afrique et de l'Asie.

10   Les forêts des Gaules ont passé à leur tour dans les
temples de nos pères, et nos bois de chênes ont ainsi
maintenu leur origine sacrée. Ces voûtes ciselées en
feuillages, ces jambages[2], qui appuient les murs et
finissent brusquement comme des troncs brisés, la
15   fraîcheur des voûtes, les ténèbres du sanctuaire, les

---

1. Partie élargie et généralement ornée, qui couronne le fût d'une
colonne.
2. Renforts verticaux de pierre ou de maçonnerie.

ailes obscures, les passages secrets, les portes abais-
sées, tout retrace les labyrinthes des bois dans
l'église gothique[1] ; tout en fait sentir la religieuse
horreur, les mystères et la divinité. Les deux tours
20 hautaines plantées à l'entrée de l'édifice surmontent
les ormes et les ifs du cimetière, et font un effet pittoresque sur l'azur du ciel. Tantôt le jour naissant
illumine leurs têtes jumelles, tantôt elles paraissent
couronnées d'un chapiteau de nuages, ou grossies
25 dans une atmosphère vaporeuse. Les oiseaux eux-
mêmes semblent s'y méprendre et les adopter pour
les arbres de leurs forêts : des corneilles voltigent
autour de leurs faîtes[2] et se perchent sur leurs galeries. Mais tout à coup des rumeurs confuses
30 s'échappent de la cime de ces tours et en chassent
les oiseaux effrayés.

L'architecte chrétien, non content de bâtir des forêts, a voulu, pour ainsi dire en imiter les murmures,
et au moyen de l'orgue et du bronze suspendu il a
35 attaché au temple gothique jusqu'au bruit des vents
et des tonnerres, qui roulent dans la profondeur des
bois. Les siècles, évoqués par ces sons religieux, font
sortir leurs antiques voix du sein des pierres, et sou-
pirent dans la vaste basilique[3] : le sanctuaire mugit

---

1. Appartenant au style d'architecture et de décoration, répandu en
Europe du XIIᵉ siècle au XVIᵉ siècle.

2. Sommets.

3. Édifice romain qui servait de lieu de rendez-vous pour les gens
d'affaires ; désigne à partir du Moyen Âge les églises chrétiennes bâties
sur le plan des basiliques antiques.

40 comme l'antre de l'ancienne Sibylle[1] ; et, tandis que l'airain se balance avec fracas sur votre tête, les souterrains voûtés de la mort se taisent profondément sous vos pieds.

GÉNIE DU CHRISTIANISME, *1802,*
IIIe partie, I, 8.

_____

1. Prêtresse d'Apollon et prophétesse, habitant dans une grotte.

Guide de lecture
....

1. Relever tous les rapprochements entre la forêt et les temples.
2. À quoi tient la supé-
riorité des architectes chrétiens ?
3. Comment s'exprime ici le poids du temps ?

MÉMOIRES D'OUTRE-TOMBE (1848-1850). « Je veux, avant de mourir, remonter vers mes belles années, expliquer mon inexplicable cœur. » Dans cette autobiographie, Chateaubriand embellit son portrait, mais témoigne aussi d'une extrême lucidité sur ses contemporains et leur histoire intègrée à un vaste mouvement qui va de l'Antiquité à un avenir prophétique.

« Le chant de l'oiseau dans les bois de Combourg »

Hier au soir je me promenais seul ; le ciel ressemblait à un ciel d'automne ; un vent froid soufflait par intervalles. À la percée d'un fourré, je m'arrêtai pour regarder le soleil : il s'enfonçait dans des nuages au-dessus de la tour d'Alluye, d'où Gabrielle[1], habitante de cette tour, avait vu comme moi le soleil se coucher il y a deux cents ans. Que sont devenus Henri et Gabrielle ? Ce que je serai devenu quand ces *Mémoires* seront publiés.

Je fus tiré de mes réflexions par le gazouillement d'une grive perchée sur la plus haute branche d'un bouleau. À l'instant, ce son magique fit reparaître à mes yeux le domaine paternel[2] ; j'oubliai les catastrophes dont je venais d'être le témoin[3], et, transporté subitement dans le passé, je revis ces campagnes où j'entendis si souvent siffler la grive. Quand je l'écoutais alors, j'étais triste de même qu'aujourd'hui ; mais cette première tristesse était celle qui naît d'un vague désir de bonheur, lorsqu'on est sans expérience ; la tristesse que j'éprouve actuellement vient de la connaissance des choses appréciées et jugées. Le chant de l'oiseau dans les bois de Combourg m'entretenait d'une félicité que je croyais atteindre ; le même chant dans le parc de Montboissier me rappelait des jours perdus à la poursuite de cette félicité insaisissable. Je n'ai plus rien à apprendre, j'ai marché plus vite qu'un autre, et j'ai fait le tour de la vie. Les heures fuient et m'entraînent ; je n'ai pas même la certitude de pouvoir achever ces *Mémoires.* Dans combien de lieux ai-je déjà commencé à les écrire, et dans quel lieu les fini-

---

1. Gabrielle d'Estrées, maîtresse d'Henri IV

2. Le château de Combourg.

3. La chute de Napoléon et la Restauration.

rai-je ? Combien de temps me promènerai-je au
bord des bois ? Mettons à profit le peu d'instants qui
me restent ; hâtons-nous de peindre ma jeunesse,
35 tandis que j'y touche encore : le navigateur, aban-
donnant pour jamais un rivage enchanté, écrit son
journal à la vue de la terre qui s'éloigne et qui va
bientôt disparaître.

Mémoires d'outre-tombe, *1848-1850,*
III, 1.

Guide de lecture
....

1. **Comment s'exprime**
ici l'émergence du
passé ?
2. **Montrer que l'écri-**
ture de ce souvenir

peut sauver l'auteur de
la nostalgie (valeur
éternelle de la littéra-
ture, encouragements à
soi-même, etc.).

La quatrième et ultime partie des *Mémoires* résume les
trois premières et retrace les dernières années de la vie
de Chateaubriand. La conclusion est imposante en ce
qu'elle associe destin individuel et destin collectif.

« Mon monument est achevé »

G râce à l'exorbitance[1] de mes années, mon monument est achevé. Ce m'est un grand soulagement ; je sentais quelqu'un qui me poussait : le

_____
1. Démesure ; néologisme (voir p. 338) de Chateaubriand.

patron de la barque[1] sur laquelle ma place est retenue m'avertissait qu'il ne me restait qu'un moment
pour monter à bord. Si j'avais été le maître de Rome,
je dirais, comme Sylla[2], que je finis mes *Mémoires* la
veille même de ma mort ; mais je ne conclurais pas
mon récit par ces mots comme il conclut le sien :
« J'ai vu en songe un de mes enfants qui me montrait
Métella, sa mère, et m'exhortait à venir jouir du repos dans le sein de la félicité éternelle. » Si j'eusse
été Sylla, la gloire ne m'aurait jamais pu donner le
repos et la félicité. Des orages nouveaux se formeront ; on croit pressentir des calamités qui l'emporteront sur les afflictions dont nous avons été accablés ; déjà, pour retourner au champ de bataille, on
songe à rebander ses vieilles blessures. Cependant,
je ne pense pas que des malheurs prochains
éclatent : peuples et rois sont également recrus[3] ;
des catastrophes imprévues ne fondront pas sur la
France : ce qui me suivra ne sera que l'effet de la
transformation générale. On touchera sans doute à
des stations[4] pénibles ; le monde ne saurait changer
de face sans qu'il y ait douleur. Mais, encore un
coup, ce ne seront point des révolutions à part ; ce
sera la grande révolution allant à son terme. Les
scènes de demain ne me regardent plus ; elles appellent d'autres peintres : à vous, messieurs.

---

1. Charon, batelier de l'Antiquité grecque, qui faisait traverser le Styx,
fleuve des Enfers, aux morts. La même légende existe chez les Celtes.

2. Dictateur romain (mort en 78 av. J.-C.) coupable de massacres.

3. Épuisés.

4. Lieux d'arrêt.

30   En traçant ces derniers mots, ce 16 novembre
1841, ma fenêtre qui donne à l'ouest sur les jardins
des Missions étrangères[1], est ouverte : il est six
heures du matin ; j'aperçois la lune pâle et élargie ;
elle s'abaisse sur la flèche des Invalides[2] à peine ré-
35   vélée par le premier rayon doré de l'Orient : on di-
rait que l'ancien monde finit, et que le nouveau
commence. Je vois les reflets d'une aurore dont je ne
verrai pas se lever le soleil. Il ne me reste qu'à m'asseoir au bord de ma fosse ; après quoi je descendrai
40   hardiment, le crucifix à la main, dans l'éternité.

MÉMOIRES D'OUTRE-TOMBE, *1848-1850,*
XLIV, 9.

Guide de lecture

**1. Montrer la solennité
du ton en étudiant par
exemple le vocabulaire,
les images et le rythme
du texte.
2. Analyser la concep-
tion du temps à l'œuvre
ici.**

**3. Expliquer comment
l'écriture autobio-
graphique sauve de
l'obsession de la mort.**

1. Association religieuse établie en 1664.

2. Monument construit au XVIIe siècle pour les soldats blessés au service
du roi.

NODIER   *(1780-1844)*

....

LA VIE CONTRASTÉE D'UN CONTEUR.   La jeunesse de
Charles Nodier est marquée d'événements tragiques :
enfant, il assiste à des exécutions capitales lors de la Terreur (en 1792) ; adulte, il perd la femme qu'il aimait
éperdument. Il est ensuite membre de sociétés secrètes
qui organisent de vagues conspirations politiques. Pour
avoir écrit contre Napoléon Ier, il fait un peu de prison.
Puis sa vie se calme : il se marie, devient bibliothécaire,
écrit des articles, littéraires et scientifiques. Il est l'ami de
Lamartine et de Hugo. Bientôt, il publie des histoires
étranges (telles *Smarra* en 1821 ou *Trilby* en 1822), dans
lesquelles les puissances du rêve triomphent. Son succès
est immédiat et les artistes se pressent dans son salon.
Par ailleurs, il est profondément chagriné par le mariage de
sa fille, qu'il adore ; il perd en outre son emploi lors de la
révolution de 1830. Il écrit un essai : *Du fantastique en littérature* (1830) et termine sa vie, isolé, publiant des contes
(comme *la Fée aux miettes* en 1832 ou *Trésor des fèves et
Fleur des pois* en 1833) qui lui vaudront d'influencer des
écrivains comme Nerval et, plus tard, les surréalistes.

TRILBY OU LE LUTIN D'ARGAIL (1822).   Lors de sa parution,
Trilby, représentation symbolique des chimères qui s'em-
parent de l'homme, eut un succès immédiat. Le lutin
Trilby est amoureux de Jeannie, l'épouse d'un pêcheur.
Mais un moine exorcise la maison et chasse Trilby, sans
lequel Jeannie ne peut plus vivre. Trilby se déguise en vieillard nain pour approcher Jeannie, mais les amants sont
condamnés à une séparation de mille ans.

« Ne refuse pas à Trilby un asile secret »

« T u l'aimais ! s'écria Trilby en couvrant ses bras
de baisers (car ce voyageur mystérieux était
Trilby lui-même, et je suis fâché d'avouer que si
mon lecteur trouve quelque plaisir à cette explica-
5 tion, ce n'est probablement pas celui de la surprise !), tu l'aimais ! ah ! répète que tu l'aimais ! ose
le dire à moi, le dire pour moi, car ta résolution déci-
dera de ma perte ou de mon bonheur ! Accueille-
moi, Jeannie, comme un ami, comme un amant,
10 comme ton esclave, comme ton hôte, comme tu
accueillais du moins ce passager inconnu. Ne refuse
pas à Trilby un asile secret dans ta chaumière !... »
   Et en parlant ainsi, le follet s'était dépouillé du tra-
vestissement bizarre qu'il avait emprunté la veille
15 aux Shoupeltins[1] du Shetland. Il abandonnait au
cours de la marée ses cheveux de chanvre et sa
barbe de mousse blanche, son collier varié d'algue
et de criste[2] marine qui se rattachait d'espace en
espace à des coquillages de toutes couleurs, et sa
20 ceinture enlevée à l'écorce argentée du bouleau.
Ce n'était plus que l'esprit vagabond du foyer,
mais l'obscurité prêtait à son aspect quelque chose
de vague qui ne rappelait que trop à Jeannie
les prestiges singuliers de ses derniers rêves, les
25 séductions de cet amant dangereux du sommeil qui
occupait ses nuits d'illusions si charmantes et si

---

1. Habitants mystérieux des îles Shetland.
2. Plante qui pousse sur le sable ou les rochers.

redoutées, et le tableau mystérieux de la galerie du monastère.

« Oui, ma Jeannie, murmurait-il d'une voix douce mais faible comme celle de l'air caressant du matin quand il soupire sur le lac ; rends-moi le foyer d'où je pouvais t'entendre et te voir, le coin modeste de la cendre que tu agitais le soir pour réveiller une étincelle, le tissu aux mailles invisibles qui court sous les vieux lambris, et qui me prêtait un hamac flottant dans les nuits tièdes de l'été. Ah ! s'il le faut, Jeannie, je ne t'importunerai plus de mes caresses, je ne te dirai plus que je t'aime, je n'effleurerai plus ta robe, même quand elle cédera en volant vers moi au courant de la flamme et de l'air. Si je me permets de la toucher une seule fois, ce sera pour t'éloigner du feu près d'y atteindre, quand tu t'endormiras en filant. Et je te dirai plus, Jeannie, car je vois que mes prières ne peuvent te décider, accorde-moi pour le moins une petite place dans l'étable ; je conçois encore un peu de bonheur dans cette pensée, je baiserai la laine de ton mouton, parce que je sais que tu aimes à la rouler autour de tes doigts ; je tresserai les fleurs les plus parfumées de la crèche pour lui en faire des guirlandes, et lorsque tu rempliras l'aire d'une nouvelle litière de paille fraîche, je la presserai avec plus d'orgueil et de délices que les riches tapis des rois ; je te nommerai tout bas : " Jeannie, Jeannie !... " et personne ne m'entendra, sois-en sûre, pas même l'insecte monotone qui frappe dans la muraille à intervalles mesurés, et dont l'horloge de mort interrompt seule le silence de la nuit. Tout ce que je veux,

c'est d'être là ; et de respirer un air qui touche à l'air que tu respires ; un air où tu as passé, qui a participé
60 de ton souffle, qui a circulé entre tes lèvres, qui a été pénétré par tes regards, qui t'aurait caressée avec tendresse si la nature inanimée jouissait des privilèges de la nôtre, si elle avait du sentiment et de l'amour ! »

TRILBY OU LE LUTIN D'ARGAIL, *1822.*

Guide de lecture
....

1. Analyser la composition de la supplication (progression des arguments, répétitions, etc.).

2. À quoi tient le caractère fantastique (voir p. 338) du texte ?

3. Étudier la dimension poétique de cet extrait (images, exaltation du lutin, superlatifs, etc.).

LA FÉE AUX MIETTES (1832). L'héroïne de ce roman, la fée aux miettes, est une vieille femme qui veut épouser Michel, un jeune orphelin qu'elle a élevé. De nombreuses péripéties entravent ce projet. Michel se trouve en difficulté, et chaque fois est sauvé par la fée. Enfin mariée, la vieille apparaît sous les traits de la biblique reine de Saba à Michel. Celui-ci devient fou. Le conte, paru en 1832, est un éloge du rêve et de la folie. Ici, Michel est inculpé de meurtre et se trouve au tribunal.

« La mort ! la mort ! la mort ! »

J'alléguai mes derniers, mes seuls témoins, les années peu nombreuses mais irrécusables d'une vie laborieuse et sans reproche, et je croyais toucher à une péroraison[1] assez entraînante, car si
5 l'éloquence n'avait plus d'interprète sur la terre, elle se réfugierait, peut-être, dans la parole de l'innocent opprimé, quand je fus interrompu par un râlement effrayant, comme ceux qui viennent quelquefois, après trois nuits muettes, éveiller le silence de la
10 mort dans les ruines d'une ville saccagée, et je vis au même instant se fendre et béer, sous le bec de vautour de l'accusateur, je ne sais quel affreux rictus qui avait la profondeur d'un abîme et la couleur d'une fournaise ! Celui-là ne bondissait pas[2]. Il vibrait seu-
15 lement tout d'une pièce avec une majestueuse lenteur, sur ses jambes immobiles, en articulant, de la voix factice et pénible à entendre des automates parlants, quelques groupes de mots entremêlés d'interjections froides, mais qui avaient l'air de former un
20 sens, et parmi lesquels un mot seul revenait dans un ordre de périodicité fort industrieux[3], avec une netteté sonore et emphatique[4]. C'était LA MORT. Je conjecturai que le facteur de cette machine à réquisitoires[5] tragiques devait en avoir ajusté les ressorts

---

1. Conclusion d'un discours.
2. À la différence des précédents magistrats qui ont parlé.
3. Avec une régularité bien calculée.
4. Exagérée et pompeuse.
5. Discours d'accusation.

dans l'accès de quelque fantaisie atrabilaire[1] ou de quelque fureur désespérée.

— Faut-il, dis-je en me recueillant, que le génie, aigri par le spectacle de nos misères, se livre à d'aussi déplorables caprices !... et de quelle erreur ne s'aveugle pas la multitude qui les reproche à la Providence !...

Tout ce que je pus saisir de sa diatribe[2] mécanique, à part le refrain trop intelligible dont elle était coupée en paragraphes assez réguliers, c'est qu'il opposait aux garanties que j'avais cru tirer de ma vie passée une objection foudroyante, fondée sur des crimes antérieurs que je ne connaissais pas. Mais je ne puis la faire passer dans mes paroles avec l'harmonie sauvage que prêtait aux siennes une sorte de clappement[3] rauque et convulsif, tout à fait étranger au système de notre organisme vocal, qui les rompait par saccades, comme le criaillement d'un écrou mal graissé.

— Ah ! vraiment, une jeunesse innocente et pure ! — LA MORT ! LA MORT ! LA MORT ! je ne sortirai pas de là.

— Si l'on se rapportait à eux, on n'en pendrait jamais un et à quoi servirait alors le code des peines ? À quoi la justice ? à quoi les tribunaux ? à quoi LA MORT ?

— Je prie messieurs de noter pour mémoire, avant de se rendormir, que j'ai conclu à LA MORT. —

---

1. De mauvaise humeur.
2. Violente critique.
3. Bruit sec de claquement de la langue.

Quoique la rapidité de l'instruction ne nous ait pas permis d'enfler à notre contentement le dossier du
55 condamné, je voulais dire du prévenu, mais c'est tout un, nous tenons assez de pièces probantes, — ou probables, — ou au moins suffisamment idoines[1] à former la conviction de ce gracieux tribunal, pour démontrer qu'avant l'attentat énorme dont il est
60 chargé, il était déjà coutumier d'actions détestables, damnables, et par conséquent pendables, dont la plus excusable est punissable de MORT. — LA MORT ! LA MORT ! s'il vous plaît et qu'il n'en soit plus question.

LA FÉE AUX MIETTES, *1832*.

Guide de lecture

1. Étudier le caractère mécanique et finalement comique de l'accusation.
2. Quelles sont les réactions du personnage (défense, horreur, sentiment d'impuissance, etc.) ?
3. Relever les termes du vocabulaire juridique et expliquer l'effet qu'ils produisent.

---

1. Qui conviennent parfaitement.

LAMARTINE   *(1790-1869)*

UN HOMME POLITIQUE HUMANISTE.   Alphonse de Lamartine vit une enfance paisible dans une famille aristocratique du Mâconnais. De lectures en voyages (en Italie notamment), il s'ennuie et éprouve la nécessité d'écrire. Après une période de passions amoureuses, Lamartine, assagi, mène une carrière diplomatique et politique : il devient ministre des Affaires étrangères du gouvernement provisoire en 1848. Son idéal politique est à la fois dépassé (maintien de la propriété privée comme garante de l'ordre, figure du poète comme guide du peuple) et généreux (fraternité humaine au fondement de la démocratie, volonté d'une religion rationnelle et sociale). Mais Lamartine est désavoué par la révolution de 1848 et perd les élections présidentielles contre Louis-Napoléon (le futur Napoléon III). Il termine sa vie solitaire et endetté.

DU LYRISME AU LABEUR.   La passion du poète pour une jeune femme mariée, Julie Charles, qui mourra bientôt de phtisie (tuberculose), donne lieu au recueil des *Méditations poétiques,* qui répondaient à l'attente de cette génération de 1820, désabusée et mélancolique. Lamartine revendique la suprématie des sentiments sur la technique. Pourtant, sa poésie témoigne d'une extrême maîtrise formelle : harmonie, fluidité des vers, science des rythmes et des sonorités. Les *Harmonies poétiques et religieuses* (1830) ajoutent une dimension mystique au lyrisme (voir p. 338) du poète, hanté par l'idée de la mort. La synthèse entre poésie intime, souffle mystique et exaltation épique (voir p. 338) s'opère dans *Jocelyn* (1836), œuvre de dix mille vers dans laquelle un homme renonce à l'amour terrestre pour se consacrer à Dieu. Les *Recueillements* (1839) amplifient la dimension sociale de l'inspiration lamartinienne et annoncent le projet de l'*Histoire des Girondins* (1847). Après un dernier recueil de poésies, *la Vigne et la Maison* (1857), la fin de la carrière de Lamartine est marquée par des œuvres de commande destinées à éponger les dettes du poète qui se surnomme lui-même le « galérien de la plume ».

MÉDITATIONS POÉTIQUES (1820). Le public s'enthousiasma pour la poésie lyrique et sensible que manifeste ce recueil. Le poète, blessé par la vie même, trouve dans la nature tantôt une confidente, tantôt une puissance indifférente à ses tourments. « Le Lac » montre le poète désespéré par la maladie de la femme aimée et, au-delà, par la fragilité de l'existence humaine.

Le Lac

Ainsi, toujours poussés vers de nouveaux rivages,
Dans la nuit éternelle emportés sans retour,
Ne pourrons-nous jamais sur l'océan des âges
    Jeter l'ancre un seul jour ?

5 Ô lac ! l'année à peine a fini sa carrière
Et près des flots chéris qu'elle devait revoir,
Regarde ! Je viens seul m'asseoir sur cette pierre
    Où tu la vis s'asseoir !

Tu mugissais ainsi sous ces roches profondes ;
10 Ainsi tu te brisais sur leurs flancs déchirés
Ainsi le vent jetait l'écume de tes ondes
      Sur ses pieds adorés.

Un soir, t'en souvient-il ? nous voguions en silence ;
On n'entendait au loin, sur l'onde et sous les cieux,
15 Que le bruit des rameurs qui frappaient en cadence
      Tes flots harmonieux.

Tout à coup des accents inconnus à la terre
Du rivage charmé[1] frappèrent les échos ;
Le flot fut attentif, et la voix qui m'est chère
20   Laissa tomber ces mots :

« Ô temps, suspends ton vol ! et vous, heures
                [propices[2]
      Suspendez votre cours !
Laissez-nous savourer les rapides délices
      Des plus beaux de nos jours !

25 « Assez de malheureux ici-bas vous implorent
      Coulez, coulez pour eux ;
Prenez avec leurs jours les soins qui les dévorent ;
      Oubliez les heureux.

---

1. Envoûté (sens fort).
2. Favorables.

« Mais je demande en vain quelques moments
[encore,

30   Le temps m'échappe et fuit ;
Je dis à cette nuit : "Sois plus lente" ; et l'aurore
             Va dissiper la nuit.

« Aimons donc, aimons donc ! de l'heure fugitive,
             Hâtons-nous, jouissons !
35 L'homme n'a point de port, le temps n'a point de
[rive ;
             Il coule, et nous passons ! »

Temps jaloux, se peut-il que ces moments d'ivresse,
Où l'amour à longs flots nous verse le bonheur,
S'envolent loin de nous de la même vitesse
40   Que les jours de malheur ?

Hé quoi ! n'en pourrons-nous fixer au moins la
[trace ?
Quoi ! passés pour jamais ? quoi ! tout entiers
[perdus ?
Ce temps qui les donna, ce temps qui les efface,
             Ne nous les rendra plus ?

45 Éternité, néant, passé, sombres abîmes,
Que faites-vous des jours que vous engloutissez ?
Parlez : nous rendrez-vous ces extases sublimes
             Que vous nous ravissez ?

Ô lac ! rochers muets ! grottes ! forêt obscure !
50 Vous que le temps épargne ou qu'il peut rajeunir
Gardez de cette nuit, gardez, belle nature,
        Au moins le souvenir !

Qu'il soit dans ton repos, qu'il soit dans tes orages,
Beau lac, et dans l'aspect de tes riants coteaux,
55 Et dans ces noirs sapins, et dans ces rocs sauvages
        Qui pendent sur tes eaux !

Qu'il soit dans le zéphyr[1] qui frémit et qui passe,
Dans les bruits de tes bords par tes bords répétés,
Dans l'astre au front d'argent[2] qui blanchit ta
                [surface
60   De ses molles clartés !

Que le vent qui gémit, le roseau qui soupire,
Que les parfums légers de ton air embaumé,
Que tout ce qu'on entend, l'on voit ou l'on respire,
        Tout dise : « Ils ont aimés ! »

Méditations poétiques, 1820, XIII.

Guide de lecture
....

1. En quoi ce texte appartient-il à la poésie amoureuse (vocabulaire du sentiment, isolement, nature prise à témoin, etc.) ?

2. Analyser les procédés stylistiques qui mettent en évidence la fuite du temps.
3. Quel rôle joue ici la nature ?

---

1. Vent doux.
2. Périphrase pour désigner la lune.

LA VIGNE ET LA MAISON (1857). Les textes qui composent le dernier recueil de Lamartine sont un dialogue entre deux êtres : « Moi », ému encore par la nature, et « l'ÂME », désespérée et endeuillée.

« N'as-tu point de douceur, dis-moi, pauvre âme veuve »

Pourtant le soir qui tombe a des langueurs sereines
Que la fin donne à tout, aux bonheurs comme aux
[peines.
Le linceul même est tiède au cœur enseveli
On a vidé ses yeux de ses dernières larmes
5   L'âme à son désespoir trouve de tristes charmes,
Et des bonheurs perdus se sauve dans l'oubli.

Cette heure a pour nos sens des impressions douces
Comme des pas muets qui marchent sur des
[mousses
C'est l'amère douceur du baiser des adieux.
10   De l'air plus transparent le cristal est limpide,
Des monts vaporisés l'azur vague et liquide
S'y fond avec l'azur des cieux.

Je ne sais quel lointain y baigne toute chose.
Ainsi que le regard l'oreille s'y repose,
15   On entend dans l'éther[1] glisser le moindre vol

---

1. L'air le plus pur, désignation poétique du ciel.

C'est le pied de l'oiseau sur le rameau qui penche,
Ou la chute d'un fruit détaché de la branche
        Qui tombe du poids sur le sol.

Aux premières lueurs de l'aurore frileuse,
20   On voit flotter ces fils, dont la vierge frileuse[1]
D'arbre en arbre au verger a tissé le réseau
Blanche toison de l'air que la brume encor[2] mouille,
Qui traîne sur nos pas, comme de la quenouille[3],
        Un fil traîne après le fuseau.

25   Aux précaires[4] tiédeurs de la trompeuse automne,
Dans l'oblique rayon le moucheron foisonne,
Prêt à mourir d'un souffle à son premier frisson
Et sur le seuil désert de la ruche engourdie,
Quelque abeille en retard, qui sort et qui mendie,
30   Rentre lourde de miel dans sa chaude prison.

Viens, reconnais la place où ta vie était neuve !
N'as-tu point de douceur, dis-moi, pauvre âme
                    [veuve,
À remuer ici la cendre des jours morts ?
Au revoir ton arbuste et ta demeure vide,
35   Comme l'insecte ailé revoit sa chrysalide[5],
        Balayure qui fut son corps ?

LA VIGNE ET LA MAISON, 1857.

---

1. Araignée ; interprétée poétiquement comme une allusion à la Vierge Marie souvent représentée en train de filer.
2. Orthographe poétique de « encore ».
3. Quenouille et fuseau sont des instruments utilisés pour filer la laine.
4. Incertaines.
5. Enveloppe de la chenille avant qu'elle devienne papillon.

Guide de lecture
....

1. **Comment se fonde l'harmonie entre le « Moi » qui parle et la nature ?**

2. **Étudier la musicalité des vers (rythme, métrique, syntaxe, ponctuation).**

3. **Comment le monde extérieur exprime-t-il l'intimité profonde du poète ?**

VIGNY   *(1797-1863)*

....

UNE VIE DE DÉCEPTIONS.   Né en 1797 dans une famille noble ruinée, Alfred de Vigny est élevé dans la nostalgie du passé monarchique. Il s'engage dans l'armée et escorte la fuite de Louis XVIII en 1815 (lors des Cent-Jours). Marié à une Anglaise, il rentre à Paris et se consacre à la littérature, d'abord en parallèle à sa carrière militaire, puis exclusivement. Il souffre beaucoup de la mort de sa mère, de la rupture avec sa maîtresse (l'actrice Marie Dorval), de ses tentatives pour entrer à l'Académie française (où il sera finalement élu en 1845). Blessé par son échec aux élections de 1848 en Charente, il vit dans la solitude et meurt d'un cancer gastrique qui l'épuisait depuis douze ans.

UN ARTISTE SOLITAIRE.   Pour Vigny, la destinée humaine est tragique et faite de désillusions. La « sainte solitude » — chère aux romantiques —, comme l'appelle le poète, et le silence seuls peuvent sauver du désespoir. Ses héros portent la trace de ce pessimisme : les nobles du XVIIe siècle dans *Cinq-Mars* (1826), le poète génial dans *Stello* (1832) et le soldat dans *Servitude et grandeur militaires* (1835). Privé de Dieu, l'homme moderne doit se confier au Savoir et à la Poésie pour accéder à l'immortalité. Dans son *Journal d'un poète* (édition posthume, 1867), Vigny expose des idées théoriques qu'il développe dans sa poésie (*les Destinées,* édition posthume, 1864) ou dans son théâtre (*Chatterton,* 1835). Il refuse les épanchements lyriques spontanés de ses contemporains et préfère l'austérité du style biblique. Pourtant, en véritable romantique, il confie au poète le soin de conduire les hommes vers un avenir moins sinistre.

LES DESTINÉES (1864). Second poème de ce recueil posthume, « la Maison du berger » est dédiée à Éva, figure idéale de la femme, et compte plus de trois cents vers en trois sections : la première invite Éva à fuir les villes ; la deuxième fait l'éloge de la poésie ; la troisième déplore l'indifférence de la nature aux souffrances humaines. La femme, par sa sensibilité, sera seule capable de sauver l'homme du désespoir.

« La Nature t'attend
dans un silence austère »

Pars courageusement, laisse toutes les villes ;
Ne ternis plus tes pieds aux poudres[1] du chemin,
Du haut de nos pensers[2] vois les cités serviles
Comme les rocs fatals de l'esclavage humain.
5   Les grands bois et les champs sont de vastes asiles,
Libres comme la mer autour des sombres îles.
Marche à travers les champs une fleur à la main.

---

1. Poussières.
2. Verbe substantivé, équivalent de « pensées ».

La Nature t'attend dans un silence austère,
L'herbe élève à tes pieds son nuage des soirs,
10 Et le soupir d'adieu du soleil à la terre
Balance les beaux lis comme des encensoirs[1].
La forêt a voilé ses colonnes profondes,
La montagne se cache, et sur les pâles ondes
Le saule a suspendu ses chastes reposoirs[2].

15 Le crépuscule ami s'endort dans la vallée
Sur l'herbe d'émeraude et sur l'or du gazon,
Sous les timides joncs de la source isolée
Et sous le bois rêveur qui tremble à l'horizon,
Se balance en fuyant dans les grappes sauvages,
20 Jette son manteau gris sur le bord des rivages
Et des fleurs de la nuit entr'ouvre la prison.

Il est sur ma montagne une épaisse bruyère
Où les pas du chasseur ont peine à se plonger,
Qui plus haut que nos fronts lève sa tête altière[3],
25 Et garde dans la nuit le pâtre[4] et l'étranger.
Viens y cacher l'amour et ta divine faute[5] ;
Si l'herbe est agitée ou n'est pas assez haute,
J'y roulerai pour toi la Maison du berger[6].

---

1. Cassolettes balancées au bout d'une chaîne dans lesquelles on brûle de l'encens lors de cérémonies religieuses.

2. Supports en forme d'autel sur lesquels le prêtre dépose le saint sacrement. Mais le mot « reposoir » est peut-être ici un équivalent d'abri, d'endroit isolé par les branches longues et souples de l'arbre.

3. Fière.

4. Berger.

5. Le péché originel, ici pardonné.

6. Roulotte.

Elle va doucement avec ses quatre roues,
30 Son toit n'est pas plus haut que ton front et tes
[yeux ;
La couleur du corail et celle de tes joues
Teignent le char nocturne et ses muets essieux.
Le seuil est parfumé, l'alcôve est large et sombre,
Et là, parmi les fleurs, nous trouverons dans
[l'ombre,
35 Pour nos cheveux unis, un lit silencieux.

Les Destinées, *1864,*
II, « *la Maison du berger* », I, *v. 22 à 57.*

Guide de lecture
....

1. **Analyser en quels**   de sanctification
termes se pose l'alter-   de la nature.
native proposée : villes /
nature.
2. **Relever les procédés**
d'humanisation et ceux

CHATTERTON (1835).   Ce drame est inspiré de la vie
d'un poète anglais, Thomas Chatterton. Dans la pièce,
le poète est un aristocrate ruiné. Amoureux de la
douce Kitty Bell, il s'oppose violemment à l'industriel
John Bell, véritable tyran pour sa femme. Refusant
d'accepter un emploi de valet, désespéré, le poète se
suicide. Sa mort est suivie de celle de Kitty, qui venait
de lui révéler son amour.

« Ô mort, ange de délivrance »

Que sera cette place ? quelque emploi de commis ? Tant mieux, cela est honorable ! Je pourrai vivre sans écrire les choses communes qui font vivre. — Le quaker[1] rentrera dans la paix de son

5 âme que j'ai troublée, et elle ! Kitty Bell, je ne la tuerai pas, s'il est vrai que je l'eusse tuée. — Dois-je le croire ? J'en doute : ce que l'on renferme toujours ainsi est peu violent ; et, pour être si aimante, son âme est bien maternelle. N'importe, cela vaut

10 mieux, et je ne la verrai plus. C'est convenu... autant eût valu me tuer. Un corps est aisé à cacher. — On ne le lui eût pas dit. Le quaker y eût veillé, il pense à tout. Et à présent, pourquoi vivre ? pour qui ? Pour qu'elle vive, c'est assez... Allons... arrêtez-

15 vous, idées noires, ne revenez pas... Lisons ceci... *(Il lit le journal.)* « Chatterton n'est pas l'auteur de ses œuvres... Voilà qui est bien prouvé. — Ces poèmes admirables sont réellement d'un moine nommé Rowley, qui les avait traduits d'un autre moine du

20 dixième siècle, nommé Turgot... Cette imposture, pardonnable à un écolier, serait criminelle plus tard... Signé... *Bale*[2]... » Bale ? Qu'est-ce que cela ? Que lui ai-je fait ? — De quel égout sort ce serpent ?

---

1. Personnage de la pièce, membre d'une secte protestante, et confident de Chatterton.

2. Nom d'un critique qui déteste Chatterton.

Quoi ! mon nom est étouffé ! ma gloire éteinte !
25 mon honneur perdu — Voilà le juge !... le bienfai-
teur ! Voyons, qu'offre-t-il ? *(Il décachette la lettre, lit...*
Et s'écrie avec indignation :) Une place de premier valet de chambre dans sa maison !...

Ah ! pays damné ! terre du dédain ! sois maudite à
30 jamais ! *(Prenant la fiole d'opium,)* Ô mon âme, je
t'avais vendue ! je te rachète avec ceci. *(Il boit*
l'opium.) Skirner[1] sera payé. — Libre de tous ! égal à
tous, à présent ! Salut, première heure de repos que
j'aie goûtée ! — Dernière heure de ma vie, aurore du
35 jour éternel, salut ! Adieu, humiliations, haines, sar-
casmes[2], travaux dégradants, incertitudes, angoisses, misères, tortures du cœur, adieu ! Oh ! quel
bonheur, je vous dis adieu ! — Si l'on savait ! si l'on
savait ce bonheur que j'ai... on n'hésiterait pas si
40 longtemps ! *(Ici après un instant de recueillement durant*
lequel son visage prend une expression de béatitude[3], il
joint les mains et poursuit.) Ô mort, ange de délivrance, que ta paix est douce ! J'avais bien raison de
t'adorer, mais je n'avais pas la force de te conquérir.
45 — Je sais que tes pas seront lents et sûrs. Regarde-
moi, ange sévère, leur ôter à tous la trace de mes pas
sur la terre. *(Il jette au feu tous ses papiers.)* Allez,
nobles pensées écrites pour tous ces ingrats dédaigneux, purifiez-vous dans la flamme et remontez au

---

1. Riche propriétaire auquel Chatterton doit plusieurs loyers.
2. Railleries insultantes.
3. Bonheur parfait.

50 ciel avec moi ! *(Il lève les yeux au ciel, et déchire lente-*
ment ses poèmes, dans l'attitude grave et exaltée d'un
homme qui fait un sacrifice solennel.)

CHATTERTON, *1835,*
acte III, scène 7.

Guide de lecture
....

1. Relever les procédés
qui traduisent l'exalta-
tion désespérée du
personnage.
2. Étudier la progres-
sion du texte vers
la décision tragique,
les hésitations et les
retours en arrière.

3. Justifier l'expression
« mort, ange de
délivrance ».

HUGO *(1802-1885)*

....

LA CONSCIENCE DU SIÈCLE. Fils d'un général de l'Empire, Victor Hugo a toujours rêvé de grandeur. Très jeune, il écrit de la poésie et devient le chef de file de la nouvelle école romantique. Après la bataille d'*Hernani* en 1830 (voir p. 20), il multiplie les succès dans tous les domaines : roman, poésie, théâtre, discours politiques. Il est élu à l'Académie française en 1841. Sa gloire littéraire et son engagement politique le consolent un peu de ses tourments personnels : en 1843, sa fille adorée Léopoldine se noie ; son autre fille Adèle sombre peu à peu dans la folie.

En 1848, Hugo ne comprend guère le soulèvement populaire de la révolution, mais refuse de se rallier aux conservateurs. Alors qu'il avait cru un moment en la présidence de Louis-Napoléon Bonaparte, il dénonce violemment le coup d'État du 2 décembre 1851, ce qui lui vaut l'exil, d'où il n'acceptera de rentrer, malgré l'amnistie accordée par l'empereur en 1859, qu'à la chute de l'Empire, en 1870.

La fin de sa vie est marquée par les deuils : ses deux fils meurent en 1871 et 1873 ; Juliette Drouet, qui fut sa maîtresse durant cinquante ans, en 1883. Cependant sa popularité est extrême et, lorsqu'il s'éteint en 1885, l'État lui offre des funérailles nationales et l'enterre au Panthéon.

« JE VEUX ÊTRE CHATEAUBRIAND OU RIEN. » Se réclamant de Chateaubriand (voir p. 32) qu'il prend d'abord pour guide, Hugo fait passer dans ses textes à la fois son orgueil démesuré et sa générosité extrême. La Préface de *Cromwell* en 1827 est le signal de la révolution romantique au théâtre. Et les premières représentations d'*Hernani*, en 1830, donnent lieu à des émeutes : les défenseurs des règles classiques crient au scandale devant cette œuvre qui mêle « le grotesque au sublime » (Préface de *Cromwell*) et mélange les genres, comme le fera aussi *Ruy Blas* (1838).

Pourtant, en poésie, Hugo n'innove guère et préfère reprendre les techniques traditionnelles, investies d'une force d'imagination très riche qui s'exprime en visions personnelles et grandioses. Le poète est, selon lui, un prophète qui conduira les hommes au bonheur. Son univers littéraire englobe toute la pensée humaine et recouvre tous les genres. D'intimiste dans *les Feuilles d'automne* (1831), sa poésie se fait satirique (*les Châtiments,* 1853), lyrique et mystique (*les Contemplations,* 1856), épique (*la Légende des siècles,* 1859 à 1883), ou encore métaphysique (*la Fin de Satan,* publication posthume en 1886).

Ses romans vont du plaidoyer contre la peine de mort (*le Dernier Jour d'un condamné,* 1829) à la grande fresque populaire, mythique et réaliste à la fois des *Misérables* (1862) en passant par des récits historiques et épiques comme *Notre-Dame de Paris* (1831) ou *Quatre-vingt-treize* (1874).

Hugo traverse le siècle et certains de ses romans appartiennent davantage au réalisme (voir p. 164) qu'au romantisme des débuts.

HERNANI (1830).   Le héros de ce drame est un noble proscrit, amoureux de doña Sol qu'aime aussi le roi d'Espagne, don Carlos. Mais la jeune fille doit épouser son oncle, Ruy Gomez. Ce dernier passe un pacte avec Hernani : il doit tuer le roi qui a enlevé doña Sol. La conjuration est déjouée et le roi, clément, unit doña Sol et Hernani. Mais le rappel du pacte oblige Hernani à se suicider. Doña Sol boit le poison en premier, puis Hernani et Ruy Gomez se tueront à leur tour sur son corps.

« Je suis une force qui va ! »

HERNANI

Doña Sol, prends le duc, prends l'enfer, prends le
[roi !
C'est bien. Tout ce qui n'est pas moi vaut mieux
[que moi !
Je n'ai plus un ami qui de moi se souvienne,
Tout me quitte ; il est temps qu'à la fin ton tour
[vienne,
5 Car je dois être seul. Fuis ma contagion
Ne te fais pas d'aimer une religion[1] !
Oh ! par pitié pour toi, fuis !... Tu me crois,
[peut-être,
Un homme comme sont tous les autres, un être

---

1. N'aie pas un culte de l'amour.

Intelligent, qui court droit au but qu'il rêva.
10 Détrompe-toi. Je suis une force qui va !
Agent aveugle et sourd de mystères funèbres !
Une âme de malheur faite avec des ténèbres !
Où vais-je ? Je ne sais. Mais je me sens poussé
D'un[1] souffle impétueux, d'un destin insensé.
15 Je descends, je descends, et jamais ne m'arrête.
Si, parfois, haletant, j'ose tourner la tête,
Une voix me dit : Marche ! et l'abîme est profond,
Et de flamme ou de sang je le vois rouge au fond !
Cependant, à l'entour de ma course farouche,
20 Tout se brise, tout meurt. Malheur à qui me
[touche !
Oh ! fuis ! détourne-toi de mon chemin fatal[2] !
Hélas ! sans le vouloir, je te ferais du mal !

DOÑA SOL

Grand Dieu !

HERNANI

C'est un démon[3] redoutable, te dis-je,
Que le mien. Mon bonheur, voilà le seul prodige
25 Qui lui soit impossible. Et toi, c'est le bonheur !
Tu n'es donc pas pour moi, cherche un autre
[seigneur.
Va, si jamais le ciel à mon sort qu'il renie
Souriait... n'y crois pas ! ce serait ironie !
Épouse le duc !

HERNANI, *1830,*
acte III, scène 4, v. 983 à 1011.

_____

1. Par un.
2. Marqué par le destin et voué à la mort.
3. Mauvais ange gardien.

Guide de lecture

1. Analyser comment
métaphores, rythmes
et sonorités traduisent
l'émotion d'Hernani.
2. En quoi cette tirade
définit-elle le héros
romantique ?

3. Pourquoi Hernani
veut-il renoncer à
doña Sol ?

LES FEUILLES D'AUTOMNE (1831).   Dans ce recueil intimiste et mélancolique, la nostalgie du passé est
compensée par des émerveillements devant l'enfance
ou la nature. Daté du 22 avril 1829, le dernier poème
des « Soleils couchants » mêle la célébration de la vie
de la nature et la conscience douloureuse du poète.

Soleils couchants

VI

Le soleil s'est couché ce soir dans les nuées.
Demain viendra l'orage, et le soir, et la nuit ;
Puis l'aube, et ses clartés de vapeurs obstruées ;
Puis les nuits, puis les jours, pas du temps qui
[s'enfuit !

5   Tous ces jours passeront ; ils passeront en foule
Sur la face des mers, sur la face des monts,
Sur les fleuves d'argent, sur les forêts où roule
Comme un hymne confus des morts que nous
[aimons.

Et la face des eaux, et le front des montagnes,
10   Ridés et non vieillis, et les bois toujours verts
S'iront rajeunissant ; le fleuve des campagnes
Prendra sans cesse aux monts le flot qu'il donne aux
                                                  [mers.

Mais moi, sous chaque jour courbant plus bas ma
                                                  [tête,
Je passe, et, refroidi sous ce soleil joyeux,
15   Je m'en irai bientôt, au milieu de la fête,
Sans que rien manque au monde, immense et
                                                  [radieux !

LES FEUILLES D'AUTOMNE, *1831,*
XXXV, « Soleils couchants », VI.

Guide de lecture
....

1. Relever les notations
temporelles (temps
grammaticaux, ad-
verbes, etc.) et les
classer.
2. Quelle rupture
constitue le dernier
quatrain ?

3. Quel rôle jouent les
énumérations dans ce
texte ?

LES CHÂTIMENTS (1853).   C'est lors de son exil que
Hugo compose le recueil des *Châtiments,* dans lequel il
règle ses comptes avec le régime et avec ses anciens
compagnons d'exil qui ont rallié l'Empire. Il y développe

une violente satire des piliers du pouvoir : armée, Église, argent. Du premier poème intitulé « Nox » (« Nuit ») au dernier, « Lux » (« Lumière »), le poète montre comment l'homme triomphera de la tyrannie. Ce texte clôt la dernière section.

Ultima verba [1]

Je ne fléchirai pas ! Sans plainte dans la bouche,
Calme, le deuil au cœur, dédaignant le troupeau,
Je vous embrasserai dans mon exil farouche,
Patrie, ô mon autel ! liberté, mon drapeau !

5   Mes nobles compagnons, je garde votre culte ;
Bannis, la République est là qui nous unit.
J'attacherai la gloire à tout ce qu'on insulte ;
Je jetterai l'opprobre [2] à tout ce qu'on bénit !

Je serai, sous le sac de cendre [3] qui me couvre,
10   La voix qui dit : malheur ! la bouche qui dit : non !
Tandis que tes valets te montreront ton Louvre,
Moi, je te montrerai, César [4], ton cabanon [5].

---

1. En latin, signifie « derniers mots ».
2. Réprobation vive et humiliante.
3. Signe de deuil.
4. Ici, Napoléon III.
5. Maison de fous.

Devant les trahisons et les têtes courbées,
Je croiserai les bras, indigné, mais serein.
15 Sombre fidélité pour les choses tombées,
Sois ma force et ma joie et mon pilier d'airain !

Oui, tant qu'il sera là, qu'on cède ou qu'on persiste,
Ô France, France aimée et qu'on pleure toujours,
Je ne reverrai pas ta terre douce et triste,
20 Tombeau de mes aïeux et nid de mes amours !

Je ne reverrai pas ta rive qui nous tente,
France ! hors le devoir, hélas ! j'oublierai tout.
Parmi les éprouvés je planterai ma tente :
Je resterai proscrit, voulant rester debout.

25 J'accepte l'âpre exil, n'eût-il ni fin ni terme,
Sans chercher à savoir et sans considérer
Si quelqu'un a plié qu'on aurait cru plus ferme,
Et si plusieurs s'en vont qui devraient demeurer.

Si l'on n'est plus que mille, eh bien, j'en suis ! Si
[même
30 Ils ne sont plus que cent, je brave encor Sylla[1] ;
S'il en demeure dix, je serai le dixième ;
Et s'il n'en reste qu'un, je serai celui-là !

Châtiments, *1853,*
VII, XVII, strophes 9-16.

Guide de lecture

1. Étudier la progression dramatique du texte.
2. Comment qualifier l'attitude de Hugo ?
3. Quelle est la portée politique du texte ?

---

1. Tyran romain.

LES CONTEMPLATIONS (1856).   Organisé en deux volets :
Autrefois et *Aujourd'hui,* le recueil des *Contemplations*
s'articule autour de la date symbolique du 4 septembre
1843, celle de la mort de Léopoldine, la fille du poète.
Ce long recueil de la douleur est comme « les Mémoires d'une âme », celle de Hugo, certes, mais aussi
de tous les hommes. « Hélas ! quand je vous parle de
moi, je vous parle de vous », avertit la Préface. Le texte
suivant est daté du 3 septembre 1847, veille de l'an-
niversaire de la mort de Léopoldine.

« Demain, dès l'aube... »

Demain, dès l'aube, à l'heure où blanchit la campagne,
Je partirai. Vois-tu, je sais que tu m'attends.
J'irai par la forêt, j'irai par la montagne.
Je ne puis demeurer loin de toi plus longtemps.

5 Je marcherai les yeux fixés sur mes pensées,
Sans rien voir au-dehors, sans entendre aucun bruit,
Seul, inconnu, le dos courbé, les mains croisées,
Triste, et le jour pour moi sera comme la nuit.

Je ne regarderai ni l'or du soir qui tombe,
10 Ni les voiles au loin descendant vers Harfleur[1],
Et quand j'arriverai, je mettrai sur ta tombe
Un bouquet de houx vert et de bruyère en fleur.

LES CONTEMPLATIONS, *1856,*
« *Aujourd'hui* », IV, XIV.

_____

1. Port de la région du Havre.

Guide de lecture

1. Analyser les sentiments du père et du poète.
2. Établir les étapes du pèlerinage.

3. Quel effet produisent ces paroles adressées à une morte ?

La Légende des siècles (1859-1883). Définie par le poète comme « l'épopée humaine, âpre, immense, écroulée », cette longue œuvre est divisée en cycles qui correspondent à l'évolution de l'Occident. Hugo s'appuie tantôt sur l'histoire, tantôt sur la légende. Il montre l'accession de l'homme à la lumière, contre les forces du mal. « Le Parricide » raconte comment Kanut, ayant tué son père, a régné sans problèmes. Mais, une fois mort, il est accablé par le sang de sa victime qui le poursuit dans l'éternité.

« Une goutte de sang tomba sur le linceul »

Il allait ; tout à coup, sur son livide voile
Il vit poindre et grandir comme une noire étoile ;
L'étoile s'élargit lentement, et Kanut,
La tâtant de sa main de spectre, reconnut
5 Qu'une goutte de sang était sur lui tombée ;
Sa tête, que la peur n'avait jamais courbée,

Se redressa ; terrible, il regarda la nuit,
Et ne vit rien ; l'espace était noir ; pas un bruit ;
« En avant ! » dit Kanut, levant sa tête fière ;
10   Une seconde tache auprès de la première
Tomba, puis s'élargit ; et le chef cimbrien[1]
Regarda l'ombre épaisse et vague, et ne vit rien.
Comme un limier à suivre une piste s'attache,
Morne, il reprit sa route ; une troisième tache
15   Tomba sur le linceul. Il n'avait jamais fui ;
Kanut pourtant cessa de marcher devant lui,
Et tourna du côté du bras qui tient le glaive[2] ;
Une goutte de sang, comme à travers un rêve,
Tomba sur le suaire[3] et lui rougit la main ;
20   Pour la seconde fois il changea de chemin,
Comme en lisant on tourne un feuillet d'un registre,
Et se mit à marcher vers la gauche sinistre[4] ;
Une goutte de sang tomba sur le linceul ;
Et Kanut recula, frémissant d'être seul,
25   Et voulut regagner sa couche mortuaire ;
Une goutte de sang tomba sur le suaire ;
Alors, il s'arrêta livide, et ce guerrier,
Blême, baissa la tête et tâcha de prier ;
Une goutte de sang tomba sur lui. Farouche,
30   La prière effrayée expirant dans sa bouche,
Il se remit en marche ; et, lugubre, hésitant,

---

1. Chef des Cimbres, peuple ayant vécu au premier siècle dans l'actuel Danemark.

2. Épée courte.

3. Linge dans lequel on enveloppe les morts.

4. Étymologiquement, sinistre signifie « de la gauche », réputée de mauvais augure.

Hideux, ce spectre blanc passait ; et, par instants,
Une goutte de sang se détachait de l'ombre,
Implacable, et tombait sur cette blancheur sombre.
35   Il voyait, plus tremblant qu'au vent le peuplier,
Ces taches s'élargir et se multiplier ;
Une autre, une autre, une autre, une autre, ô cieux
[funèbres !
Leur passage rayait vaguement les ténèbres ;
Ces gouttes, dans les plis du linceul, finissant
40   Par se mêler, faisaient des nuages de sang ;
Il marchait, il marchait ; de l'insondable voûte
Le sang continuait de pleuvoir goutte à goutte,
Toujours sans fin, sans bruit, et comme s'il tombait
De ces pieds noirs qu'on voit la nuit pendre au
[gibet

La Légende des siècles, *1859*,
« le Cycle héroïque chrétien », I, « le Parricide », v. 87 à 134.

Guide de lecture
....

1. Étudier les procédés de l'épopée : répétitions, accélérations, amplification...
2. À quoi tient l'inquié-tude ressentie à la lecture du texte ?
3. En quoi la métaphore du sang est-elle une image de la conscience ?

RUY BLAS (1838).   Cette pièce, qui veut montrer la force de l'amour, est construite sous la forme d'une alternance de tragique et de comique. Ruy Blas est un laquais qui, sous un déguisement, se fait aimer de la reine doña Maria, pour obéir à son maître, don Salluste,

qui veut se venger de la famille royale. Ruy Blas devient
Premier ministre, mais le traître révèle à la reine l'identité de son amant. Ruy Blas le tue avant de mourir dans
les bras de doña Maria.

« Ruy Blas, je vous pardonne »

> Ruy Blas, *d'une voix grave et basse.*
> *(Ruy Blas fait quelques pas en chancelant vers*
> *la reine immobile et glacée, puis il tombe à deux*
> *genoux, l'œil fixé à terre, comme s'il n'osait lever*
> *les yeux jusqu'à elle.)*

Maintenant, madame, il faut que je vous dise.
— Je n'approcherai pas. — Je parle avec franchise.
Je ne suis point coupable autant que vous croyez.
Je sens, ma trahison, comme vous la voyez,
5   Doit vous paraître horrible. Oh ! ce n'est pas facile
À raconter. Pourtant je n'ai pas l'âme vile [1],
Je suis honnête au fond. — Cet amour m'a perdu.
— Je ne me défends pas ; je sais bien, j'aurais dû
Trouver quelque moyen. La faute est consommée !
10   — C'est égal, voyez-vous, je vous ai bien aimée.

> La Reine

Monsieur...

> Ruy Blas, *toujours à genoux.*
> N'ayez pas peur. Je n'approcherai point.

---

1. Qui inspire le mépris par sa bassesse.

À Votre Majesté je vais de point en point
Tout dire. Oh ! croyez-moi, je n'ai pas l'âme
[vile !—
Aujourd'hui tout le jour j'ai couru par la ville
15   Comme un fou. Bien souvent même on m'a
[regardé.
Auprès de l'hôpital que vous avez fondé,
J'ai senti vaguement, à travers mon délire,
Une femme du peuple essuyer sans rien dire
Les gouttes de sueur qui tombaient de mon front,
20   Ayez pitié de moi, mon Dieu ! mon cœur se rompt !

LA REINE

Que voulez-vous ?

RUY BLAS, *joignant les mains.*
Que vous me pardonniez, madame !

LA REINE

Jamais.

RUY BLAS

Jamais !
(Il se lève et marche lentement vers la table.)
Bien sûr ?

LA REINE
Non. Jamais !

RUY BLAS
(Il prend la fiole posée sur la table, la porte à ses lèvres et la vide d'un trait.)
Triste flamme,

Éteins-toi !

La Reine, *se levant et courant vers lui.*
Que fait-il ?

Ruy Blas, *posant la fiole,*
Rien. Mes maux sont finis.
Rien. Vous me maudissez, et moi je vous bénis.
25 Voilà tout.

La Reine, *éperdue.*
Don César !

Ruy Blas
Quand je pense, pauvre ange,
Que vous m'avez aimé !

La Reine
Quel est ce philtre[1] étrange ?
Qu'avez-vous fait ? Dis-moi ! réponds-moi !
[parle-moi !
César ! je te pardonne et t'aime, et je te croi[2] !

Ruy Blas
Je m'appelle Ruy Blas.

La Reine, *l'entourant de ses bras.*
Ruy Blas, je vous pardonne !
30 Mais qu'avez-vous fait là ? Parle, je te l'ordonne !
Ce n'est pas du poison, cette affreuse liqueur ?
Dis ?

Ruy Blas
Si ! C'est du poison. Mais j'ai la joie au cœur.
(Tenant la reine embrassée et levant les yeux au ciel.)

---

1. Boisson magique.
2. Orthographe qui respecte la rime pour l'œil avec « moi ».

Permettez, ô mon Dieu, justice souveraine,

Que ce pauvre laquais bénisse cette reine,

35   Car elle a consolé mon cœur crucifié,

Vivant, par son amour, mourant, par sa pitié !

La Reine

Du poison ! Dieu ! c'est moi qui l'ai tué ! — Je

[t'aime !

Si j'avais pardonné ?...

Ruy Blas, *défaillant.*

J'aurais agi de même.

(Sa voix s'éteint. La reine le soutient dans ses bras.)

Je ne pouvais plus vivre. Adieu !

(Montrant la porte.)

Fuyez d'ici !

40   — Tout restera secret. — Je meurs.

(Il tombe.)

La Reine, *se jetant sur son corps.*

Ruy Blas !

Ruy Blas, *qui allait mourir, se réveille à son nom*

prononcé par la reine.

Merci !

Ruy Blas, *1838,*

acte V, scène 4, v. 2213 à 2252.

Guide de lecture

1. Analyser le change-
ment de comporte-
ment de la reine.
2. Définir le caractère
de Ruy Blas, d'après
cette scène.

3. Étudier la richesse
de la mise en scène, en
prêtant attention aux
didascalies (voir p. 338).

ALEXANDRE DUMAS   *(1802-1870)*

....

UN BON VIVANT. Tôt orphelin de père, Alexandre Dumas, né en 1802, doit gagner sa vie comme clerc, mais ne rêve que de réussite littéraire. Il s'instruit seul, lit, voyage et écrit des pièces de théâtre et des romans. Son engagement en politique est généreux, mais sans succès : insurgé en 1830, il se brouille ensuite avec Louis-Philippe, s'exile en 1851 en Belgique puis rejoint, en Italie, les révolutionnaires conduits par Garibaldi. Bon vivant, gourmet, il meurt criblé de dettes malgré les sommes énormes que lui rapportaient ses œuvres.

UNE LITTÉRATURE POPULAIRE. Journaliste, essayiste, romancier, feuilletoniste, dramaturge, traducteur (notamment de Walter Scott), conférencier, Dumas fait preuve d'un rare éclectisme. Sa production est impressionnante : il est aidé par ses collaborateurs qui font pour lui des recherches documentaires et participent également à la rédaction des romans. Son théâtre a un succès immédiat : si *Kean* (1836) est sa pièce la plus célèbre, *Henri III et sa cour* (1829), jouée un an avant *Hernani*, fut distinguée par ses contemporains qui y repéraient les principes directeurs du théâtre romantique, définis par Hugo dans la Préface de *Cromwell*. Mais ce qui lui assure les faveurs d'un public populaire et de la postérité, ce sont ses quatre-vingts romans, véritables mythologies pittoresques, où la psychologie est maigre, mais où les intrigues sont toujours enlevées et passionnantes. En

1844, il publie à la fois *le Comte de Monte-Cristo* et *les Trois Mousquetaires,* l'année suivante *Vingt Ans après* et *la Reine Margot* et, en 1848, *le Vicomte de Bragelonne.* Dumas illustre parfaitement le rôle de la presse de l'époque, qui publie en feuilletons nombre de romans : le lecteur attend, d'un numéro à l'autre, la suite des épisodes et l'auteur, payé à la ligne, est souvent tenté d'étoffer, parfois artificiellement, les épisodes !

KEAN (1836). Sous-titrée « Désordre et génie », cette pièce illustre la conception romantique de l'artiste. L'acteur Kean, passionné par le théâtre et l'amour, vit à l'écart de la société, aux valeurs bourgeoises sans grandeur. Il donne ici des conseils à une jeune fille qui veut se lancer dans le théâtre pour fuir un mariage.

« Oui, je suis roi »

KEAN. Oui, je suis roi, c'est vrai... trois fois par semaine à peu près, roi avec un sceptre de bois doré, des diamants de strass [1] et une couronne de carton ; j'ai un royaume de trente-cinq pieds carrés [2], et une
5   royauté qu'un bon petit coup de sifflet fait évanouir. Oh ! oui, oui, je suis un roi bien respecté, bien puissant, et surtout bien heureux, allez !

---

1. Matière imitant certaines pierres précieuses.
2. Soit 11 m² environ, la superficie de la scène du théâtre.

ANNA.   Ainsi, lorsque tout le monde vous applaudit, vous envie, vous admire...

10   KEAN.   Eh bien, parfois, je blasphème, je maudis, je jalouse le sort du portefaix[1] courbé sous son fardeau, du laboureur suant sur sa charrue, et du marin couché sur le pont du vaisseau.

ANNA.   Et si une femme, jeune, riche, et qui vous
15   aimât, venait vous dire : « Kean, ma fortune, mon amour sont à vous... sortez de cet enfer qui vous brûle... de cette existence qui vous dévore... quittez le théâtre... »

KEAN.   Moi ! moi ! quitter le théâtre... moi ! Oh !
20   vous ne savez donc pas ce que c'est que cette robe de Nessus[2] qu'on ne peut arracher de dessus ses épaules qu'en déchirant sa propre chair ? Moi, quitter le théâtre, renoncer à ses émotions, à ses éblouissements, à ses douleurs ! moi, céder la place à
25   Kemble et à Macready[3], pour qu'on m'oublie au bout d'un an, au bout de six mois, peut-être ! Mais rappelez-vous donc que l'acteur ne laisse rien après lui, qu'il ne vit que pendant sa vie, que sa mémoire s'en va avec la génération à laquelle il appartient, et
30   qu'il tombe du jour dans la nuit... du trône dans le néant... Non ! non ! lorsqu'on a mis le pied une fois dans cette fatale carrière, il faut la parcourir jusqu'au bout... épuiser ses joies et ses douleurs, vider sa

---

1. Porteur.

2. Tunique empoisonnée, ce dont mourut Hercule qui s'en était revêtu.

3. Acteurs rivaux de Kean.

coupe et son calice, boire son miel et sa lie [1]... Il faut
35   finir comme on a commencé, mourir comme on a
vécu... mourir comme est mort Molière [2], au bruit
des applaudissements, des sifflets et des bravos !...
Mais, lorsqu'il est encore temps de ne pas prendre
cette route, lorsqu'on n'a pas franchi la barrière... il
40   n'y faut pas entrer... croyez-moi, miss, sur mon honneur, croyez-moi !

KEAN, *1836,*
acte II, scène 4.

---

1. Dépôt au fond des bouteilles, désigne ce qu'il y a de plus mauvais.
2. Sur scène, en jouant *le Malade imaginaire.*

Guide de lecture
....

**1. Comment le ton
traduit-il la passion de
l'acteur ?
2. Comparer le pouvoir
de l'amour (Anna) et
celui du théâtre.**

**3. Définir, d'après cet
extrait, la condition de
l'artiste.**

LE COMTE DE MONTE-CRISTO (1844).   Le marin Edmond
Dantès est injustement emprisonné au château d'If.
Lorsqu'il s'en échappe grâce à l'abbé Faria, il se venge
cruellement de ses ennemis, sous le nom de comte de
Monte-Cristo. Le succès de ce roman plein d'aventures
invraisemblables fut immédiat. Dumas en fit une adap-
tation théâtrale.

« Fiévreuse attente »

Toute la journée, Dantès alla et vint dans son cachot, le cœur bondissant de joie. De temps en temps cette joie l'étouffait. Il s'asseyait sur son lit, pressant sa poitrine avec sa main. Au moindre
5 bruit qu'il entendait dans le corridor, il bondissait vers la porte. Une fois ou deux, cette crainte qu'on le séparât de cet homme qu'il ne connaissait point et que cependant il aimait déjà comme un ami, lui passa par le cerveau. Alors il était décidé : au mo-
10 ment où le geôlier écarterait son lit, baisserait la tête pour examiner l'ouverture, il lui briserait la tête avec le pavé sur lequel était posée sa cruche.

On le condamnerait à mort, il le savait bien ; mais n'allait-il pas mourir d'ennui et de désespoir au mo-
15 ment où ce bruit miraculeux l'avait rendu à la vie ?

Le soir le geôlier vint ; Dantès était sur son lit ; de là il lui semblait qu'il gardait mieux l'ouverture ina-chevée ; sans doute il regarda le visiteur importun d'un œil étrange, car celui-ci lui dit :

20 « Voyons, allez-vous redevenir encore fou ? »

Dantès ne répondit rien, il craignait que l'émotion de sa voix ne le trahît.

Le geôlier se retira en secouant la tête.

La nuit arrivée, Dantès crut que son voisin profite-
25 rait du silence de l'obscurité pour renouer la conver-sation avec lui, mais il se trompait ; la nuit s'écoula sans qu'aucun bruit répondît à sa fiévreuse attente. Mais le lendemain, après la visite du matin et comme il venait d'écarter son lit de la muraille, il

30 entendit frapper trois coups à intervalles égaux ; il se précipita à genoux.

« Est-ce vous ? dit-il, me voilà !

— Votre geôlier est-il parti ? demanda la voix.

— Oui, répondit Dantès, il ne reviendra que ce
35 soir ; nous avons douze heures de liberté.

— Je puis donc agir ? dit la voix.

— Oh ! oui, oui, sans retard, à l'instant même, je vous en supplie ! »

Aussitôt la portion de terre sur laquelle Dantès, à
40 moitié perdu dans l'ouverture, appuyait ses deux mains, sembla céder sous lui ; il se rejeta en arrière, tandis qu'une masse de terre et de pierres détachées se précipitait dans un trou qui venait de s'ouvrir au-dessous de l'ouverture que lui-même avait faite ;
45 alors, au fond de ce trou sombre et dont il ne pouvait mesurer la profondeur, il vit paraître une tête, des épaules et enfin un homme tout entier qui sortit avec assez d'agilité de l'excavation pratiquée.

Le Comte de Monte-Cristo, *1844,*
chap. XV.

Guide de lecture

1. **Étudier le rôle de l'attente dans la composition du texte.**
2. **Montrer comment alternent les images** d'ouverture et de fermeture.
3. **Analyser l'état d'esprit de Dantès.**

MÉRIMÉE   *(1803-1870)*

....

Un fantaisiste amoureux de l'Histoire.   Né dans une famille bourgeoise, Prosper Mérimée se fait d'abord connaître par une supercherie littéraire : il publie *le Théâtre de Clara Gazul* et *la Guzla,* deux œuvres prétendument espagnoles qui, en fait, sont de lui ; la vérité ne sera que tardivement découverte. Ensuite, plus sérieux, il écrit des ouvrages d'inspiration historique, en vogue à l'époque (*Chronique du règne de Charles IX,* 1829). Pourtant, son succès tient surtout aux nouvelles qu'il publie dans des journaux. Parallèlement, son activité d'inspecteur général des Monuments historiques lui donne l'occasion de sillonner la France ; il voyage aussi beaucoup à l'étranger (Espagne, Italie, Grèce, Angleterre). Sénateur en 1853, familier de l'impératrice, il est reçu à la cour de Napoléon III et fait connaître la littérature russe à ses contemporains.

Un nouvelliste minutieux.   De son travail d'historien et de ses notes de voyage, Mérimée garde le goût de la précision et des détails, dont il alimente ses nouvelles qui sont toujours scrupuleusement documentées (la Corse dans *Colomba* publiée en 1840, l'Espagne dans *Carmen* parue en 1845).

Quant à ses personnages, même en proie à de violentes passions propres aux héros romantiques, ils sont envisagés avec ironie par le narrateur, qui évoque les épisodes les plus fous avec une grande sobriété (*la Vénus d'Ille,* 1837 ; *Lokis,* 1869).

La Vénus d'Ille (1837). M. de Peyrehorade, bourgeois passionné par l'Antiquité, possède une statue de Vénus en bronze qui suscite des superstitions. Son fils, Alphonse, le jour de ses noces, passe sa bague au doigt de la statue pour mieux jouer à la balle. Mais la statue referme sa main. Au lendemain de la nuit de noces, le jeune homme est retrouvé étouffé. Le récit de la nuit qu'en a fait sa jeune épouse est rapporté à un magistrat.

« Une espèce de géant verdâtre »

« C ette malheureuse jeune personne est devenue folle, me dit-il[1] en souriant tristement. Folle ! tout à fait folle. Voici ce qu'elle conte :

Elle était couchée, dit-elle, depuis quelques mi-
5 nutes, les rideaux tirés, lorsque la porte de sa chambre s'ouvrit, et quelqu'un entra. Alors Mme Alphonse était dans la ruelle[2] du lit, la figure tournée vers la muraille. Elle ne fit pas un mouvement, persuadée que c'était son mari. Au bout d'un instant, le
10 lit cria comme s'il était chargé d'un poids énorme. Elle eut grand-peur, mais n'osa pas tourner la tête. Cinq minutes, dix minutes peut-être... elle ne peut se rendre compte du temps, se passèrent de la sorte. Puis elle fit un mouvement involontaire, ou bien la
15 personne qui était dans le lit en fit un, et elle sentit le contact de quelque chose de froid, comme la glace,

---

1. Le procureur du roi, venu enquêter.

2. Ici, partie du lit qui se trouve contre le mur.

ce sont ses expressions. Elle s'enfonça dans la ruelle tremblant de tous ses membres. Peu après la porte s'ouvrit une seconde fois, et quelqu'un entra qui
20 dit : Bonsoir ma petite femme. Bientôt après on tira les rideaux. Elle entendit un cri étouffé. La personne qui était dans le lit, à côté d'elle, se leva sur son séant et parut étendre les bras en avant. Elle tourna la tête alors... et vit, dit-elle, son mari à genoux au-
25 près du lit, la tête à la hauteur de l'oreiller, entre les bras d'une espèce de géant verdâtre qui l'étreignait avec force. Elle dit, et m'a répété vingt fois, pauvre femme !... elle dit qu'elle a reconnu... devinez-vous ? La Vénus de bronze, la statue de M. de Peyre-
30 horade... Depuis qu'elle est dans le pays, tout le monde en rêve. Mais je reprends le récit de la mal-heureuse folle. À ce spectacle, elle perdit connais-sance, et probablement depuis quelques instant elle avait perdu la raison. Elle ne peut en aucune façon
35 dire combien de temps elle demeura évanouie. Re-venue à elle, elle revit le fantôme, ou la statue, comme elle dit toujours, immobile, les jambes et le bas du corps dans le lit, le buste et les bras étendus en avant, et entre ses bras son mari, sans mouve-
40 ment. Un coq chanta. Alors la statue sortit du lit, laissa tomber le cadavre et sortit. »

LA VÉNUS D'ILLE, *1837*.

Guide de lecture

1. Étudier la progres-sion du récit.

2. Analyser le regard que portent les diffé-rents narrateurs sur l'événement.

3. Définir le fantastique d'après cet extrait.

CARMEN (1845). Par amour pour la bohémienne Carmen, le jeune officier José déserte l'armée et devient bandit. Mais Carmen le délaisse au profit du torero Lucas et José la tue. Condamné à mort, il fait à un visiteur le récit de cet épisode. La nouvelle illustre le conflit entre la passion et la liberté.

« T'aimer encore, c'est impossible »

« Tu veux me tuer, je le vois bien, dit-elle ; c'est écrit, mais tu ne me feras pas céder.

— Je t'en prie, lui dis-je, sois raisonnable. Écoute-moi ! tout le passé est oublié. Pourtant, tu le sais,
5 c'est toi qui m'as perdu ; c'est pour toi que je suis devenu un voleur et un meurtrier. Carmen ! ma Carmen ! laisse-moi te sauver et me sauver avec toi.

— José, répondit-elle, tu me demandes l'impossible. Je ne t'aime plus ; toi, tu m'aimes encore, et
10 c'est pour cela que tu veux me tuer. Je pourrais bien encore te faire quelque mensonge : mais je ne veux pas m'en donner la peine. Tout est fini entre nous. Comme mon rom, tu as le droit de tuer ta romi[1] ; mais Carmen sera toujours libre. Calli[2] elle est née,
15 calli elle mourra.

— Tu aimes donc Lucas ? lui demandai-je.

---

1. *Rom* : époux ; *romi* : femme, en gitan.

2. « Noir », en gitan ; désigne les bohémiens eux-mêmes.

— Oui, je l'ai aimé, comme toi, un instant, moins que toi peut-être. À présent, je n'aime plus rien et je me hais pour t'avoir aimé. »

20 Je me jetai à ses pieds, je lui pris les mains, je les arrosai de mes larmes. Je lui rappelai tous les moments de bonheur que nous avions passés ensemble. Je lui offris de rester brigand pour lui plaire. Tout, monsieur[1], tout ; je lui offris tout, pourvu
25 qu'elle voulût m'aimer encore !

Elle me dit : « T'aimer encore, c'est impossible. Vivre avec toi, je ne le veux pas. » La fureur me possédait. Je tirai mon couteau. J'aurais voulu qu'elle eût peur et me demandât grâce, mais cette femme
30 était un démon.

« Pour la dernière fois, m'écriai-je, veux-tu rester avec moi ?

— Non ! non ! non ! » dit-elle en frappant du pied, et elle tira de son doigt une bague que je lui
35 avais donnée, et la jeta dans les broussailles.

Je la frappai deux fois. C'était le couteau du Borgne[2] que j'avais pris, ayant cassé le mien. Elle tomba au second coup sans crier. Je crois voir encore son grand œil noir me regarder fixement ; puis il de-
40 vint trouble et se ferma. Je restai anéanti une bonne heure devant ce cadavre. Puis, je me rappelai que Carmen m'avait dit souvent qu'elle aimerait à être enterrée dans un bois. Je lui creusai une fosse avec mon couteau, et je l'y déposai, je cherchai long-

---

1 Le visiteur auquel José raconte son histoire.

2. Contrebandier qu'a tué José.

45   temps sa bague et je la trouvai à la fin, je la mis dans
la fosse auprès d'elle avec une petite croix. Peut-être
ai-je eu tort. Ensuite je montai sur mon cheval, je
galopai jusqu'à Cordoue, et au premier corps de
garde je me fis connaître. J'ai dit que j'avais tué Car-
50   men ; mais je n'ai pas voulu dire où était son corps.

CARMEN, *1845,*
chap. III.

Guide de lecture
....

**1. Montrer comment
les propos des deux
personnages sont carac-
téristiques de leur
psychologie.**

**2. Justifier l'alternance
du récit et du dialogue.
3. À quoi tient la vio-
lence de cet extrait ?**

GEORGE SAND   *(1804-1876)*

....

D'AURORE DUPIN À LA BONNE DAME DE NOHANT.   Aurore Dupin est d'une ascendance noble par son père, populaire par sa mère. Dès sa jeunesse, elle étonne le voisinage par ses tenues d'homme, son indépendance d'esprit et ses fougueuses amitiés. Mariée à dix-huit ans, elle s'ennuie et se lance dans la littérature sous le pseudonyme de George Sand. Elle plaide pour la libération sentimentale de la femme. Cette exigence se traduit dans sa propre vie amoureuse au travers de ses passions pour Musset ou Chopin. Puis elle met son énergie au service de causes humanitaires et soutient la révolution de 1848. Retirée dans son domaine de Nohant (Berry) pour échapper aux persécutions entreprises contre les révolutionnaires, elle y reçoit écrivains et artistes, dont Flaubert ou Gautier, qui sont de véritables amis. Elle se consacre à l'écriture de romans champêtres et populaires. Sa charité et sa générosité la font surnommer, à la fin de sa vie, « la bonne dame de Nohant ». En 1854, elle rédige son autobiographie, *Histoire de ma vie.*

L'ENGAGEMENT HUMANITAIRE ET AFFECTIF.   Les romans de Sand séduisent par leur sincérité : le lyrisme romantique (voir p. 338) des premiers (*Indiana,* 1832), l'idéalisme social des suivants (*le Meunier d'Angibault,* 1845), le charme des récits champêtres (*la Mare au diable* en 1846, *la Petite Fadette* en 1849, *les Maîtres sonneurs* en 1853). La romancière sait décrire des figures idéales de l'humanité qu'elle place dans des paysages empreints de poésie.

INDIANA (1832). Ce roman oppose l'amour-passion, vécu par les femmes, aux conventions sociales qu'acceptent les hommes. Indiana, mariée au vieux colonel Delmare, s'ennuie à l'île Bourbon, après avoir connu, à Paris, une passion pour un jeune homme qui n'a pas voulu la suivre. Quand elle retourne à Paris, son amant est marié ; elle rentre à Bourbon, où meurt son mari, et épouse finalement son cousin, sir Ralph Brown.

« La magique apparition d'une autre terre »

Quand, vers le soir, la brise de terre commençait à s'élever et à lui apporter le parfum des rizières fleuries, elle s'enfonçait dans la savane, laissant Delmare et Ralph savourer sous la varangue[1]
5 l'aromatique infusion du *faham*[2], et distiller lentement la fumée de leurs cigares. Alors elle allait, du haut de quelque piton accessible, cratère éteint d'un ancien volcan, regarder le soleil couchant qui embrasait la vapeur rouge de l'atmosphère et répandait
10 comme une poussière d'or et de rubis sur les cimes murmurantes des cannes à sucre, sur les étincelantes parois des récifs. Rarement elle descendait dans les gorges de la rivière Saint-Gilles, parce que la vue de la mer, tout en lui faisant mal, l'avait fasci-
15 née de son mirage magnétique[3]. Il lui semblait

---

1. Véranda.
2. Thé de l'île Bourbon.
3. Illusion due aux reflets sur l'eau.

qu'au-delà de ces vagues et de ces brumes lointaines
la magique apparition d'une autre terre allait se révéler à ses regards. Quelquefois les nuages de la côte
prirent pour elle des formes singulières : tantôt elle
vit une lame blanche s'élever sur les flots et décrire
une ligne gigantesque qu'elle prit pour la façade du
Louvre ; tantôt ce furent deux voiles carrées qui,
sortant tout à coup de la brume, offraient le souvenir des tours de Notre-Dame de Paris, quand la
Seine exhale un brouillard compact qui embrasse
leurs bases et les fait paraître comme suspendues
dans le ciel ; d'autres fois c'étaient des flocons de
nuées roses qui, dans leurs formes changeantes, pré-
sentaient tous les caprices d'architecture d'une ville
immense. L'esprit de cette femme s'endormait dans
les illusions du passé, et elle se prenait à palpiter de
joie à la vue de ce Paris imaginaire dont les réalités
avaient signalé le temps le plus malheureux de sa
vie. Un étrange vertige s'emparait alors de sa tête.
Suspendue à une grande élévation au-dessus du sol
de la côte, et voyant fuir sous ses yeux les gorges qui
la séparaient de l'Océan, il lui semblait être lancée
dans cet espace par un mouvement rapide, et che-
miner dans l'air vers la ville prestigieuse de son imagination. Dans ce rêve, elle se cramponnait au
rocher qui lui servait d'appui ; et pour qui eût observé alors ses yeux avides, son sein haletant d'im-
patience et l'effrayante expression de joie répandue
sur ses traits, elle eût offert tous les symptômes de la
folie. C'étaient pourtant là ses heures de plaisir et les
seuls moments de bien-être vers lesquels se diri-

geaient les espérances de sa journée. Si le caprice de
son mari eût supprimé ces promenades solitaires, je
ne sais de quelle pensée elle eût vécu : car, chez elle,
50 tout se rapportait à une certaine faculté d'illusion, à
une ardente aspiration vers un point qui n'était ni le
souvenir, ni l'attente, ni l'espoir, ni le regret, mais le
désir dans toute son intensité dévorante. Elle vécut
ainsi des semaines et des mois sous le ciel des tro-
55 piques, n'aimant, ne connaissant, ne caressant
qu'une ombre, ne creusant qu'une chimère[1].

INDIANA, *1832,*
Première partie, chap. VI.

_____

1. Animal fabuleux ; ici, mirage de l'imagination.

Guide de lecture
....

1. Étudier la composi-
tion de la vision.
2. Quel portrait psy-
chologique peut-on
esquisser de l'héroïne ?

3. En quoi réside l'exo-
tisme de cet extrait ?

LA MARE AU DIABLE (1846).   Voici l'un des romans champêtres que Sand écrivit à la gloire des joies et des
peines de la campagne. L'histoire d'un laboureur est ici
contée, dans le cadre à la fois idyllique (parce que
champêtre) et maléfique (car hanté d'esprits malfai-
sants) de cette troublante mare au diable.

« Le laboureur »

Un enfant de six à sept ans, beau comme un ange, et les épaules couvertes, sur sa blouse, d'une peau d'agneau qui le faisait ressembler au petit saint Jean-Baptiste[1] des peintres de la Renaissance, marchait dans le sillon parallèle à la charrue et piquait le flanc des bœufs avec une gaule[2] longue et légère, armée d'un aiguillon peu acéré. Les fiers animaux frémissaient sous la petite main de l'enfant, et faisaient grincer les jougs et les courroies liés à leur front, en imprimant au timon[3] de violentes secousses. Lorsqu'une racine arrêtait le soc, le laboureur criait d'une voix puissante, appelant chaque bête par son nom, mais plutôt pour calmer que pour exciter, car les bœufs, irrités par cette brusque résistance, bondissaient, creusaient la terre de leurs larges pieds fourchus, et se seraient jetés de côté, emportant l'areau[4] à travers champs, si, de la voix et de l'aiguillon, le jeune homme n'eût maintenu les quatre premiers, tandis que l'enfant gouvernait les quatre autres. Il criait aussi, le pauvret, d'une voix qu'il voulait rendre terrible et qui restait douce comme sa figure angélique. Tout cela était beau de force ou de grâce : le paysage, l'homme, l'enfant, les taureaux sous le joug ; et, malgré cette lutte puissante, où la terre était vaincue, il y avait un sentiment de douceur

---

1. Prophète précurseur du christianisme, souvent représenté enfant.
2. Longue perche dont on se sert pour frapper.
3. Pièce de bois à l'avant d'une charrue, pour atteler les bêtes de trait.
4. Mot régional qui désigne une charrue primitive.

et de calme profond qui planait sur toutes choses.
Quand l'obstacle était surmonté et que l'attelage reprenait sa marche égale et solennelle, le laboureur,
dont la feinte violence n'était qu'un exercice de vi-
30 gueur et une dépense d'activité, reprenait tout à coup
la sérénité des âmes simples et jetait un regard de
contentement paternel sur son enfant, qui se retour-
nait pour lui sourire. Puis la voix mâle de ce jeune
père de famille entonnait le chant solennel et mélan-
35 colique que l'antique tradition du pays transmet, non
à tous les laboureurs indistinctement, mais aux plus
consommés dans l'art d'exciter et de soutenir l'ar-
deur des bœufs de travail. Ce chant, dont l'origine fut
peut-être considérée comme sacrée, et auquel de
40 mystérieuses influences ont dû être attribuées jadis,
est réputé encore aujourd'hui posséder la vertu d'en-
tretenir le courage de ces animaux, d'apaiser leurs
mécontentements et de charmer l'ennui de leur
longue besogne. Il ne suffit pas de savoir bien les
45 conduire en traçant un sillon parfaitement rectiligne,
de leur alléger la peine en soulevant ou enfonçant à
point le fer dans la terre : on n'est point un parfait
laboureur si on ne sait chanter aux bœufs, et c'est là
une science à part qui exige un goût et des moyens
50 particuliers.

La Mare au diable, *1846,*
chap. II.

Guide de lecture

1. **À quoi tient le charme de la scène ?**
2. **Distinguer les éléments de ce tableau sonore.**

3. **Dans quelle mesure s'agit-il d'une scène de labour idéale, donc un peu faussée ?**

NERVAL   *(1808-1855)*

DE LA BOHÈME À LA FOLIE.   Gérard Labrunie, qui prendra plus tard pour pseudonyme « Gérard de Nerval », n'a pas connu sa mère. Il passe sa petite enfance chez son grand-oncle dans le Valois. Nerval est ensuite élève au collège Charlemagne où il est le camarade de Théophile Gautier (voir p. 256). À l'âge de dix-huit ans, il publie ses premiers poèmes. Il mène alors une vie de bohème vagabonde, prend la défense de Hugo lors de la bataille d'*Hernani* et se fait connaître du public par sa traduction du *Faust* de Goethe.

Amoureux de l'actrice Jenny Colon, il en est abandonné, ce qui, ajouté à d'autres souffrances morales, le conduit à des crises de dépression graves dès 1841. Son voyage en Orient en 1843, à la suite d'autres périples en Europe, le guérit apparemment et accentue son goût pour l'ésotérisme et l'occultisme. Mais les troubles mentaux reprennent le dessus et il se suicide en 1855.

« L'ÉPANCHEMENT DU SONGE DANS LA VIE RÉELLE ».   Dès ses premières œuvres, Nerval fait de l'écriture le moyen de lutter contre la dépression et y manifeste sa fascination pour le rêve : le *Voyage en Orient* (1851) lui-même n'est pas un simple carnet de voyageur mais l'occasion de réflexions mystiques et de descriptions oniriques. Ses nouvelles (*les Filles du feu,* 1854) comme ses poésies (*Odelettes rythmiques et lyriques,* 1852 ; *les Chimères,* 1854) portent la trace de son interrogation sur soi et trouvent leur source dans les souvenirs d'enfance ou dans les origines mythiques de l'humanité. Son dernier récit, *Aurélia,* met en scène les correspondances entre la vie éveillée et le rêve : « Le Rêve est une seconde vie. Je n'ai pu percer sans frémir ces portes d'ivoire ou de corne qui nous séparent du monde invisible. »

V OYAGE EN O RIENT (1851). Nerval propose dans cette œuvre une relation de son voyage, mêlant anecdotes, contes, descriptions fascinées, développements mystiques et philosophiques. Lorsqu'il est à Istanbul (Stamboul), il assiste aux fêtes du ramadan, le mois pendant lequel les musulmans jeûnent le jour et peuvent manger la nuit. L'écrivain a pour guide un vieillard rencontré par hasard.

« Un spectacle magique commençait »

I l m'avait conduit à une fenêtre, et en effet le soleil ne tarda pas à descendre derrière les lignes d'horizon violettes qui dominent la Corne-d'Or[1]. Aussitôt un bruit immense se fit de tous côtés. C'étaient les canons de Tophana, puis ceux de tous les vaisseaux du port qui saluaient la double fête. Un spectacle magique commençait en même temps sur tout le plan lointain où se découpent les monuments de Stamboul. À mesure que l'ombre descen-

5

---

1. Baie d'Istanbul. Tophana est un quartier d'Istanbul.

dait du ciel, on voyait paraître de longs chapelets de
feu dessinant les dômes des mosquées et traçant sur
leurs coupoles des arabesques, qui formaient sans
doute des légendes en lettres ornées ; les minarets[1]
élancés comme un millier de mâts au-dessus des
édifices, portaient des bagues de lumières, dessinant
les frêles galeries qu'ils supportent. De tous côtés
partaient les chants des *muezzins*[2], si suaves d'ordi-
naire, ce jour-là bruyants comme des chants de
triomphe.

Nous nous retournâmes vers la salle ; la danse
avait commencé.

Un grand vide s'était formé au centre de la salle ;
nous vîmes entrer, par le fond, une quinzaine de
danseurs coiffés de rouge, avec des vestes brodées et
des ceintures éclatantes. Il n'y avait que des
hommes.

Le premier semblait conduire les autres, qui se tenaient par la main, en balançant les bras, tandis que
lui-même liait sa danse compassée[3] à celle de son
voisin, au moyen d'un mouchoir, dont ils avaient
chacun un bout. Il semblait la tête au col flexible
d'un serpent, dont ses compagnons auraient formé
les anneaux.

C'était là, évidemment, une danse grecque, —
avec les balancements de hanche, les entrelace-
ments et les pas en guirlande que dessine cette cho-

---

1. Tours des mosquées.
2. Religieux musulmans qui appellent les fidèles à la prière.
3. Sans spontanéité ni naturel.

régraphie[1]. Quand ils eurent fini, je commençais à manifester mon ennui des danses d'hommes, que j'avais trop vues en Égypte, lorsque nous vîmes pa-
40 raître un égal nombre de femmes qui reproduisirent la même figure. Elles étaient la plupart jolies et fort gracieuses, sous le costume levantin[2] ; leurs calottes rouges festonnées d'or, les fleurs et les gazillons lamés[3] de leurs coiffures, les longues tresses ornées de
45 sequins[4] qui descendaient jusqu'à leurs pieds leur faisaient de nombreux partisans dans l'assemblée. — Toutefois, c'étaient simplement des jeunes filles ioniennes[5] venues avec leurs amis ou leurs frères, et toute tentative de séduction à leur égard eût amené
50 des coups de couteau.

« Je vous ferai voir tout à l'heure mieux que cela », me dit le complaisant vieillard dont je venais de faire la connaissance.

Et, après avoir pris des sorbets, nous sortîmes de
55 cet établissement, qui est le *Mabille*[6] des Francs de Péra[7].

Stamboul, illuminée, brillait au loin sur l'horizon, devenu plus obscur, et son profil aux mille courbes gracieuses se prononçait avec netteté, rappelant ces
60 dessins piqués d'épingles que les enfants pro-

---

1. Art de composer des pas de danse.

2. Oriental.

3. Voiles transparents de gaze tissée de fils de métal précieux.

4. Pièces de monnaie.

5. D'Ionie, région de Grèce.

6. Bal public ouvert en 1840 à Paris.

7. Quartier d'Istanbul, habité à l'époque par les Français.

mènent devant les lumières. Il était trop tard pour s'y rendre, car, à partir du coucher du soleil, on ne peut plus traverser le golfe.

VOYAGE EN ORIENT, *1851,*
« les Nuits du Ramazan », chap. IV.

Guide de lecture

1. **Analyser les différents points de vue de la vision : extérieur, intérieur.**
2. **Étudier les relations qui existe entre le guide** et le voyageur.
3. **Quels sont les éléments de pittoresque et d'exotisme (voir p. 338) ?**

ODELETTES (1852).   Dans son premier recueil poétique, Nerval s'essaie à une poésie simple, inspirée par les chansons folkloriques et qui montre une sensibilité particulière au souvenir du passé.

Fantaisie

Il est un air pour qui je donnerais
Tout Rossini, tout Mozart et tout Weber[1],
Un air très vieux languissant et funèbre,
Qui pour moi seul a des charmes secrets.

---

1. Rossini : compositeur italien (1792-1868) ; Mozart : compositeur autrichien (1756-1791) ; Weber : compositeur allemand (1786-1826) ; prononcer « Wèbre ».

⁵ Or, chaque fois que je viens à l'entendre,
De deux cents ans mon âme rajeunit...
C'est sous Louis treize ; et je crois voir s'étendre
Un coteau vert, que le couchant jaunit,

Puis un château de brique à coins de pierre,
¹⁰ Aux vitraux teints de rougeâtres couleurs,
Ceint de grands parcs, avec une rivière
Baignant ses pieds, qui coule entre des fleurs ;

Puis une dame, à sa haute fenêtre,
Blonde aux yeux noirs, en ses habits anciens,
¹⁵ Que, dans une autre existence peut-être,
J'ai déjà vue... et dont je me souviens !

ODELETTES RYTHMIQUES ET LYRIQUES, *1852.*

Guide de lecture
....

1. En quoi le poème est-il lui-même le chant évoqué au vers 1 ?
2. Comment s'organise le souvenir (succession des éléments, enchaînement des visions, etc.) ?
3. Caractériser l'atmosphère du poème.

SYLVIE (1854).   Chaque femme du recueil de nouvelles *les Filles du feu* est l'incarnation des formes différentes de l'amour idéal. Dans *Sylvie,* le narrateur oscille entre trois femmes, Sylvie, l'amie d'enfance, Adrienne, la jeune noble qui mourra dans un couvent et Aurélie, l'actrice. La nouvelle est construite sur une série de retours en arrière, comme dans ce passage qui relate un souvenir d'enfance : une ronde d'enfants où Adrienne doit chanter pour réintégrer le cercle.

« Je posai sur la tête d'Adrienne cet ornement »

À mesure qu'elle chantait, l'ombre descendait des grands arbres, et le clair de lune naissant tombait sur elle seule, isolée de notre cercle attentif. — Elle se tut, et personne n'osa rompre le silence. La
5 pelouse était couverte de faibles vapeurs condensées, qui déroulaient leurs blancs flocons sur les pointes des herbes. Nous pensions être en paradis. — Je me levai enfin, courant au parterre du château, où se trouvaient des lauriers, plantés dans de grands
10 vases de faïence peints en camaïeu[1]. Je rapportai deux branches, qui furent tressées en couronne et nouées d'un ruban. Je posai sur la tête d'Adrienne cet ornement, dont les feuilles lustrées éclataient sur ses cheveux blonds aux rayons pâles de la lune. Elle
15 ressemblait à la Béatrice de Dante[2] qui sourit au poète errant sur la lisière des saintes demeures.

Adrienne se leva. Développant sa taille élancée, elle nous fit un salut gracieux, et rentra en courant dans le château. — C'était, nous dit-on, la petite-
20 fille de l'un des descendants d'une famille alliée aux

---

1. D'une même couleur mais de tons différents.

2. Dante, poète italien (1265-1321), avait fait d'une jeune fille, Béatrice, une muse qui lui servait d'intermédiaire avec le ciel.

anciens rois de France ; le sang des Valois coulait
dans ses veines. Pour ce jour de fête, on lui avait permis de se mêler à nos jeux ; nous ne devions plus la
revoir, car le lendemain elle repartit pour un couvent
25 où elle était pensionnaire.

Quand je revins près de Sylvie, je m'aperçus
qu'elle pleurait. La couronne donnée par mes mains
à la belle chanteuse était le sujet de ses larmes. Je lui
offris d'en aller cueillir une autre, mais elle dit
30 qu'elle n'y tenait nullement, ne la méritant pas.
Je voulus en vain me défendre, elle ne me dit plus
un seul mot pendant que je la reconduisais chez ses
parents.

Sylvie, *1854,*
chap. II.

Guide de lecture
....

I. Relever les éléments
qui font de cette scène
un moment magique.

**2. Analyser la progres-
sion du texte.**

Aurélia (1855).   Dans le dernier récit qu'il écrivit,
Nerval relate « l'épanchement du songe dans la vie
réelle » : la puissance des rêves permet au narrateur
d'accéder aux mystères de la création poétique, de la
mort et de l'amour idéal. Mais le rêve est aussi le signe
de la folie qui s'empare de l'esprit et que seule l'écriture peut vaincre. Nerval voit ici en rêve un jardin où le
guide une belle femme inaccessible.

« L'Univers est dans la nuit »

De loin en loin s'élevaient des massifs de peupliers, d'acacias et de pins, au sein desquels on entrevoyait des statues noircies par le temps. J'aperçus devant moi un entassement de rochers couverts de lierre d'où jaillissait une source d'eau vive, dont le clapotement harmonieux résonnait sur un bassin d'eau dormante à demi voilée des larges feuilles du nénuphar.

La dame que je suivais, développant sa taille élancée dans un mouvement qui faisait miroiter les plis de sa robe en taffetas[1] changeant, entoura gracieusement de son bras nu une longue tige de rose trémière[2], puis elle se mit à grandir sous un clair rayon de lumière, de telle sorte que peu à peu le jardin prenait sa forme, et les parterres et les arbres devenaient les rosaces et les festons de ses vêtements ; tandis que sa figure et ses bras imprimaient leurs contours aux nuages pourprés du ciel. Je la perdais ainsi de vue à mesure qu'elle se transfigurait, car elle semblait s'évanouir dans sa propre grandeur. « Oh ! ne fuis pas ! m'écriai-je... car la nature meurt avec toi ! »

Disant ces mots, je marchais péniblement à travers les ronces, comme pour saisir l'ombre agrandie qui m'échappait : mais je me heurtai à un pan de mur dégradé, au pied duquel gisait un buste de

---

1. Tissu de soie aux reflets changeants.
2. Fleur à haute tige, considérée comme une fleur mystique.

femme. En le relevant, j'eus la persuasion que c'était
le sien... Je reconnus des traits chéris, et, portant les
yeux autour de moi, je vis que le jardin avait pris
30 l'aspect d'un cimetière. Des voix disaient : « L'Univers est dans la nuit ! »[1]

AURÉLIA, *1855, I, 6.*

Guide de lecture

1. Étudier la métamorphose de la femme.
2. Relever les termes qui appartiennent au champ lexical de la vue.

3. L'univers de la mort encadre le texte : étudiez sa fonction.

___

1. Ce rêve est prémonitoire de la mort d'Aurélia.

MUSSET   *(1810-1857)*

DE L'ENFANCE PRODIGE À LA DÉSESPÉRANCE. Alfred de Musset, jeune homme brillant, est introduit à dix-huit ans chez Victor Hugo qu'il imite dans ses premières œuvres. Le théâtre le fascine sans qu'il y obtienne immédiatement du succès. Bientôt en rupture avec les romantiques, il considère la poésie comme le moyen d'exprimer le « mal du siècle », ce désarroi et les désillusions dont souffre sa génération (voir p. 126). Il refuse de s'engager dans la lutte politique. Après des amours faciles et passagères, sa grande et difficile passion pour George Sand (entre 1833 et 1835) est pour lui l'occasion d'affirmer son génie tourmenté. La fin de sa vie est marquée par les échecs sentimentaux et une santé précaire. En dépit de quelques succès tardifs au théâtre et de sa réception à l'Académie française, il meurt en 1857, épuisé et désespéré.

LES CONFESSIONS D'UN PASSIONNÉ. Toute l'œuvre de Musset porte la marque de la passion. D'abord influencé par le mouvement romantique, il donne dans ses *Contes d'Espagne et d'Italie* (1830) des textes à la fois brillants et charmeurs. Mais son lyrisme (voir p. 338) se fait plus personnel ensuite : *les Nuits* (1835-1837) traduisent la souffrance d'un poète que l'amour vrai n'a jamais illuminé et qui n'a pour amie que la Solitude. Un même désespoir se retrouve dans son roman partiellement autobiographique, publié en 1836 : *la Confession d'un enfant du siècle*. Son théâtre lui aussi, moins destiné à la scène qu'à la lecture, montre la vanité et la méchanceté des hommes qui jouent avec les sentiments ; la frivolité conduit à la mort *(les Caprices de Marianne,* 1833 ; *On ne badine pas avec l'amour,* 1834) ; de même, la déchéance s'avère fatale *(Lorenzaccio,* 1835).

CONTES D'ESPAGNE ET D'ITALIE (1830). Ce recueil de poèmes, de longueurs inégales, exploite les thèmes et les procédés romantiques — exotisme (voir p. 338), procédés de versification savante, thème des passions excessives — mais recourt aussi à l'humour et à la provocation à l'encontre des romantiques. Le poème de la « Ballade à la Lune » connut un succès immédiat. Les classiques trouvèrent la versification de mauvais goût, et les romantiques n'y virent pas la parodie de leurs propres poésies consacrées à la Lune.

« Comme un point sur un i »

C'était, dans la nuit brune,
Sur le clocher jauni,
  La lune
Comme un point sur un i.

5 Lune, quel esprit sombre
Promène au bout d'un fil,
  Dans l'ombre,
Ta face et ton profil ?

Es-tu l'œil du ciel borgne ?
Quel chérubin cafard
  Nous lorgne
Sous ton masque blafard ?

N'es-tu rien qu'une boule,
Qu'un grand faucheux[1] bien gras
  Qui roule
Sans pattes et sans bras ?

Es-tu, je t'en soupçonne,
Le vieux cadran de fer
  Qui sonne
L'heure aux damnés d'enfer ?

Sur ton front qui voyage,
Ce soir ont-ils compté
  Quel âge
A leur éternité ?

Est-ce un ver qui te ronge
Quand ton disque noirci
  S'allonge
En croissant rétréci ?

Qui t'avait éborgnée,
L'autre nuit ? T'étais-tu
  Cognée
À quelque arbre pointu ?

---

1. Sorte d'araignée aux très longues pattes.

Car tu vins, pâle et morne,
Coller sur mes carreaux
     Ta corne
À travers les barreaux.

Contes d'Espagne et d'Italie, *1830,*
« *Ballade à la Lune* », *strophes 1-9.*

35

Guide de lecture

I. Analyser la métrique (voir p. 338) du texte et justifier les ruptures de rythme.

2. Relever les métaphores (voir p. 338) qui décrivent la lune.

3. En quoi ce texte est-il ironique ?

Les Caprices de Marianne (1833).   L'action de la pièce se déroule au XVIᵉ siècle : Cœlio est secrètement amoureux de Marianne, mariée à un vieux jaloux. Le cousin de celle-ci, Octave, est un jeune homme débauché et désespéré qui va intercéder en faveur de son ami. Mais Cœlio sera tué par les gardes du mari. Les deux amis représentent deux tendances du héros romantique : le libertin (qui méprise l'amour vrai et vante les plaisirs charnels) et le passionné (prêt à mourir d'amour absolu).

« Le bonheur d'un homme en dépend »

OCTAVE.   Si jamais homme au monde a été digne de vous comprendre, digne de vivre et de mourir pour vous, cet homme est Cœlio. Je n'ai jamais valu grand-chose, et je me rends cette justice, que la pas-
5   sion dont je fais l'éloge trouve un misérable inter-
prète. Ah ! si vous saviez sur quel autel sacré vous êtes adorée comme un dieu ! Vous, si belle, si jeune, si pure encore, livrée à un vieillard qui n'a plus de sens[1], et qui n'a jamais eu de cœur ! Si vous saviez
10   quel trésor de bonheur, quelle mine féconde repose en vous ! en lui ! dans cette fraîche aurore de jeu-
nesse, dans cette rosée céleste de la vie, dans ce pre-
mier accord de deux âmes jumelles ! Je ne vous parle pas de sa souffrance, de cette douce et triste mélan-
15   colie qui ne s'est jamais lassée de vos rigueurs, et qui en mourrait sans se plaindre. Oui, Marianne il en mourra. Que puis-je vous dire ? Qu'inventerais-je pour donner à mes paroles la force qui leur manque ? Je ne sais pas le langage de l'amour. Regardez
20   dans votre âme ; c'est elle qui peut vous parler de la sienne. Y a-t-il un pouvoir capable de vous toucher ? Vous qui savez supplier Dieu, existe-t-il une prière qui puisse rendre ce dont mon cœur est plein ?

MARIANNE.   Relevez-vous, Octave. En vérité, si
25   quelqu'un entrait ici, ne croirait-on pas, à vous entendre, que c'est pour vous que vous plaidez ?

OCTAVE.   Marianne ! Marianne ! au nom du ciel, ne

----

1. Gâteux.

souriez pas ! ne fermez pas votre cœur au premier
éclair qui l'ait peut-être traversé ! Ce caprice de
30 bonté, ce moment précieux va s'évanouir. — Vous
avez prononcé le nom de Cœlio ; vous avez pensé à
lui, dites-vous. Ah ! si c'est une fantaisie, ne me la
gâtez pas. — Le bonheur d'un homme en dépend.

MARIANNE.   Êtes-vous sûr qu'il ne me soit pas per-
35 mis de sourire ?

OCTAVE.   Oui, vous avez raison ; je sais tout le tort
que mon amitié peut faire. Je sais qui je suis, je le
sens ; un pareil langage dans ma bouche a l'air d'une
raillerie. Vous doutez de la sincérité de mes paroles ;
40 jamais peut-être je n'ai senti avec plus d'amertume
qu'en ce moment le peu de confiance que je puis
inspirer.

MARIANNE.   Pourquoi cela ? Vous voyez que
j'écoute. Cœlio me déplaît, je ne veux pas de lui. Par-
45 lez-moi de quelque autre, de qui vous voudrez.
Choisissez-moi dans vos amis un cavalier digne de
moi ; envoyez-le moi, Octave. Vous voyez que je
m'en rapporte à vous.

OCTAVE.   Ô femme ! trois fois femme ! Cœlio vous
50 déplaît, — mais le premier venu vous plaira.
L'homme qui vous aime depuis un mois, qui s'attache à vos pas, qui mourrait de bon cœur sur un
mot de votre bouche, celui-là vous déplaît ! Il est
jeune, beau, riche et digne en tout point de vous ;
55 mais il vous déplaît ! et le premier venu vous plaira !

MARIANNE.   Faites ce que je vous dis, ou ne me re-
voyez pas.

Elle sort.

OCTAVE, *seul :* Ton écharpe est bien jolie, Ma-
60 rianne, et ton petit caprice de colère est un charmant traité de paix. — Il ne me faudrait pas beaucoup d'orgueil pour le comprendre : un peu de
perfidie suffirait. Ce sera pourtant Cœlio qui en pro-
fitera.

65 *Il sort.*

LES CAPRICES DE MARIANNE, *1833,*
acte II, scène 3.

Guide de lecture
....

1. À quoi tient le ca-
price de Marianne ?
2. Étudier l'ambiguïté
de la déclaration
d'Octave.

3. Quelle image de la
passion Octave peint-il ?

LORENZACCIO (1835). C'est un drame historique comme
les aimaient les romantiques, fondé sur un fait réel : Lorenzo de Médicis, dit Lorenzaccio, tue en 1537 son cousin
Alexandre, le tyran débauché de Florence, pour en dé-
barrasser la ville. Mais il sera à son tour assassiné. La pièce
est une réflexion sur l'action humaine, politique ou individuelle. Lorenzaccio est à la fois pur et débauché, désabusé et idéaliste, sympathique et monstrueux.

Il expose ici à Philippe Strozzi, chef du parti républicain, comment il a feint le vice pour approcher
Alexandre, mais s'est laissé prendre au piège de la
débauche.

« J'ai vu les hommes tels qu'ils sont »

LORENZO.   Suis-je un Satan ? Lumière du ciel ! je
m'en souviens encore ; j'aurais pleuré avec la première fille que j'ai séduite, si elle ne s'était mise à
rire. Quand j'ai commencé à jouer mon rôle de Bru-
5   tus[1] moderne, je marchais dans mes habits neufs de
la grande confrérie du vice, comme un enfant de dix
ans dans l'armure d'un géant de la fable. Je croyais
que la corruption était un stigmate[2] et que les
monstres seuls le portaient au front. J'avais
10   commencé à dire tout haut que mes vingt années de
vertu étaient un masque étouffant — ô Philippe !
j'entrai alors dans la vie, et je vis qu'à mon approche
tout le monde en faisait autant que moi ; tous les
masques tombaient devant mon regard ; l'Huma-
15   nité souleva sa robe et me montra, comme à un
adepte digne d'elle, sa monstrueuse nudité. J'ai vu
les hommes tels qu'ils sont, et je me suis dit : « Pour
qui est-ce donc que je travaille ? » Lorsque je parcou-
rais les rues de Florence, avec mon fantôme à mes
20   côtés, je regardais autour de moi, je cherchais les visages qui me donnaient du cœur, et je me deman-
dais : « Quand j'aurai fait mon coup, celui-là en
profitera-t-il ? » — J'ai vu les républicains dans leurs
cabinets[3], je suis entré dans les boutiques, j'ai

---

1. En feignant la folie, Brutus provoque la révolution qui chasse le dernier roi de Rome, Tarquin le Superbe, en 509 avant J.-C.

2. Marque de blessure laissée sur la peau, comme un signe.

3. Lieux de travail.

²⁵ écouté et j'ai guetté. J'ai recueilli les discours des gens du peuple, j'ai vu l'effet que produisait sur eux la tyrannie ; j'ai bu, dans les banquets patriotiques, le vin qui engendre la métaphore et la prosopopée[1], j'ai avalé entre deux baisers les larmes les plus ver-

³⁰ tueuses ; j'attendais toujours que l'humanité me laissât voir sur sa face quelque chose d'honnête. J'observais... comme un amant observe sa fiancée en attendant le jour des noces !...

PHILIPPE.   Si tu n'as vu que le mal, je te plains ; mais

³⁵ je ne puis te croire. Le mal existe, mais non pas sans le bien, comme l'ombre existe, mais non sans la lumière.

LORENZO.   Tu ne veux voir en moi qu'un mépriseur d'hommes : c'est me faire injure. Je sais parfaite-

⁴⁰ ment qu'il y en a de bons, mais à quoi servent-ils ? que font-ils ? comment agissent-ils ? Qu'importe que la conscience soit vivante, si le bras est mort ? Il y a de certains côtés par où tout devient bon : un chien est un ami fidèle ; on peut trouver en lui le

⁴⁵ meilleur des serviteurs, comme on peut voir aussi qu'il se roule sur les cadavres, et que la langue avec laquelle il lèche son maître sent la charogne à une lieue. Tout ce que j'ai à voir, moi, c'est que je suis perdu, et que les hommes n'en profiteront pas plus

⁵⁰ qu'ils ne me comprendront.

LORENZACCIO, *1835,*
acte III, scène 3.

---

1. Procédé rhétorique qui consiste à faire parler des morts, des absents ou des êtres inanimés.

Guide de lecture
....

I. Dans l'extrait qui
précède, relever les
étapes de la désillusion
de Lorenzo.
2. Quelle image de
l'humanité propose

le jeune homme ?
3. Analyser les méta-
phores (voir p. 338) :
quelle tonalité donnent-
elles au texte ?

La Confession d'un enfant du siècle (1836).   Dans ce
roman, Musset transpose sa liaison mouvementée avec
George Sand. Il y décrit également les désillusions
politiques et sentimentales de sa génération : le héros,
Octave, ayant eu à souffrir de l'infidélité des femmes,
devient à son tour cynique et cruel. Brigitte, la femme
qu'il aime, en mourra.

« La maladie du siècle »

J'ai à raconter à quelle occasion je fus pris d'a-
bord de la maladie du siècle.

J'étais à table, à un grand souper, après une mascarade[1]. Autour de moi mes amis richement costu-
5 més, de tous côtés des jeunes gens et des femmes,
tous étincelants de beauté et de joie ; à droite et à
gauche, des mets exquis, des flacons, des lustres,
des fleurs ; au-dessus de ma tête un orchestre
bruyant, et en face de moi ma maîtresse, créature
10 superbe que j'idolâtrais.

---

1. Divertissement masqué.

J'avais alors dix-neuf ans ; je n'avais éprouvé aucun malheur ni aucune maladie ; j'étais d'un caractère à la fois hautain et ouvert, avec toutes les
espérances et un cœur débordant. Les vapeurs du
vin fermentaient dans mes veines ; c'était un de ces
moments d'ivresse où tout ce qu'on voit, tout ce
qu'on entend, vous parle de la bien-aimée. La nature
entière paraît alors comme une pierre précieuse à
mille facettes, sur laquelle est gravé le nom mystérieux. On embrasserait volontiers tous ceux qu'on
voit sourire, et on se sent le frère de tout ce qui
existe. Ma maîtresse m'avait donné rendez-vous
pour la nuit, et je portais lentement mon verre à mes
lèvres en la regardant.

Comme je me retournais pour prendre une as-
siette, ma fourchette tomba. Je me baissai pour la
ramasser, et, ne la trouvant pas d'abord, je soulevai
la nappe pour voir où elle avait roulé. J'aperçus alors
sous la table le pied de ma maîtresse qui était posé
sur celui d'un jeune homme assis à côté d'elle ; leurs
jambes étaient croisées et entrelacées, et ils les res-
serraient doucement de temps en temps.

Je me relevai parfaitement calme, demandai une
autre fourchette et continuai à souper. Ma maîtresse
et son voisin étaient, de leur côté, très tranquilles
aussi, se parlant à peine et ne se regardant pas. Le
jeune homme avait les coudes sur la table, et plai-
santait avec une autre femme qui lui montrait son
collier et ses bracelets. Ma maîtresse était immobile,
les yeux fixes et noyés de langueur. Je les observai
tous deux tant que dura le repas, et je ne vis dans

123

leurs gestes ni sur leurs visages rien qui pût les tra-
hir. À la fin, lorsqu'on fut au dessert, je fis glisser ma
serviette à terre, et, m'étant baissé de nouveau, je les
45 retrouvai dans la même position, étroitement liés
l'un à l'autre.

J'avais promis à ma maîtresse de la ramener ce
soir-là chez elle. Elle était veuve, et par conséquent
fort libre, au moyen d'un vieux parent qui l'ac-
50 compagnait[1] et lui servait de chaperon[2]. Comme je
traversais le péristyle[3], elle m'appela : « Allons, Octave, me dit-elle, partons, me voilà. » Je me mis à
rire, et sortis sans répondre. Au bout de quelques
pas je m'assis sur une borne. Je ne sais à quoi je pen-
55 sais ; j'étais comme abruti et devenu idiot par l'infidélité de cette femme dont je n'avais jamais été jaloux, et sur laquelle je n'avais jamais conçu un soupçon. Ce que je venais de voir ne me laissant aucun
doute, je demeurai comme étourdi d'un coup de
60 massue, et ne me rappelle rien de ce qui s'opéra en
moi durant le temps que je restai sur cette borne,
sinon que, regardant machinalement le ciel et
voyant une étoile filer, je saluai cette lueur fugitive,
où les poètes voient un monde détruit, et lui ôtai
65 gravement mon chapeau[4].

La Confession d'un enfant du siècle, *1836,*
Première partie, chap. III.

---

1. À condition d'être accompagnée de ce parent.

2. Personne qui accompagne une jeune femme par souci des
convenances.

3. Colonnade entourant une cour intérieure.

4. En guise de salut.

Guide de lecture
....

1. Étudier la composition du texte, les étapes de la trahison.
2. Distinguer le récit proprement dit de la réflexion, les apparences des sentiments profonds.

3. Quelles sont les caractéristiques du monde que fréquente Octave ?

L'écrivain,
un héros romantique

Le romantisme est l'expression d'une conception nouvelle de l'individu : mélancolique et individualiste, cet être nouveau est aussi sensible à l'émancipation sociale du peuple.

Le mal du siècle

La première génération romantique (jusqu'en 1820) est celle qui définit le « mal du siècle », ce « vague des passions » comme le nomme Chateaubriand, et illustré par *René* dès 1802. Le héros romantique souffre de l'état du monde : déçu par le présent, il regrette le passé et a soif d'un absolu indéfinissable. Il est donc prisonnier de sa vision du temps et sa souffrance s'accompagne souvent de tendances suicidaires. C'est sa sensibilité extrême qui fait de lui un artiste, tel le personnage de *Chatterton* de Vigny. La fréquentation des autres hommes, moins sensibles ou émotifs que lui, ne peut le satisfaire. Il trouve pourtant un dérivatif à cette déception fondamentale dans la passion. Cependant là encore l'harmonie ne peut s'accomplir : l'être aimé est inaccessible ou interdit. Musset, Nerval ou les personnages de Sand sont des passionnés en proie à une mélancolie maladive. Si le théâtre a été le lieu des combats romantiques, la poésie semble, pour cette génération désespérée, le moyen d'expression privilégié de cette tristesse : « Ce n'était plus un art, c'était un soulagement de mon propre cœur qui se berçait de ses propres sanglots », écrit Lamartine (Préface à la réédition des *Méditations poétiques,* 1849). L'individu en proie à des sentiments et à des émotions exacerbés est le souci primordial des romantiques, dont les premières œuvres sont résolument autobiographiques, tant dans les romans (voir Constant, Chateaubriand), qui transposent des expériences vécues par leurs auteurs, que dans la poésie, qui privilégie les épanchements de l'âme (voir Lamartine, Vigny, Musset).

Cherchant à se distinguer par une personnalité hors du commun, le romantique va développer une tendance née en Angleterre : le dandysme. Cette école d'élégance faussement désinvolte permet à Musset, par exemple, d'imposer son profil de beau jeune homme toujours bien vêtu et qui cultive une nonchalance désabusée et un goût certain pour le morbide (tout ce qui a trait à la mort). Le mouvement se poursuivra avec Baudelaire (voir p. 268) et Barbey d'Aurevilly (voir p. 249).

L'expansion du Moi

L e seul soulagement que peut espérer le héros romantique est la communion éventuelle de son âme avec la nature, avec, en somme, l'ordre du monde (Hugo, Sand). Car la nature n'a pas commis de crimes contre les hommes, à la différence de la société dont les romantiques dénoncent les abus. La nature, tourmentée par les saisons, en proie aux éléments déchaînés, est à même de comprendre les ravages des émotions humaines (Chateaubriand, Hugo). À sa manière, elle parle et raconte la grande épopée du monde telle que l'envisagent Lamartine ou Hugo. Elle offre au héros blessé par le monde un refuge qui lui donne la mesure de la création divine. Elle aussi souffre du progrès technique, mais est impuissante contre les injustices. L'écrivain romantique, épris de nature, défend également les opprimés de la société contemporaine : Vigny craint les méfaits sociaux du chemin de fer, Hugo prend le parti des *Misérables,* Sand écrit à la gloire du peuple des campagnes, Nodier et Dumas montrent leur sympathie pour les hors-la-loi. Musset, dans *la Confession d'un enfant du siècle,* attribue à l'évolution collective, politique et sociale la viscérale mélancolie de sa génération, et le personnage de Lorenzaccio dénonce la perversion de la politique. Le héros romantique est prêt à lutter pour davantage de justice et plus de liberté collective, comme le prouve l'engagement de Chateaubriand, de Lamartine, de Hugo ou de Sand, et il défie les conventions sociales dans un élan qui s'apparente autant à l'orgueil qu'à la générosité. C'est ainsi que Lamartine, d'abord soucieux de ses propres états d'âme, va s'orienter vers une poésie sociale qui « doit se faire peuple, et devenir populaire comme la religion, la raison et la philosophie » *(Destinées de la poésie)*. Comme lui, Vigny estime que, si le poète « n'est pas bon à tous, il n'est plus bon au monde » *(Stello)*.

La liberté totale

P arce que le romantisme se fonde sur un individualisme très fort, il considère que l'accession au bonheur passe par une liberté absolue, à la fois politique (Hugo, *les Châtiments)* et littéraire (le théâtre romantique de Hugo, Dumas ou Musset). La liberté totale permet seule à l'artiste de se révéler vraiment, de s'exprimer comme individu et non plus selon des règles imposées par la tradition. Les règles classiques sont bafouées : « Je mis un bonnet rouge au vieux dictionnaire », affirme Hugo *(les Contemplations,* « Autrefois », I, VII) associant révolution poétique et révolution politique. L'esprit romantique prétend s'affranchir des contraintes qu'imposent des siècles de tradition et qui étoufferaient le génie de l'artiste. Le recours à l'univers du rêve paraît également un moyen d'affirmer son identité et sa liberté : « le Rêve est une seconde vie », prétend Nerval, précédé en cela par Nodier. Indiana, dans le roman de Sand, l'acteur Kean de Dumas et d'autres encore sont des rêveurs impénitents. De la même façon, la vogue des voyages est l'expression de l'attrait qu'exercent les lointains sur la sensibilité romantique : l'étrangeté de l'ailleurs est du même ordre que la bizarrerie des rêves. Chateaubriand, Nerval, Sand et Musset ont décrit cet espace de liberté. Cette dimension de l'imaginaire sera d'ailleurs reprise par Baudelaire, puis par les symbolistes.

Du réalisme au naturalisme

Du réalisme
au naturalisme

La révolution industrielle, au milieu du siècle, qui s'accompagne du développement des transports (chemins de fer), de l'exode rural et d'un culte exacerbé de la réussite financière, donne naissance à de nouveaux types artistiques. La bourgeoisie d'argent et le monde ouvrier, par exemple, font leur entrée dans la représentation littéraire et plastique.

Le réalisme

Le réalisme, qui inspire les arts entre 1850 et 1870 environ, fait d'abord scandale en peinture avec *Un enterrement à Ornans* de Courbet (1849), avant de susciter un débat littéraire. Jules Champfleury (1821-1889), ami du peintre, tente de donner un fondement théorique à cette esthétique nouvelle. Le mouvement se définit en s'opposant au romantisme et à son idéalisme rêveur. L'artiste doit traduire le plus fidèlement possible le réel, même sordide, qui s'offre à ses yeux. Le réalisme s'établit sur les bases philosophiques du positivisme (voir p. 338) d'Auguste

Comte (1798-1857) : « L'explication des faits [...] n'est plus désormais que la liaison établie entre les divers phénomènes particuliers et quelques faits généraux » *(Cours de philosophie positive)*. En littérature, Stendhal (1783-1842), épris des « petits faits vrais », et Balzac (1799-1850) sont reconnus comme des précurseurs ; Zola les cite d'ailleurs dans *les Romanciers naturalistes* (1881). Même s'il rejette le terme de « réaliste », Flaubert compte pour beaucoup dans l'élaboration des principes de ce mouvement : « Je crois que le grand art est scientifique et impersonnel », écrit-il à George Sand (lettre du 15-16 décembre 1866). Cette attitude induit une conception nouvelle du style : celui-ci doit s'effacer derrière le contenu de l'œuvre et donner l'illusion d'une transposition fidèle du réel, mais il suppose en fait un travail très précis de composition et d'écriture.

Le naturalisme

L e réalisme se radicalise dans le naturalisme : l'observation de la société doit se faire avec les outils exclusifs de la science, en toute impartialité. Le naturaliste croit au déterminisme absolu de l'homme, dont la conduite n'est dictée ni par la Providence divine, ni par les puissances de l'imagination ou de la raison, mais bien par le seul instinct. Les théories de Darwin (1809-1882) sur l'évolution (voir p. 338) servent de base idéologique à ce mouvement. Ainsi, ce sont les influences conjuguées de leur milieu et de leur hérédité qui déterminent le comportement des personnages de roman. De même, la physiologie expérimentale (voir p. 338), telle que l'avait définie Claude Bernard (1813-1878) dans son *Introduction à l'étude de la médecine expérimentale* (1865), trouve en littérature son application dans les descriptions, qui se veulent scientifiques, des réalités humaines. La documentation est donc essentielle pour « faire vrai » et les notes de Flaubert, les fiches de Zola sont des mines de renseignements à partir desquelles les récits sont ensuite travaillés. Les naturalistes, comme déjà les réalistes, s'attachent à présenter un tableau complet de la société. Zola, qui apparaît comme leur chef de file, affirme à propos du roman : « La nature entière est son domaine » *(le Naturalisme au théâtre)*. Pas de sujet tabou donc pour les naturalistes : ils décrivent — avec une certaine complaisance parfois — les misères prolétariennes qu'ils estiment souvent dues à l'hérédité, mais aussi les vices engendrés par les profits excessifs de la grande bourgeoisie. C'est cette brutalité dans la description qui fait scandale lorsque paraît, en 1880, *les Soirées de Médan*, un recueil collectif de nouvelles, dont les auteurs sont les amis de Zola qui se réunissent chez lui, à Médan.

Mais, bientôt, Zola est en butte aux critiques de certains de ses partisans mêmes qui lui reprochent, dans un manifeste, en 1887, d'être « descendu au fond de l'immondice ». Le naturalisme va tomber sous les coups de ses détracteurs, qui mettent l'accent sur les limites du système : traiter l'humanité comme on traite des cas pathologiques implique de ne plus s'attacher qu'à des situations sociales extrêmes. L'écriture devient alors caricaturale. Pourtant, Zola, en dépassant la dimension purement descriptive et scientifique de l'entreprise naturaliste, est parvenu malgré tout à triompher des limites mêmes de sa démarche. Le naturalisme meurt cependant avec lui.

STENDHAL (1783-1842)

....

UN DIPLOMATE PASSIONNÉ. L'enfance de Stendhal (pseudonyme de Henri Beyle) est marquée par la révolte contre son père. Une éducation rigoureuse bride la sensibilité de cet orphelin de mère, qui garde de cette époque une violente haine de la religion. Il est soldat en 1800, mais la discipline militaire ennuie ce dandy (voir p. 338) qui rêve de gloire littéraire. Il démissionne de l'armée et vit un temps en Italie. Nommé au Conseil d'État, il voit ses ambitions anéanties par la chute de l'Empire, en 1814, et retourne alors dans cette Italie qu'il aime, où il publie ses premières œuvres : un recueil de biographies de musiciens et un livre sur la peinture. Soupçonné de sympathies démocratiques, il est contraint de rentrer à Paris, avant de rejoindre de nouveau l'Italie en 1830, comme consul de Louis-Philippe. Son existence se partage ensuite entre l'Italie et les salons parisiens, entre des passions déçues et la solitude, la diplomatie et la littérature, l'ambition de la gloire et la recherche du bonheur. Cet homme passionné mais timide, touriste insatiable, meurt d'apoplexie dans une rue de Paris.

« L'ART D'ALLER À LA CHASSE AU BONHEUR ». « Je mets un billet de loterie dont le gros lot se résume à ceci : être lu en 1935. » Stendhal a donc gagné : peu lu de son vivant, il connaît la gloire après sa mort. La plupart de ses œuvres sont autobiographiques, soit directement (*Journal, Vie de Henry Brulard, Souvenirs d'égotisme,* publications posthumes), soit par le biais de la fiction dans la description qu'il donne des stratégies amoureuses de ses personnages (1830 : *le Rouge et le Noir*, 1839 : *la Chartreuse de Parme*, et deux romans inachevés publiés après sa mort : *Lucien Leuwen* et *Lamiel*). Son essai même, *De l'amour* (1822), repose sur une expérience personnelle. Il est l'inventeur de l'« égotisme », ce culte du moi dont il ne tire pas gloire, mais qui l'aide à vivre. Pourtant, il demeure très lucide et pratique une écriture réaliste, plaçant par exemple ses intrigues romanesques dans des contextes historiques précis. L'écriture lui offre donc la possibilité non seulement d'exprimer sa sensibilité, mais aussi de dresser un tableau de son temps.

DE L'AMOUR (1822).   Cet essai (dont il ne se vendit que quelques exemplaires lors de sa parution !) développe la théorie de l'amour telle que les romans de Stendhal l'illustrent. L'auteur décrit ici comment naît la passion.

« La première cristallisation »

L a première cristallisation commence.
On se plaît à orner de mille perfections une femme de l'amour de laquelle on est sûr ; on se détaille tout son bonheur avec une complaisance infi-
5   nie. Cela se réduit à s'exagérer une propriété superbe, qui vient de nous tomber du ciel, que l'on ne connaît pas, et de la possession de laquelle on est assuré.

Laissez travailler la tête d'un amant pendant
vingt-quatre heures, et voici ce que vous trouverez.

Aux mines de sel de Salzbourg, on jette dans les
profondeurs abandonnées de la mine un rameau
d'arbre effeuillé par l'hiver ; deux ou trois mois
après, on le retire couvert de cristallisations bril-
lantes : les plus petites branches, celles qui ne sont
pas plus grosses que la patte d'une mésange, sont
garnies d'une infinité de diamants mobiles et
éblouissants ; on ne peut plus reconnaître le rameau
primitif.

Ce que j'appelle cristallisation, c'est l'opération
de l'esprit, qui tire de tout ce qui se présente la découverte que l'objet aimé a de nouvelles perfections.

Un voyageur parle de la fraîcheur des bois d'oran-
gers à Gênes, sur le bord de la mer, durant les jours
brûlants de l'été : quel plaisir de goûter cette fraîcheur avec elle !

Un de vos amis se casse le bras à la chasse : quelle
douceur de recevoir les soins d'une femme qu'on
aime ! Être toujours avec elle et la voir sans cesse
vous aimant ferait presque bénir la douleur ; et vous
partez du bras cassé de votre ami pour ne plus dou-
ter de l'angélique bonté de votre maîtresse. En un
mot, il suffit de penser à une perfection pour la voir
dans ce qu'on aime.

Ce phénomène, que je me permets d'appeler la
cristallisation, vient de la nature qui nous commande
d'avoir du plaisir et qui nous envoie le sang au cerveau, du sentiment que les plaisirs augmentent avec
les perfections de l'objet aimé, et de l'idée : elle est à

40 moi. Le sauvage n'a pas le temps d'aller au-delà du premier pas. Il a du plaisir, mais l'activité de son cerveau est employée à suivre le daim qui fuit dans la forêt, et avec la chair duquel il doit réparer ses forces au plus vite, sous peine de tomber sous la hache de
45 son ennemi.

À l'autre extrémité de la civilisation, je ne doute pas qu'une femme tendre n'arrive à ce point, de ne trouver le plaisir physique qu'auprès de l'homme qu'elle aime. C'est le contraire du sauvage. Mais,
50 parmi les nations civilisées, la femme a du loisir, et le sauvage est si près de ses affaires, qu'il est obligé de traiter sa femelle comme une bête de somme. Si les femelles de beaucoup d'animaux sont plus heureuses, c'est que la subsistance des mâles est plus
55 assurée.

DE L'AMOUR, *1822,*
chap. II.

Guide de lecture
••

1. Étudier les procédés
de l'analyse scientifique.
2. À quoi tient l'émotion qui se dégage de
cet extrait ?

3. L'image de la cristallisation est poétique.
Pourquoi ?

LE ROUGE ET LE NOIR (1830). Ce roman où le rouge symbolise l'habit militaire et le sang, le noir la soutane et le deuil est le récit d'une ascension sociale. Julien Sorel, qui rêve de grandeur militaire et politique, s'éprend de Mme de Rênal chez qui il est précepteur et qu'il blessera grièvement à la fin du roman, ce pour quoi il sera exécuté. La première partie du récit se déroule dans la petite ville de Verrières, ce qui donne à Stendhal l'occasion de dénoncer toutes les mesquineries de cette société provinciale. Julien entreprend ici la conquête amoureuse de Mme de Rênal.

« Enfin cette main lui resta »

On s'assit enfin, Mme de Rênal à côté de Julien et Mme Derville près de son amie. Préoccupé de ce qu'il allait tenter, Julien ne trouvait rien à dire. La conversation languissait.

5   Serai-je aussi tremblant, et malheureux au premier duel qui me viendra ? se dit Julien, car il avait trop de méfiance et de lui et des autres, pour ne pas voir l'état de son âme.

Dans sa mortelle angoisse, tous les dangers lui 10 eussent semblé préférables. Que de fois ne désirat-il pas voir survenir à Mme de Rênal quelque affaire qui l'obligeât de rentrer à la maison et de quitter le jardin ! La violence que Julien était obligé de se faire était trop forte pour que sa voix ne fût pas profondé-15 ment altérée[1] ; bientôt la voix de Mme de Rênal devint tremblante aussi, mais Julien ne s'en aperçut point. L'affreux combat que le devoir livrait à la timi-

---

1. Changée par l'émotion.

dité était trop pénible pour qu'il fût en état de rien
observer hors lui-même. Neuf heures trois quarts
20 venaient de sonner à l'horloge du château, sans qu'il
eût encore rien osé. Julien, indigné de sa lâcheté, se
dit : Au moment précis où dix heures sonneront,
j'exécuterai ce que, pendant toute la journée, je me
suis promis de faire ce soir, ou je monterai chez moi
25 me brûler la cervelle.

Après un dernier moment d'attente et d'anxiété,
pendant lequel l'excès de l'émotion mettait Julien
comme hors de lui, dix heures sonnèrent à l'horloge
qui était au-dessus de sa tête. Chaque coup de cette
30 cloche fatale retentissait dans sa poitrine, et y cau-
sait comme un mouvement physique.

Enfin, comme le dernier coup de dix heures retentissait encore, il étendit la main et prit celle de Mme
de Rênal, qui la retira aussitôt. Julien, sans trop sa-
35 voir ce qu'il faisait, la saisit de nouveau. Quoique
bien ému lui-même, il fut frappé de la froideur gla-
ciale de la main qu'il prenait ; il la serrait avec une
force convulsive[1] ; on fit un dernier effort pour la lui
ôter, mais enfin cette main lui resta.

Le Rouge et le Noir, *1830,*
Première partie, chap. ix.

Guide de lecture
....

1. **Analyser ce qui fait**   le comportement
la tension dramatique   psychologique de Julien.
de cet extrait.   3. **Montrer qu'il s'agit là**
2. **Étudier l'attitude et**   d'une scène d'amour.

---

1. D'un mouvement violent et nerveux.

Dans la seconde partie du roman, Julien, après avoir passé quelque temps au séminaire de Besançon, poursuit son ascension sociale en devenant secrétaire du marquis de La Mole, à Paris. Il s'éprend de la romanesque Mathilde, la fille du marquis, et leurs relations sont un perpétuel affrontement de deux orgueils.

« La lame de la vieille épée »

M. de La Mole était sorti. Plus mort que vif, Julien alla l'attendre dans la bibliothèque. Que devint-il en y trouvant Mlle de La Mole ?

En le voyant paraître, elle prit un air de méchanceté auquel il lui fut impossible de se méprendre.

Emporté par son malheur, égaré par la surprise, Julien eut la faiblesse de lui dire, du ton le plus tendre et qui venait de l'âme : Ainsi, vous ne m'aimez plus ?

— J'ai horreur de m'être livrée au premier venu, dit Mathilde en pleurant de rage contre elle-même.

— *Au premier venu !* s'écria Julien, et il s'élança sur une vieille épée du Moyen Âge qui était conservée dans la bibliothèque comme une curiosité.

Sa douleur, qu'il croyait extrême au moment où il avait adressé la parole à Mlle de La Mole, venait d'être centuplée par les larmes de honte qu'il lui voyait répandre. Il eût été le plus heureux des hommes de pouvoir la tuer.

20   Au moment où il venait de tirer l'épée, avec quelque peine, de son fourreau antique, Mathilde, heureuse d'une sensation si nouvelle, s'avança fièrement vers lui, ses larmes s'étaient taries.

    L'idée du marquis de La Mole, son bienfaiteur, se
25 présenta vivement à Julien. Je tuerais sa fille ! se dit-il, quelle horreur ! Il fit un mouvement pour jeter l'épée. Certainement, pensa-t-il, elle va éclater de rire à la vue de ce mouvement de mélodrame : il dut à cette idée le retour de tout son sang-froid. Il re-
30 garda la lame de la vieille épée curieusement et comme s'il y eût cherché quelque tache de rouille, puis il la remit dans le fourreau, et avec la plus grande tranquillité la replaça au clou de bronze doré qui la soutenait.

35   Tout ce mouvement, fort lent sur la fin, dura bien une minute ; Mlle de La Mole le regardait étonnée. J'ai donc été sur le point d'être tuée par mon amant ! se disait-elle.

    Cette idée la transportait dans les plus belles an-
40 nées du siècle de Charles IX et de Henri III[1].

Le Rouge et le Noir, *1830,*
Seconde partie, chap. XVII.

Guide de lecture
....

1. **Étudier l'organisation (progression, dénouement, etc.) du texte.**

2. **Dégager l'humour** de cette séquence.

3. **Que prouvent les pensées des deux personnages sur leurs sentiments ?**

---

1. Rois de France : Charles IX (1550-1574), Henri III (1551-1589).

LA CHARTREUSE DE PARME (1839).   Le personnage principal de ce roman, Fabrice del Dongo, est épris tour à
tour de gloire et de femmes. D'abord soldat de
Napoléon, Fabrice est ensuite protégé par sa tante, la
duchesse de Sansévérina, amoureuse de lui. À la suite
d'une machination, il est emprisonné et s'éprend de
Clélia, la fille du gouverneur de la prison. Après
une évasion rocambolesque, le héros croit pouvoir
trouver le bonheur. Mais Clélia meurt, ainsi que leur
fils. Fabrice se retire alors à la chartreuse de Parme.
Dans cet extrait situé au début du roman, le héros
participe à la bataille de Waterloo, dans les troupes
napoléoniennes.

« D'abord Fabrice ne comprenait pas »

« L es habits rouges ! les habits rouges[1] ! » criaient
avec joie les hussards[2] de l'escorte, et d'abord
Fabrice ne comprenait pas ; enfin il remarqua qu'en
effet presque tous les cadavres étaient vêtus de
5   rouge. Une circonstance lui donna un frisson d'horreur ; il remarqua que beaucoup de ces malheureux
habits rouges vivaient encore ; ils criaient évidemment pour demander du secours, et personne ne
s'arrêtait pour leur en donner. Notre héros, fort hu-
10   main, se donnait toutes les peines du monde pour

---

1. Les Anglais, en uniforme rouge, contre qui combattaient les Français.
2. Soldats de la cavalerie légère.

que son cheval ne mît les pieds sur aucun habit rouge. L'escorte s'arrêta ; Fabrice, qui ne faisait pas assez d'attention à son devoir de soldat, galopait toujours en regardant un malheureux blessé.

15 « Veux-tu bien t'arrêter, blanc-bec ! » lui cria le maréchal des logis[1]. Fabrice s'aperçut qu'il était à vingt pas sur la droite en avant des généraux, et précisément du côté où ils regardaient avec leurs lorgnettes. En revenant se ranger à la queue des autres

20 hussards restés à quelques pas en arrière, il vit le plus gros de ces généraux qui parlait à son voisin, général aussi, d'un air d'autorité et presque de réprimande ; il jurait. Fabrice ne put retenir sa curiosité ; et, malgré le conseil de ne point parler, à lui donné

25 par son amie la geôlière[2], il arrangea une petite phrase bien française[3], bien correcte, et dit à son voisin :

« Quel est-il ce général qui *gourmande*[4] son voisin ?

— Pardi, c'est le maréchal !

30 — Quel maréchal ?

— Le maréchal Ney[5], bêta ! Ah çà ! où as-tu servi jusqu'ici ? »

Fabrice, quoique fort susceptible, ne songea point à se fâcher de l'injure ; il contemplait, perdu dans

---

1. Sous-officier chargé, à l'origine, du logement des troupes.

2. Les Français avaient pris Fabrice pour un ennemi et l'avaient emprisonné. La femme du geôlier l'avait laissé s'enfuir.

3. Fabrice est italien.

4. Réprimande (mot peu usité).

5. Maréchal (1769-1815), nommé « prince de la Moskova » lors de la campagne de Russie en 1812 et très tôt surnommé « le brave des braves ».

35 une admiration enfantine, ce fameux prince de la
Moskova, le brave des braves.

Tout à coup, on partit au grand galop. Quelques
instants après, Fabrice vit, à vingt pas en avant, une
terre labourée qui était remuée d'une façon singu-
40 lière[1]. Le fond des sillons était plein d'eau, et la terre
fort humide, qui formait la crête de ces sillons, volait
en petits fragments noirs lancés à trois ou quatre
pieds de haut. Fabrice remarqua en passant cet effet
singulier ; puis sa pensée se remit à songer à la gloire
45 du maréchal. Il entendit un cri sec auprès de lui :
c'étaient deux hussards qui tombaient atteints par
des boulets ; et, lorsqu'il les regarda, ils étaient déjà
à vingt pas de l'escorte. Ce qui lui sembla horrible,
ce fut un cheval tout sanglant qui se débattait sur la
50 terre labourée, en engageant ses pieds dans ses
propres entrailles ; il voulait suivre les autres : le
sang coulait dans la boue.

« Ah ! m'y voilà donc enfin au feu ! se dit-il. J'ai vu
le feu ! se répétait-il avec satisfaction. Me voici un
55 vrai militaire. »

La Chartreuse de Parme, *1839,*
Première partie, chap. III.

***

Guide de lecture
....

**1. La scène est vue par
Fabrice : qu'apporte ce
point de vue subjectif ?
Quelle vision a ainsi**

le lecteur de la bataille
de Waterloo ?
**2. Relever les notations
ironiques dues
à l'auteur.**

---

1. À cause des boulets qui la font exploser.

Lᴜᴄɪᴇɴ Lᴇᴜᴡᴇɴ (publication définitive en 1929).   Sous-lieute-
nant nouvellement nommé à Nancy, Lucien Leuwen
découvre, dans cette province où il s'ennuie, toutes les
hypocrisies sociales et politiques. Après une carrière militaire, il entreprend une carrière politique, interrompue
par la mort de son père. La troisième partie de ce roman
inachevé devait montrer Lucien diplomate à Rome.

« Lucien, les yeux fixés sur la fenêtre »

L ucien leva les yeux et vit une grande maison,
moins mesquine[1] que celles devant lesquelles
le régiment avait passé jusque-là ; au milieu d'un
grand mur blanc, il y avait une persienne peinte en
5 vert perroquet. « Quel choix de couleurs voyantes
ont ces marauds[2] de provinciaux ! »
    Lucien se complaisait dans cette idée peu polie
lorsqu'il vit la persienne vert perroquet s'entrouvrir
un peu ; c'était une jeune femme blonde qui avait
10 des cheveux magnifiques et l'air dédaigneux : elle
venait voir défiler le régiment. Toutes les idées
tristes de Lucien s'envolèrent à l'aspect de cette jolie
figure ; son âme en fut ranimée. Les murs écorchés
et sales des maisons de Nancy, la boue noire, l'esprit
15 envieux et jaloux de ses camarades, les duels néces-
saires, le méchant pavé sur lequel glissait la rosse[3]

---

1. Médiocre.

2. Personnes méprisables.

3. Mauvais cheval.

qu'on lui avait donnée, peut-être exprès, tout disparut. Un embarras[1] sous une voûte, au bout de la rue,
avait forcé le régiment à s'arrêter. La jeune femme
20 ferma sa croisée et regarda, à demi cachée par le ri-
deau de mousseline brodée de sa fenêtre. Elle pouvait avoir vingt-quatre ou vingt-cinq ans. Lucien
trouva dans ses yeux une expression singulière ;
était-ce de l'ironie, de la haine, ou tout simplement
25 de la jeunesse et une certaine disposition à s'amuser
de tout ?

Le second escadron, dont Lucien faisait partie, se
remit en mouvement tout à coup ; Lucien, les yeux
fixés sur la fenêtre vert perroquet, donna un coup
30 d'éperon à son cheval, qui glissa, tomba et le jeta par
terre.

Se relever, appliquer un grand coup de fourreau de
son sabre à la rosse, sauter en selle fut, à la vérité,
l'affaire d'un instant ; mais l'éclat de rire fut général
35 et bruyant. Lucien remarqua que la dame aux cheveux d'un blond cendré souriait encore, que déjà il
était remonté.

Lucien Leuwen, *publié en 1929,*
Première partie, chap. IV.

Guide de lecture
••

1. Analyser le jeu des
regards (de Lucien, de
la femme, de la foule).
2. Étudier les différents
contrastes

(sérieux / comique,
haut / bas, couleurs...).
3. Montrer l'originalité
de cette première
rencontre amoureuse.

---

1. Encombrement.

BALZAC $(1799-1850)$

L'INFATIGABLE PUISSANCE. Né en 1799 dans une famille bourgeoise, Honoré de Balzac commence des études de droit avant de décider d'être écrivain. Faute de rencontrer un succès immédiat, il devient imprimeur en 1825 mais se ruine. Ses premières œuvres sont d'inspiration philosophique et mystique. Puis il oriente ses thèmes vers un tableau général de la société. Balzac, qui est aussi amateur de beaux meubles, est constamment endetté et doit produire sans cesse romans et articles pour satisfaire ses créanciers. Conscient de l'importance de la presse, il fonde des revues, mais celles-ci font très vite faillite.

Il a consacré la plus grande partie de sa vie amoureuse à des femmes plus âgées que lui : Laure de Berny et surtout Mme Hanska, qu'il finira par épouser quelque temps avant de mourir.

FAIRE « CONCURRENCE À L'ÉTAT-CIVIL ». *La Comédie humaine*, dont le plan général est élaboré en 1841, compte plus de quatre-vingt-dix romans et nouvelles. Balzac conçoit l'œuvre selon trois grandes masses :

— les études de mœurs, qui regroupent la très grande majorité des romans, et se subdivisent en « Scènes de la vie privée » (*le Colonel Chabert,* 1832 ; *le Père Goriot,* 1835) ; « Scènes de la vie de province » (*Eugénie Grandet,* 1833 ; *Illusions perdues,* 1843) ; « Scènes de la vie parisienne » (*César Birotteau,* 1837 ; *le Cousin Pons,*

1847) ; « Scènes de la vie politique » (*Une ténébreuse affaire,* 1841) ; « Scènes de la vie militaire » (*les Chouans,* 1829) ; « Scènes de la vie de campagne » (*le Médecin de campagne,* 1833 ; *le Lys dans la vallée,* 1835) ;

— les études philosophiques, comme *la Peau de chagrin* ;

— les études analytiques, qui réunissent des essais (*la Physiologie du mariage,* 1829).

Il s'agit là d'une étude de la société contemporaine de Balzac qui veut faire « concurrence à l'état-civil », mais c'est aussi l'analyse d'époques plus anciennes. La grande diversité des sujets, la vitalité des personnages, la précision des descriptions, le mélange des êtres fictifs et des personnalités historiques et la technique d'écriture donnent une œuvre colossale et riche d'enseignement sur l'homme. *La Comédie humaine* renseigne aussi sur le système d'idées de Balzac, passionné d'occultisme et de mysticisme, partisan d'un État autoritaire, mais cependant fasciné par les hors-la-loi (comme Vautrin) et persuadé que montrer à l'homme ses vices et ses passions destructrices lui permettra de progresser.

Avant-propos de la Comédie humaine. En 1842, Balzac rédige une préface à *la Comédie humaine* qui expose son projet, anticipant sur celui des naturalistes. Par l'ampleur de son travail, le romancier prétend rendre compte le plus complètement possible de tous les aspects de la société : économiques, politiques, historiques, moraux, affectifs, philosophiques et religieux.

« La Société française allait être l'historien »

L e hasard est le plus grand romancier du monde : pour être fécond, il n'y a qu'à l'étudier. La Société française allait être l'historien, je ne devais être que le secrétaire. En dressant l'inventaire des vices
5 et des vertus, en rassemblant les principaux faits des passions, en peignant les caractères, en choisissant les événements principaux de la Société, en composant des types par la réunion des traits de plusieurs caractères homogènes, peut-être pouvais-je arriver à
10 écrire l'histoire oubliée par tant d'historiens, celle des mœurs. Avec beaucoup de patience et de courage, je réaliserais, sur la France au dix-neuvième siècle, ce livre que nous regrettons tous, que Rome, Athènes, Tyr, Memphis[1], la Perse, l'Inde ne nous
15 ont malheureusement pas laissé sur leurs civilisations, et qu'à l'instar de l'abbé Barthélemy[2], le courageux et patient Monteil[3] avait essayé pour le Moyen Âge, mais sous une forme peu attrayante.

Ce travail n'était rien encore. S'en tenant à cette
20 reproduction rigoureuse, un écrivain pouvait devenir un peintre plus ou moins fidèle, plus ou moins heureux, patient ou courageux des types humains, le conteur des drames de la vie intime, l'archéologue du mobilier social, le nomenclateur[4] des profes-

---

1. Tyr : ville phénicienne, aujourd'hui au Liban ; Memphis : ville d'Égypte.
2. Écrivain (1716-1795), orientaliste, auteur du *Voyage du jeune Anacharsis en Grèce*, roman encyclopédique sur l'Antiquité.
3. Érudit du XVIIIᵉ siècle, auteur de travaux sur le Moyen Âge.
4. Celui qui établit des inventaires et des classements.

²⁵ sions, l'enregistreur du bien et du mal ; mais, pour mériter les éloges que doit ambitionner tout artiste, ne devais-je pas étudier les raisons ou la raison de ces effets sociaux, surprendre le sens caché dans cet immense assemblage de figures, de passions et ³⁰ d'événements ? Enfin, après avoir cherché, je ne dis pas trouvé, cette raison, ce moteur social, ne fallait-il pas méditer sur les principes naturels et voir en quoi les Sociétés s'écartent ou se rapprochent de la règle éternelle, du vrai, du beau ? Malgré l'étendue des ³⁵ prémisses, qui pouvaient être à elles seules un ouvrage, l'œuvre, pour être entière, voulait une conclusion. Ainsi dépeinte, la Société devait porter avec elle la raison de son mouvement.

AVANT-PROPOS DE LA COMÉDIE HUMAINE, *1842.*

Guide de lecture
....

1. **Repérer les articula-**
tions du raisonnement.
2. **Comment Balzac**
définit-il la fonction du
romancier ?

3. **En quoi sa démarche**
annonce-t-elle celle des
naturalistes ?

LE COLONEL CHABERT (1832). À la bataille d'Eylau en 1807, le colonel Chabert est laissé pour mort, à la suite d'un coup de sabre reçu sur le crâne. Sa femme se remarie et dispose de ce qu'elle croit être son héritage ; personne n'est satisfait de voir revenir ce fantôme qui exige la restitution de ses biens.

Au début du roman, il consulte l'avoué Derville pour lui exposer sa situation. Déçu par les hommes, il finira à moitié fou dans un hospice.

« Sublime horreur »

L e jeune avoué demeura pendant un moment stupéfait en entrevoyant dans le clair-obscur le singulier client qui l'attendait. Le colonel Chabert était aussi parfaitement immobile que peut l'être
5 une figure en cire de ce cabinet de Curtius où Godeschal[1] avait voulu mener ses camarades. Cette immobilité n'aurait peut-être pas été un sujet d'étonnement, si elle n'eût complété le spectacle surnaturel que présentait l'ensemble du person-
10 nage. Le vieux soldat était sec et maigre. Son front, volontairement caché sous les cheveux de sa perruque lisse, lui donnait quelque chose de mystérieux. Ses yeux paraissaient couverts d'une taie[2] transparente : vous eussiez dit de la nacre sale dont
15 les reflets bleuâtres chatoyaient à la lueur des bougies. Le visage pâle, livide et en lame de couteau, s'il est permis d'emprunter cette expression vulgaire, semblait mort. Le cou était serré par une mauvaise cravate de soie noire. L'ombre cachait si bien le
20 corps à partir de la ligne brune que décrivait ce hail-

1. Curtius est l'inventeur d'un salon de figures de cire, en 1770. Godeschal est un clerc de Derville.

2. Tache sur l'œil.

lon, qu'un homme d'imagination aurait pu prendre cette vieille tête pour quelque silhouette due au hasard, ou pour un portrait de Rembrandt[1], sans cadre.

Les bords du chapeau qui couvrait le front du vieil-
25 lard projetaient un sillon noir sur le haut du visage. Cet effet bizarre, quoique naturel, faisait ressortir, par la brusquerie du contraste, les rides blanches, les sinuosités froides, le sentiment décoloré de cette physionomie cadavéreuse. Enfin l'absence de tout
30 mouvement dans le corps, de toute chaleur dans le regard, s'accordait avec une certaine expression de démence triste, avec les dégradants symptômes par lesquels se caractérise l'idiotisme[2], pour faire de cette figure je ne sais quoi de funeste qu'aucune pa-
35 role humaine ne pourrait exprimer. Mais un observateur, et surtout un avoué, aurait trouvé de plus en cet homme foudroyé les signes d'une douleur profonde, les indices d'une misère qui avait dégradé ce visage, comme les gouttes d'eau tombées du ciel sur
40 un beau marbre l'ont à la longue défiguré. Un médecin, un auteur, un magistrat eussent pressenti tout un drame à l'aspect de cette sublime horreur dont le moindre mérite était de ressembler à ces fantaisies que les peintres s'amusent à dessiner au bas de leurs
45 pierres lithographiques[3] en causant avec leurs amis.

LE COLONEL CHABERT, *1832,*
chap. I.

---

1. Peintre et graveur (1606-1669) ; il construit ses portraits sur des clairs-obscurs.

2. Ici, idiotie maladive.

3. La lithographie est la reproduction par impression sur papier d'un dessin, tracé sur une pierre calcaire.

Guide de lecture
....

1. Étudier la composition du portrait.
2. Expliquer la fonction de chaque spectateur.

3. Relever les termes qui appartiennent au champ lexical de la mort.

LE PÈRE GORIOT (1835).   Ce roman appartient au cycle des « Scènes de la vie privée », qui décrivent la réalité la plus commune. Dans une pension de famille se côtoient Eugène de Rastignac, un jeune arriviste, Vautrin, bagnard évadé, et le père Goriot, véritable « Christ de la paternité », fabricant de pâtes qui s'est ruiné pour offrir une fortune et une position sociale à ses filles. Jusqu'à sa mort, il est méprisé par sa famille et seul Rastignac, amant d'une des filles, suivra son enterrement.

« Je veux les voir »

Mes filles, mes filles, Anastasie, Delphine ! Je veux les voir. Envoyez-les chercher par la gendarmerie, de force ! la justice est pour moi, tout est pour moi, la nature, le code civil. Je proteste. La
5　patrie périra si les pères sont foulés aux pieds. Cela est clair. La société, le monde roulent sur la paternité, tout croule si les enfants n'aiment pas leurs pères. Oh ! les voir, les entendre, n'importe ce qu'elles me diront, pourvu que j'entende leur voix,

10 ça calmera mes douleurs, Delphine surtout. Mais dites-leur, quand elles seront là, de ne pas me regarder froidement comme elles font. Ah ! mon bon ami, monsieur Eugène[1], vous ne savez pas ce que c'est que de trouver l'or du regard changé tout à

15 coup en plomb gris. Depuis le jour où leurs yeux n'ont plus rayonné sur moi, j'ai toujours été en hiver ici, je n'ai plus eu que des chagrins à dévorer, et je les ai dévorés ! J'ai vécu pour être humilié, insulté. Je les aime tant, que j'avalais tous les affronts par lesquels

20 elles me vendaient une pauvre petite jouissance honteuse. Un père se cacher pour voir ses filles ! Je leur ai donné ma vie, elles ne me donneront pas une heure aujourd'hui ! J'ai soif, j'ai faim, le cœur me brûle, elles ne viendront pas rafraîchir mon agonie,

25 car je meurs, je le sens. Mais elles ne savent donc pas ce que c'est que de marcher sur le cadavre de son père ! Il y a un Dieu dans les cieux, il nous venge malgré nous, nous autres pères. Oh ! elles viendront ! Venez, mes chéries, venez encore me baiser,

30 un dernier baiser, le viatique[2] de votre père, qui priera Dieu pour vous, qui lui dira que vous avez été de bonnes filles, qui plaidera pour vous ! Après tout, vous êtes innocentes. Elles sont innocentes, mon ami ! Dites-le bien à tout le monde, qu'on ne les in-

35 quiète pas à mon sujet. Tout est de ma faute, je les ai habituées à me fouler aux pieds. J'aimais cela, moi.

---

1. Eugène de Rastignac.
2. Provisions données pour voyager et donc aussi pour passer dans l'autre vie.

Ça ne regarde personne, ni la justice humaine, ni la justice divine. Dieu serait injuste s'il les condamnait à cause de moi. Je n'ai pas su me conduire, j'ai fait la
40 bêtise d'abdiquer mes droits [1]. Je me serais avili pour elles ! Que voulez-vous ! le plus beau naturel, les meilleures âmes auraient succombé à la corruption de cette facilité paternelle. Je suis un misérable, je suis justement puni. Moi seul ai causé les désordres
45 de mes filles, je les ai gâtées. Elles veulent aujourd'hui le plaisir, comme elles voulaient autrefois du bonbon. Je leur ai toujours permis de satisfaire leurs fantaisies de jeunes filles. À quinze ans, elles avaient voiture [2] ! Rien ne leur a résisté. Moi seul suis cou-
50 pable, mais coupable par amour. Leur voix m'ouvrait le cœur. Je les entends, elles viennent. Oh ! oui, elles viendront. La loi veut qu'on vienne voir mourir son père, la loi est pour moi. Puis ça ne coûtera qu'une course. Je la payerai. Écrivez-leur que j'ai des
55 millions à leur laisser ! Parole d'honneur.

LE PÈRE GORIOT, *1835,*
chap. IV.

1. Étudier le jeu des contradictions entre la déception du père Goriot et son amour.
2. Relever les procédés qui montrent que Goriot délire.
3. Dans ce discours, quel rôle joue l'argent ?

---

1. Ses droits juridiques sur sa fortune.
2. Elles possédaient un équipage à cheval (et n'avaient pas besoin de louer un fiacre).

Le Lys dans la vallée (1835).   Félix de Vandenesse s'é-
prend d'Henriette de Mortsauf qui sauvegarde son
honneur de femme mariée en ne lui accordant qu'une
tendresse maternelle. Pourtant, lorsqu'elle apprend
que Félix lui a préféré quelque temps une autre femme,
elle meurt, et laisse une lettre-testament dans laquelle
elle avoue une violente passion pour le jeune homme.

Dans cet extrait, Félix, qui n'a rencontré Henriette
qu'une fois, a l'intuition qu'elle vit dans ce paysage qu'il
découvre.

« Elle demeurait là »

P our aller au château de Frapesle, les gens à pied
ou à cheval abrègent la route en passant par les
landes dites de Charlemagne, terres en friche, si-
tuées au sommet du plateau qui sépare le bassin du
5   Cher et celui de l'Indre, et où mène un chemin de
traverse que l'on prend à Champy. Ces landes plates
et sablonneuses, qui vous attristent durant une lieue
environ, joignent par un bouquet de bois le chemin
de Saché, nom de la commune d'où dépend Fra-
10   pesle. Ce chemin, qui débouche sur la route de
Chinon, bien au-delà de Ballan, longe une plaine
ondulée sans accidents remarquables, jusqu'au petit
pays d'Artanne. Là se découvre une vallée qui
commence à Montbazon, finit à la Loire, et semble
15   bondir sous les châteaux posés sur ces doubles collines ; une magnifique coupe d'émeraude au fond de

laquelle l'Indre se roule par des mouvements de serpent. À cet aspect, je fus saisi d'un étonnement voluptueux que l'ennui des landes ou la fatigue du chemin avait préparé.

« Si cette femme, la fleur de son sexe, habite un lieu dans le monde, ce lieu, le voici ! » À cette pensée je m'appuyai contre un noyer sous lequel, depuis ce jour, je me repose toutes les fois que je reviens dans ma chère vallée. Sous cet arbre confident de mes pensées, je m'interroge sur les changements que j'ai subis pendant le temps qui s'est écoulé depuis le dernier jour où j'en suis parti. Elle demeurait là, mon cœur ne me trompait point : le premier castel[1] que je vis au penchant d'une lande était son habitation. Quand je m'assis sous mon noyer, le soleil de midi faisait pétiller les ardoises de son toit et les vitres de ses fenêtres. Sa robe de percale[2] produisait le point blanc que je remarquai dans ses vignes sous un hallebergier[3]. Elle était, comme vous le savez déjà, sans rien savoir encore, LE LYS DE CETTE VALLÉE où elle croissait pour le ciel, en la remplissant du parfum de ses vertus. L'amour infini, sans autre aliment qu'un objet à peine entrevu dont mon âme était remplie, je le trouvais exprimé par ce long ruban d'eau qui ruisselle au soleil entre deux rives vertes, par ces lignes de peupliers qui parent de leurs dentelles mobiles ce val d'amour, par les bois de chênes qui s'avancent

---

1. Petit château.
2. Tissu de coton fin.
3. Abricotier.

entre les vignobles sur des coteaux que la rivière ar-
45 rondit toujours différemment, et par ces horizons
estompés qui fuient en se contrariant. Si vous voulez voir la nature belle et vierge comme une fiancée,
allez là par un jour de printemps ; si vous voulez calmer les plaies saignantes de votre cœur, revenez-y
50 par les derniers jours de l'automne ; au printemps,
l'amour y bat des ailes à plein ciel ; en automne, on
y songe à ceux qui ne sont plus. Le poumon malade
y respire une bienfaisante fraîcheur, la vue s'y repose sur des touffes dorées qui communiquent à
55 l'âme leurs paisibles douceurs.

Le Lys dans la vallée, *1835,*
Première partie.

Guide de lecture

1. Étudier le système de comparaisons et de métaphores et caractériser la poésie de ce texte.
2. Analyser le rapprochement entre le paysage et la femme aimée.

3. Relever les expressions qui montrent que le narrateur (voir p. 338) est pris entre le souvenir et ce qu'il ressent des développements futurs de son amour.

Illusions perdues (1843).   Ce roman d'apprentissage retrace le destin de Lucien de Rubempré, monté à Paris pour faire fortune comme écrivain et journaliste, et de David Séchard, son beau-frère, qui tâche d'inventer une pâte à papier révolutionnaire. Chacun perd ses illusions et échoue dans son projet. Le roman offre aussi

un extraordinaire tableau de la vie parisienne, grouil-
lant de figures inventées et réelles.

Cet extrait décrit « les Galeries », lieu parisien entre
tous, de pierre pour certaines ou de bois comme ici,
qui étaient des passages couverts bordés de
commerces.

« C'était horrible et gai »

L a poésie de ce terrible bazar éclatait à la tombée
du jour. De toutes rues adjacentes allaient et venaient un grand nombre de filles qui pouvaient s'y
promener sans rétribution. De tous les points de Pa-
5 ris, une fille de joie accourait *faire son Palais*[1]. Les Ga-
leries-de-Pierre appartenaient à des maisons privilé-
giées qui payaient le droit d'exposer des créatures
habillées comme des princesses, entre telle ou telle
arcade, et à la place correspondante dans le jardin ;
10 tandis que les Galeries-de-Bois étaient pour la prostitution un terrain public, le Palais par excellence,
mot qui signifiait alors le temple de la prostitution.
Une femme pouvait y venir, en sortir accompagnée
de sa proie, et l'emmener où bon lui semblait. Ces
15 femmes attiraient donc le soir aux Galeries-de-Bois
une foule si considérable qu'on y marchait au pas,
comme à la procession ou au bal masqué. Cette lenteur, qui ne gênait personne, servait à l'examen. Ces

---

1. Se prostituer au Palais-Royal.

femmes avaient une mise qui n'existe plus ; la manière dont elles se tenaient décolletées jusqu'au milieu du dos, et très bas aussi par devant ; leurs bi-
zarres coiffures inventées pour attirer les regards :
celle-ci en Cauchoise[1], celle-là en Espagnole ; l'une
bouclée comme un caniche, l'autre en bandeaux
lisses[2] ; leurs jambes serrées par des bas blancs et
montrées on ne sait comment mais toujours à propos, toute cette infâme poésie est perdue. La li-
cence[3] des interrogations et des réponses, ce
cynisme[4] public en harmonie avec le lieu ne se retrouve plus, ni au bal masqué, ni dans les bals cé-
lèbres qui se donnent aujourd'hui. C'était horrible
et gai. La chair éclatante des épaules et des gorges
étincelait au milieu des vêtements d'hommes
presque toujours sombres, et produisait les plus magnifiques oppositions. Le brouhaha des voix et le
bruit de la promenade formaient un murmure qui
s'entendait dès le milieu du jardin, comme une
basse continue brodée des éclats de rire des filles ou
des cris de quelque rare dispute. Les personnes
comme il faut, les hommes les plus marquants y
étaient coudoyés par des gens à figure patibulaire[5].
Ces monstrueux assemblages avaient je ne sais quoi
de piquant, les hommes les plus insensibles étaient

---

1. Du pays de Caux, en Normandie.

2. Coiffure qui sépare les cheveux en deux parties plaquées sur les côtés du visage.

3. Liberté excessive de débauche.

4. Ici, immoralité.

5. Se dit d'un homme qui semble digne de la potence.

émus. Aussi tout Paris est-il venu là jusqu'au dernier
45 moment ; il s'y est promené sur le plancher de bois
que l'architecte a fait au-dessus des caves pendant
qu'il les bâtissait. Des regrets immenses et una-
nimes ont accompagné la chute de ces ignobles
morceaux de bois.

ILLUSIONS PERDUES, *1843*,
Deuxième partie.

Guide de lecture

1. Relever les
contrastes :
ombre / lumière,
richesse / pauvreté,
silence / bruit, etc.
2. Quel est l'effet
provoqué par les
énumérations ?

3. Analyser le plaisir
pris par le narrateur
(voir p. 338) à décrire
ce lieu de débauche.

HUGO

(1802-1885)

....

La carrière de Victor Hugo (voir p. 69) commence certes avec le romantisme, mais elle se poursuit bien au-delà. L'auteur intégrera certaines aspirations du réalisme, notamment dans sa production romanesque.

NOTRE-DAME DE PARIS (1831).   Solidement documenté, ce roman présente des aspects très réalistes, mais ne se réduit pas à une œuvre historique sur le Moyen Âge : les êtres y acquièrent une dimension mythique. La cathédrale est en quelque sorte le personnage principal et abrite indifféremment les bons (le sonneur Quasimodo) comme les méchants (l'archidiacre Frollo). La bohémienne Esméralda, injustement condamnée pour meurtre, est accueillie dans la cathédrale par Quasimodo qui est amoureux d'elle. Mais les truands de Paris passent à l'assaut de l'édifice.

« Deux jets de plomb fondu »

Tout à coup, au moment où ils se groupaient pour un dernier effort autour du bélier[1], chacun retenant son haleine et raidissant ses muscles afin de donner toute sa force au coup décisif, un hurlement, plus épouvantable encore que celui qui

5

---

1. Poutre servant à démolir des murailles.

avait éclaté et expiré sous le madrier[1], s'éleva au milieu d'eux. Ceux qui ne criaient pas, ceux qui vivaient encore, regardèrent. Deux jets de plomb fondu tombaient du haut de l'édifice au plus épais de la cohue. Cette mer d'hommes venait de s'affaisser sous le métal bouillant qui avait fait, aux deux points où il tombait, deux trous noirs et fumants dans la foule, comme ferait de l'eau chaude dans la neige. On y voyait remuer des mourants à demi calcinés et mugissant de douleur. Autour de ces deux jets principaux, il y avait des gouttes de cette pluie horrible qui s'éparpillaient sur les assaillants et entraient dans les crânes comme des vrilles de flamme. C'était un feu pesant qui criblait ces misérables de mille grêlons.

La clameur fut déchirante. Ils s'enfuirent pêle-mêle, jetant le madrier sur les cadavres, les plus hardis comme les plus timides, et le Parvis[2] fut vide une seconde fois.

Tous les yeux s'étaient levés vers le haut de l'église. Ce qu'ils voyaient était extraordinaire. Sur le sommet de la galerie la plus élevée, plus haut que la rosace centrale, il y avait une grande flamme qui montait entre les deux clochers avec des tourbillons d'étincelles, une grande flamme désordonnée et furieuse dont le vent emportait par moments un lambeau dans la fumée. Au-dessous de cette flamme, au-dessous de la sombre balustrade à trèfles de

---

1. La poutre qui sert de bélier.
2. Place devant la cathédrale.

braise, deux gouttières en gueules de monstres vo-
35 missaient sans relâche cette pluie ardente qui détachait son ruissellement argenté sur les ténèbres de la
façade inférieure. À mesure qu'ils approchaient du
sol, les deux jets de plomb liquide s'élargissaient en
gerbes, comme l'eau qui jaillit des mille trous de l'ar-
40 rosoir. Au-dessus de la flamme, les énormes tours,
de chacune desquelles on voyait deux faces crues et
tranchées, l'une toute noire l'autre rouge, semblaient plus grandes encore de toute l'immensité de
l'ombre qu'elles projetaient jusque dans le ciel.
45 Leurs innombrables sculptures de diables et de dra-
gons prenaient un aspect lugubre. La clarté inquiète
de la flamme les faisait remuer à l'œil. Il y avait des
guivres[1] qui avaient l'air de rire, des gargouilles
qu'on croyait entendre japper, des salamandres[2] qui
50 soufflaient dans le feu, des tarasques qui éternuaient
dans la fumée. Et parmi ces monstres ainsi réveillés
de leur sommeil de pierre par cette flamme, par ce
bruit, il y en avait un qui marchait et qu'on voyait de
temps en temps passer sur le front ardent du bûcher
55 comme une chauve-souris devant une chandelle.

NOTRE-DAME DE PARIS, *1831,*
livre X, chap. IV.

Guide de lecture
··

1. **Étudier les mouve-**
ments des objets et des
hommes.
2. **Relever les images et**
les sonorités décrivant
le feu.
3. **À quoi tient la mons-**
truosité de la scène ?

———————————

1. Guivre, gargouille, tarasque : représentations en pierre d'animaux fabuleux.

2. Petits batraciens ; on croyait qu'elles pouvaient vivre dans le feu.

LES MISÉRABLES (1862).   Les héros de ce roman sont les victimes du système social : le forçat Jean Valjean, condamné pour le vol d'un bout de pain et qui doit sans cesse changer d'identité, Cosette, l'orpheline exploitée, les républicains, comme Marius, prêts à mourir pour leur liberté, et même Javert, le policier impitoyable. Hugo voulait dénoncer « la dégradation de l'homme par le prolétariat, de la femme par la faim, de l'enfant par la nuit ». L'émeute du 5 juin 1832 sert de cadre historique à cet épisode qui met en scène les principaux personnages du roman pour la mort de Gavroche, le gamin de Paris.

« Cette petite grande âme venait de s'envoler »

L e spectacle était épouvantable et charmant. Gavroche, fusillé, taquinait la fusillade. Il avait l'air de s'amuser beaucoup. C'était le moineau becquetant les chasseurs. Il répondait à chaque décharge par un
5   couplet. On le visait sans cesse, on le manquait toujours. Les gardes nationaux et les soldats[1] riaient en l'ajustant. Il se couchait, puis se redressait, s'effaçait dans un coin de porte, puis bondissait, disparaissait, reparaissait, se sauvait, revenait, ripostait à la mitraille
10   par des pieds de nez, et cependant pillait les cartouches, vidait les gibernes[2] et remplissait son panier.

---

1. Qui répriment l'émeute.
2. Cartouchières.

Les insurgés[1], haletants d'anxiété, le suivaient des yeux. La barricade tremblait ; lui, il chantait. Ce n'était pas un enfant, ce n'était pas un homme, c'était un étrange gamin fée. On eût dit le nain invulnérable de la mêlée. Les balles couraient après lui, il était plus leste qu'elles. Il jouait on ne sait quel effrayant jeu de cache-cache avec la mort ; chaque fois que la face camarde[2] du spectre s'approchait, le gamin lui donnait une pichenette.

Une balle pourtant, mieux ajustée ou plus traître que les autres, finit par atteindre l'enfant feu follet. On vit Gavroche chanceler, puis il s'affaissa. Toute la barricade poussa un cri ; mais il y avait de l'Antée[3] dans ce pygmée ; pour le gamin toucher le pavé, c'est comme pour le géant toucher la terre ; Gavroche n'était tombé que pour se redresser ; il resta assis sur son séant[4], un long filet de sang rayait son visage, il éleva ses deux bras en l'air, regarda du côté d'où était venu le coup, et se mit à chanter :

> *Je suis tombé par terre,*
> *C'est la faute à Voltaire,*
> *Le nez dans le ruisseau,*
> *C'est la faute à...*[5]

Il n'acheva point. Une seconde balle du même ti-

---

1. Les amis de Gavroche, derrière les barricades.

2. Qui a le nez plat, caractéristique du masque de la mort.

3. Géant qui prenait ses forces du contact avec la terre, vaincu par Hercule qui le souleva du sol.

4. En position assise.

5. Couplet d'une chanson populaire.

reur l'arrêta court. Cette fois il s'abattit la face contre le pavé, et ne remua plus. Cette petite grande âme venait de s'envoler.

LES MISÉRABLES, *1862,*
V, livre I, chap. XV.

Guide de lecture

1. Relever les verbes d'action et commenter les mouvements qu'ils expriment.

2. Analyser les oppositions (haut / bas, gaieté / tragédie, grandeur / petitesse...).

3. À quel côté de la barricade va la sympathie du lecteur ? Pourquoi ?

LABICHE (1815-1888)

....

LE GAI THÉÂTRE. Fils d'un industriel, Eugène Labiche abandonne rapidement ses études de droit pour se consacrer au théâtre. Il écrit plus de cent vaudevilles (voir p. 338), dont les plus connus sont *Un chapeau de paille d'Italie* (1851), *le Voyage de M. Perrichon* (1860), et *la Cagnotte* (1864).

Ce genre à la fois réaliste et fantaisiste, où prolifèrent les situations cocasses et les quiproquos, permet une satire sous-jacente (voir p. 338) de la société. Cet homme gai, élu à l'Académie française en 1880, a fait les délices de ses contemporains, qu'il a peints pourtant sans complaisance.

UN CHAPEAU DE PAILLE D'ITALIE (1851). Fadinard, le jour de ses noces, est entraîné dans une série d'aventures qui doivent sauver l'honneur d'une dame un peu légère, grâce à un chapeau de paille sans lequel elle ne peut rentrer chez elle. Pendant toute la pièce, Fadinard court après un chapeau de paille d'Italie qu'il finira par trouver dans les cadeaux de mariage destinés à son épouse. Il est suivi par sa noce qui n'y comprend rien, ce qui donne lieu à un enchaînement de quiproquos comiques.

La pièce, menée tambour battant, commence d'emblée sur un rythme rapide : en présence de son domestique Félix, Fadinard expose sa première mésaventure à l'oncle de sa fiancée, Vézinet.

« Le bouchon de paille était un chapeau ! »

FADINARD, *entrant par le fond et parlant à la canto-nade*[1]. Détellez le cabriolet !... (*En scène.*) Ah ! Voilà une aventure !... ça me coûte vingt francs, mais je ne les regrette pas... Félix !...

5 FÉLIX. Monsieur !...

FADINARD. Figure-toi...

FÉLIX. Monsieur arrive seul ?... et la noce de Monsieur ?...

FADINARD. Elle est en train de s'embarquer à Cha-
10 rentonneau... dans huit fiacres... J'ai pris les devants pour voir si rien ne cloche dans mon nid conjugal... Les tapissiers[2] ont-ils fini ?... A-t-on apporté la cor-beille[3], les cadeaux de noce ?...

FÉLIX, *indiquant la chambre du deuxième plan à
15 gauche.* Oui, Monsieur... tout est là dans la chambre...

FADINARD. Très bien !... Figure-toi que, parti ce ma-tin à huit heures de Charentonneau...

VÉZINET, *à lui-même.* Mon neveu se fait bien at-
20 tendre...

FADINARD, *apercevant Vézinet.* L'oncle Vézinet !... (*À Félix.*) Va-t'en !... j'ai mieux que toi !... (*Félix se retire au fond ; commençant son récit.*) Figurez-vous que, parti...

---

1. En s'adressant à quelqu'un qui est dans les coulisses.
2. Artisans chargés de la décoration de l'appartement.
3. Les présents offerts par le fiancé à la fiancée.

25   Vézinet.   Mon neveu, permettez-moi de vous félici-
ter... *(Il cherche à embrasser Fadinard.)*

Fadinard.   Hein ?... quoi ?... Ah ! oui... *(Ils s'em-
brassent ; à part.)* On s'embrasse énormément dans
la famille de ma femme !... *(Haut, reprenant le ton du*

30   *récit.)* Parti ce matin à huit heures de Charentonneau...

Vézinet.   Et la mariée ?...

Fadinard.   Oui... elle me suit de loin... dans huit
fiacres... *(Reprenant.)* Parti ce matin à huit heures de

35   Charentonneau...

Vézinet.   Je viens d'apporter mon cadeau de
noces...

Fadinard, *lui serrant la main.*   C'est gentil de votre
part... *(Reprenant son récit.)* J'étais dans mon cabrio-

40   let... je traversais le bois de Vincennes... tout à coup
je m'aperçois que j'ai laissé tomber mon fouet...

Vézinet.   Mon neveu, ces sentiments vous ho-
norent.

Fadinard.   Quels sentiments !... Ah ! sapristi ! j'ou-

45   blie toujours qu'il est sourd !... ça ne fait rien...
(Continuant.) Comme le manche est en argent, j'arrête mon cheval et je descends... À cent pas de là, je
l'aperçois dans une touffe d'orties... je me pique les
doigts...

50   Vézinet. J'en suis bien aise.

Fadinard.   Merci !... je retourne... plus de cabriolet !... mon cabriolet avait disparu !...

Félix, *redescendant.*   Monsieur a perdu son cabriolet ?...

55 FADINARD, *à Félix.* Monsieur Félix, je cause avec
mon oncle qui ne m'entend pas... Je vous prie de ne
pas vous mêler à ces épanchements de famille[1].

VÉZINET. Je dirai plus : les bons maris font les
bonnes femmes.

60 FADINARD. Oui... turlututu !... ran plan plan !...
Mon cabriolet avait disparu... je questionne, j'interroge... On me dit qu'il y en a un d'arrêté au coin du
bois... J'y cours, et qu'est-ce que je trouve ? Mon
cheval en train de mâchonner une espèce de bou-
65 chon de paille, orné de coquelicots... je m'approche... aussitôt une voix de femme part de l'allée
voisine, et s'écrie : « Ciel !... mon chapeau !... » Le
bouchon de paille était un chapeau !... Elle l'avait
suspendu à un arbre, tout en causant avec un mili-
70 taire...

FÉLIX, *à part.* Ah ! ah ! c'est cocasse !...

FADINARD, *à Vézinet.* Entre nous, je crois que c'est
une gaillarde...

VÉZINET. Non, je suis de Chaillot... j'habite Chail-
75 lot.

FADINARD. Turlututu !... ran plan plan !...

VÉZINET. Près de la pompe à feu.

FADINARD. Oui, c'est convenu !... J'allais présenter
mes excuses à cette dame et lui offrir de payer le
80 dommage, lorsque ce militaire s'interpose... une espèce d'Africain[2] rageur... Il commence par me traiter

---

1. Confidences familiales.
2. Officier des bataillons d'Afrique.

de petit criquet !... Sapristi !... la moutarde me
monte au nez... et, ma foi, je l'appelle Beni-zoug-
zoug !... Il s'élance sur moi... je fais un bond... et je
85 me trouve dans mon cabriolet... la secousse fait partir mon cheval... et me voilà !... je n'ai eu que le
temps de lui jeter une pièce de vingt francs pour le
chapeau... ou de vingt sous !... car je ne suis pas
fixé... je verrai ça, ce soir, en faisant ma caisse...
90 *(Tirant de sa poche un fragment de chapeau de paille,
orné de coquelicots.)* Voilà la monnaie de ma
pièce !...

VÉZINET, *prenant le morceau de chapeau et l'exami-
nant.* La paille est belle !...

95 FADINARD. Oui, mais trop chère la botte !...

VÉZINET. Il faudrait chercher longtemps avant de
trouver un chapeau pareil... j'en sais quelque chose.

FÉLIX, *qui s'est avancé et qui a pris le chapeau des mains
de Vézinet.* Voyons...

100 FADINARD. Monsieur Félix, je vous prie de ne pas
vous mêler à mes épanchements de famille...

FÉLIX. Mais, Monsieur !...

FADINARD. Silence, maroufle[1] !... comme dit l'ancien répertoire. *(Félix remonte.)*

105 VÉZINET. Dites donc... à quelle heure va-t-on à la
mairie ?

FADINARD. À onze heures !... onze heures !... *(Il
montre avec ses doigts.)*

---

1. Homme grossier. Insulte souvent utilisée dans « l'ancien répertoire »,
dans Molière, par exemple.

Vézinet. On dînera tard... j'ai le temps d'aller
110 prendre un riz au lait... vous permettez ?... *(Il remonte.)*

Fadinard. Comment donc !... ça me fera extrêmement plaisir...

Vézinet, *revenant à lui pour l'embrasser.* Adieu, mon
115 neveu !...

Fadinard. Adieu, mon oncle... *(À Vézinet, qui cherche à l'embrasser.)* Hein ?... quoi ?... Ah ! oui... c'est un tic de famille. *(Se laissant embrasser.)* Là !... *(À part.)* Une fois marié, tu ne me pinceras pas sou-
120 vent à jouer à ça... non... non...

Vézinet. Et l'autre côté ?

Fadinard. C'est ce que je disais... « Et l'autre côté ? » *(Vézinet l'embrasse sur l'autre joue.)* Là...

Un chapeau de paille d'Italie, *1851,*
acte I, scène 3.

Guide de lecture
....

1. **Étudier les didasca-**
lies (voir p. 338) et les
jeux de scène.
2. **En quoi est-ce là une**
scène d'exposition ?

3. **Définir le comique**
de ce passage de vaude-
ville.

FLAUBERT   (1821-1880)

LE MISANTHROPE SENSIBLE. De son père chirurgien à
Rouen, Gustave Flaubert a hérité le sens aigu de l'observation. Adolescent rêveur et passionné de lecture, il
compose son premier drame à quatorze ans. Une crise
nerveuse l'oblige, en 1844, à interrompre ses études de
droit ; son père achète alors une maison à Croisset (près
de Rouen) où il pourra se reposer. Il s'y consacrera
surtout à l'écriture.

Sa mauvaise santé ne l'empêche cependant pas de
voyager : l'Italie, la Suisse, l'Égypte, le Proche-Orient, la
Tunisie, dont il rapporte certains éléments des descriptions de *Salammbô* (1862). À Croisset, il se partage
entre ses livres et ses amis, dont George Sand et la poé-
tesse Louise Colet, avec qui il entretient une passion-
nante correspondance.

Même si le procès pour immoralité que lui vaut
Madame Bovary est pour beaucoup dans son succès, ce
roman (1857) lui apporte la gloire. Pourtant, la fin de sa
vie est triste.

Vieilli, malade, déçu par l'accueil que le public réserve
à ses nouvelles œuvres, il n'en continue pas moins à
écrire : en 1877, il réunit *la Légende de saint Julien
l'Hospitalier*, *Un cœur simple* et *Hérodias* sous le titre *Trois
Contes*.

Il meurt sans avoir pu achever *Bouvard et Pécuchet* ni
le Dictionnaire des idées reçues, œuvres gigantesques
destinées à dénoncer toutes les formes de la bêtise
humaine.

« Peindre le dessus et le dessous des choses. » Flaubert veut peindre le réel avec précision, mais sans se contenter de ce qui se voit. Il rêve de faire « un livre sur rien » qui atteindrait enfin la perfection formelle. Ce souci le pousse à déclamer ses textes à haute voix pour en apprécier le rythme et l'équilibre des phrases.

En 1848, devant les critiques de ses amis auxquels il avait confié le manuscrit, il renonce (jusqu'en 1874) à publier *la Tentation de saint Antoine,* œuvre baroque et foisonnante, et tente de juguler son imagination débordante dans un nouveau roman, *Madame Bovary,* que Zola lui-même considère comme LE roman naturaliste, y admirant l'objectivité apparente du romancier, l'ironie dont il fait preuve et le caractère vécu de l'intrigue. Tous les romans de Flaubert d'ailleurs sont le récit d'un échec et la mise en évidence de la médiocrité humaine, qui se traduit, chez certains de ses héros, par une incapacité à agir (Emma Bovary, mais aussi Frédéric dans *l'Éducation sentimentale,* 1869). L'importance du style est capitale pour ce romancier qui considérait son métier quasiment comme une religion à laquelle il fallait vouer toute son énergie. C'est cette exigence qui le fait reconnaître comme maître par Maupassant et par bien d'autres après lui.

Madame Bovary (1857). Emma Rouault s'est mariée au médecin Charles Bovary, mais la vie ne répond pas à ses rêves de jeune fille. Elle s'étiole donc dans cette campagne normande monotone, en proie à un ennui croissant qui la conduit à prendre des amants dont pas un seul ne réussira à combler son attente. L'ironie du romancier contrebalance le pathétique de ce destin de femme. Ce roman, fondé sur un fait divers réel, a fait scandale parce qu'il décrit sans la condamner une femme adultère qui finit par se suicider.

« Son cœur de nouveau resta vide »

A u fond de son âme, cependant, elle attendait un événement. Comme les matelots en détresse, elle promenait sur la solitude de sa vie des yeux désespérés cherchant au loin quelque voile
5 blanche dans les brumes de l'horizon. Elle ne savait pas quel serait ce hasard, le vent qui le pousserait jusqu'à elle, vers quel rivage il la mènerait, s'il était chaloupe ou vaisseau à trois ponts, chargé d'angoisses ou plein de félicités jusqu'aux sabords[1].
10 Mais, chaque matin, à son réveil, elle l'espérait pour la journée, et elle écoutait tous les bruits, se levait en sursaut, s'étonnait qu'il ne vînt pas ; puis, au coucher du soleil, toujours plus triste, désirait être au lendemain.

15 Le printemps reparut. Elle eut des étouffements aux premières chaleurs, quand les poiriers fleurirent.

Dès le commencement de juillet, elle compta sur ses doigts combien de semaines lui restaient pour
20 arriver au mois d'octobre, pensant que le marquis d'Andervilliers, peut-être, donnerait encore un bal à

---

1. Dans un navire, ouverture servant de passage à la bouche des canons.

la Vaubyessard. Mais tout septembre s'écoula sans lettres ni visites.

Après l'ennui de cette déception, son cœur de nouveau resta vide, et alors la série des mêmes journées recommença.

Elles allaient donc maintenant se suivre ainsi à la file, toujours pareilles, innombrables, et n'apportant rien ! Les autres existences, si plates qu'elles fussent, avaient du moins la chance d'un événement. Une aventure amenait parfois des péripéties à l'infini, et le décor changeait. Mais, pour elle, rien n'arrivait, Dieu l'avait voulu ! L'avenir était un corridor tout noir, et qui avait au fond sa porte bien fermée.

Elle abandonna la musique. Pourquoi jouer ? qui l'entendrait ? Puisqu'elle ne pourrait jamais, en robe de velours à manches courtes, sur un piano d'Érard[1], dans un concert, battant de ses doigts légers les touches d'ivoire, sentir, comme une brise, circuler autour d'elle un murmure d'extase, ce n'était pas la peine de s'ennuyer à étudier. Elle laissa dans l'armoire ses cartons à dessin et la tapisserie. À quoi bon ? à quoi bon ? La couture l'irritait.

— J'ai tout lu, se disait-elle.

Et elle restait à faire rougir les pincettes[2], ou regardant la pluie tomber.

Comme elle était triste le dimanche, quand on sonnait les vêpres[3] ! Elle écoutait, dans un hébéte-

---

1. Célèbre fabricant de pianos.
2. Instrument de métal à deux branches servant à attiser le feu sans se brûler.
3. Office religieux du soir.

ment attentif, tinter un à un les coups fêlés de la
50 cloche. Quelque chat sur les toits, marchant lentement, bombait son dos aux rayons pâles du soleil.
Le vent, sur la grande route, soufflait des traînées de
poussière. Au loin, parfois, un chien hurlait : et la
cloche, à temps égaux, continuait sa sonnerie mo-
55 notone qui se perdait dans la campagne.

MADAME BOVARY, *1857,*
Première partie, chap. IX.

Guide de lecture

1. Relever les étapes du
renoncement à tous les
espoirs.
2. Quelle influence
exerce le monde ex-
térieur sur Emma ?

3. Distinguer les différentes formes de la
narration (récit, mono-
logue intérieur, discours
direct, etc.).

Endettée et craignant que son mari n'apprenne son
infidélité, abandonnée de tous, Emma se suicide en
avalant de l'arsenic. L'écriture de cette agonie a coûté à
son auteur de grandes souffrances : il a observé des
moribonds dans un hôpital, a goûté de l'arsenic et a cru
mourir lui-même en tuant son personnage.

« Elle n'existait plus »

C ependant elle n'était plus aussi pâle, et son visage avait une expression de sérénité, comme
si le sacrement l'eût guérie.

Le prêtre ne manqua point d'en faire l'observation ; il expliqua même à Bovary[1] que le Seigneur,
quelquefois, prolongeait l'existence des personnes
lorsqu'il le jugeait convenable pour leur salut ; et
Charles se rappela un jour où, ainsi près de mourir,
elle avait reçu la communion.

« Il ne fallait peut-être pas se désespérer », pensa-
t-il.

En effet, elle regarda tout autour d'elle, lentement, comme quelqu'un qui se réveille d'un songe ;
puis d'une voix distincte, elle demanda son miroir,
et elle resta penchée dessus quelque temps, jusqu'au
moment où de grosses larmes lui découlèrent des
yeux. Alors elle se renversa la tête en poussant un
soupir et retomba sur l'oreiller.

Sa poitrine aussitôt se mit à haleter rapidement.
La langue tout entière lui sortit hors de la bouche ;
ses yeux, en roulant, pâlissaient comme deux globes
de lampe qui s'éteignent, à la croire déjà morte, sans
l'effrayante accélération de ses côtes, secouées par
un souffle furieux, comme si l'âme eût fait des
bonds pour se détacher. Félicité[2] s'agenouilla devant
le crucifix, et le pharmacien lui-même fléchit un peu
les jarrets, tandis que M. Canivet[3] regardait vaguement sur la place. Bournisien[4] s'était remis en
prière, la figure inclinée contre le bord de la couche,

---

1. Charles, le mari d'Emma.
2. Servante des Bovary.
3. Médecin.
4. Prêtre.

30 avec sa longue soutane noire qui traînait derrière lui
dans l'appartement. Charles était de l'autre côté, à
genoux, les bras étendus vers Emma. Il avait pris ses
mains et il les serrait, tressaillant à chaque batte-
ment de son cœur, comme au contrecoup d'une
35 ruine qui tombe. À mesure que le râle devenait plus
fort, l'ecclésiastique précipitait ses oraisons ; elles se
mêlaient aux sanglots étouffés de Bovary, et quelquefois tout semblait disparaître dans le sourd murmure des syllabes latines, qui tintaient comme un
40 glas de cloche.

Tout à coup, on entendit sur le trottoir un bruit de
gros sabots, avec le frôlement d'un bâton ; et une
voix s'éleva, une voix rauque, qui chantait :

> *Souvent la chaleur d'un beau jour*
45 > *Fait rêver fillette à l'amour.*

Emma se releva comme un cadavre que l'on gal-
vanise[1], les cheveux dénoués, la prunelle fixe,
béante.

> *Pour amasser diligemment*
50 > *Les épis que la faux moissonne,*
> *Ma Nanette va s'inclinant*
> *Vers le sillon qui nous les donne.*

« L'Aveugle ! » s'écria-t-elle.

Et Emma se mit à rire, d'un rire atroce, frénétique,
55 désespéré, croyant voir la face hideuse du misérable,
qui se dressait dans les ténèbres éternelles comme
un épouvantement.

---

1. Électrise, anime d'une énergie soudaine, souvent passagère.

Il souffla bien fort ce jour-là,
Et le jupon court s'envola !

60 Une convulsion[1] la rabattit sur le matelas. Tous s'approchèrent. Elle n'existait plus.

MADAME BOVARY, *1857*,
troisième partie, chap. VIII.

_____

1. Contraction nerveuse très brusque.

Guide de lecture
....

1. Quelles sont les différentes étapes de l'agonie ?
2. Étudier le contraste qui existe entre Emma et l'assemblée.

3. À quoi tient le réalisme de la scène ?

SALAMMBÔ (1862). En 238 avant J.-C., les mercenaires employés dans l'armée carthaginoise d'Hamilcar se révoltent pour être payés. Leur chef, Mathô, dérobe le talisman de Carthage. La fille d'Hamilcar, Salammbô, dont Mathô est épris, va récupérer le voile sacré. Hamilcar se venge de la rébellion en exterminant les mercenaires grâce à ses éléphants, et supplicie Mathô. Salammbô en meurt de désespoir, avouant ainsi sa passion secrète pour le jeune homme. Le roman se compose de tableaux grandioses et barbares, à la fois réalistes (Flaubert a accumulé une documentation impressionnante sur l'époque) et épiques (voir p. 338).

« Les éléphants se jetèrent au milieu »

Mais un cri, un cri épouvantable éclata, un rugissement de douleur et de colère : c'étaient les soixante-douze éléphants qui se précipitaient sur une double ligne, Hamilcar ayant attendu que les
5 Mercenaires fussent tassés en une seule place pour les lâcher contre eux ; les Indiens[1] les avaient si vigoureusement piqués que du sang coulait sur leurs larges oreilles. Leurs trompes, barbouillées de minium[2], se tenaient droites en l'air, pareilles à des ser-
10 pents rouges ; leurs poitrines étaient garnies d'un épieu, leur dos d'une cuirasse, leurs défenses allongées par des lames de fer courbes comme des sabres, — et pour les rendre plus féroces, on les avait enivrés avec un mélange de poivre, de vin pur et d'en-
15 cens. Ils secouaient leurs colliers de grelots, criaient ; et les éléphantarques[3] baissaient la tête sous le jet des phalariques[4] qui commençaient à voler du haut des tours.

Afin de mieux leur résister les Barbares se ruèrent,
20 en foule compacte ; les éléphants se jetèrent au milieu, impétueusement. Les éperons de leur poitrail, comme des proues de navire, fendaient les cohortes[5] ; elles refluaient à gros bouillons. Avec leurs trompes, ils étouffaient les hommes, ou bien les ar-

---

1. Indiens d'Inde, conducteurs des éléphants.
2. Poudre d'oxyde de plomb, de couleur rouge.
3. Conducteurs des éléphants.
4. Javelots.
5. Troupes de combattants de l'infanterie.

25 rachant du sol, par-dessus leur tête ils les livraient
aux soldats dans les tours ; avec leurs défenses, ils
les éventraient, les lançaient en l'air, et de longues
entrailles pendaient à leurs crocs d'ivoire comme
des paquets de cordages à des mâts. Les Barbares
30 tâchaient de leur crever les yeux, de leur couper les
jarrets ; d'autres, se glissant sous leur ventre, y en-
fonçaient un glaive jusqu'à la garde et périssaient
écrasés ; les plus intrépides se cramponnaient à
leurs courroies ; sous les flammes, sous les balles,
35 sous les flèches, ils continuaient à scier les cuirs, et
la tour d'osier s'écroulait comme une tour de pierre.
Quatorze de ceux qui se trouvaient à l'extrémité
droite, irrités de leurs blessures, se retournèrent sur
le second rang ; les Indiens saisirent leur maillet et
40 leur ciseau[1] et l'appliquant au joint de la tête, à tour
de bras ils frappèrent un grand coup.

Les bêtes énormes s'affaissèrent, tombèrent les
unes par-dessus les autres. Ce fut comme une montagne ; et sur ce tas de cadavres et d'armures, un élé-
45 phant monstrueux qu'on appelait *Fureur de Baal,*
pris par la jambe entre des chaînes, resta jusqu'au
soir à hurler, avec une flèche dans l'œil.

SALAMMBÔ, *1862, chap.* VIII.

Guide de lecture

1. **Étudier les mouve-**
ments des animaux et
des hommes.
2. **En quoi l'exagération**
traduit-elle la confusion ?
3. **Relever les notations**
auditives et expliquer
leur présence.

---

1. Maillet : marteau ; ciseau : outil d'acier à l'extrémité biseautée.

L'ÉDUCATION SENTIMENTALE (1869). Le jeune Frédéric Moreau s'éprend de Mme Arnoux, rencontrée sur un bateau (voir l'extrait), et se croit promis à la gloire amoureuse et littéraire. Il fréquente les milieux artistique et révolutionnaire de Paris. Lors de la révolution de 1848, il prend une maîtresse, mais brigue un mariage plus intéressant. Tout échoue et, lorsqu'il retrouve Mme Arnoux vieillie, il mesure son échec. Le héros incarne la désillusion de toute une génération qui sombre dans l'inaction et s'autodétruit par dérision.

« Leurs yeux se rencontrèrent »

Ce fut comme une apparition :
Elle était assise, au milieu du banc, toute seule ; ou du moins il ne distingua personne dans l'éblouissement que lui envoyèrent ses yeux. En
5 même temps qu'il passait, elle leva la tête ; il fléchit involontairement les épaules ; et, quand il se fut mis plus loin, du même côté, il la regarda.

Elle avait un large chapeau de paille, avec des rubans roses qui palpitaient au vent, derrière elle. Ses
10 bandeaux noirs, contournant la pointe de ses grands sourcils, descendaient très bas et semblaient presser amoureusement l'ovale de sa figure. Sa robe de mousseline claire, tachetée de petits pois, se répandait à plis nombreux. Elle était en train de broder
15 quelque chose ; et son nez droit, son menton, toute sa personne se découpait sur le fond de l'air bleu.

Comme elle gardait la même attitude, il fit plusieurs tours de droite et de gauche pour dissimuler sa manœuvre ; puis il se planta tout près de son ombrelle, posée contre le banc, et il affectait d'observer une chaloupe sur la rivière.

Jamais il n'avait vu cette splendeur de sa peau brune, la séduction de sa taille, ni cette finesse des doigts que la lumière traversait. Il considérait son panier à ouvrage avec ébahissement, comme une chose extraordinaire. Quels étaient son nom, sa demeure, sa vie, son passé ? Il souhaitait connaître les meubles de sa chambre, toutes les robes qu'elle avait portées, les gens qu'elle fréquentait ; et le désir de la possession physique même disparaissait sous une envie plus profonde, dans une curiosité douloureuse qui n'avait pas de limites.

Une négresse, coiffée d'un foulard, se présenta, en tenant par la main une petite fille, déjà grande. L'enfant, dont les yeux roulaient des larmes, venait de s'éveiller. Elle la prit sur ses genoux. « Mademoiselle n'était pas sage, quoiqu'elle eût sept ans bientôt ; sa mère ne l'aimerait plus ; on lui pardonnait trop ses caprices. » Et Frédéric se réjouissait d'entendre ces choses, comme s'il eût fait une découverte, une acquisition.

Il la supposait d'origine andalouse, créole peut-être ; elle avait ramené des îles cette négresse avec elle ?

Cependant, un long châle à bandes violettes était placé derrière son dos, sur le bordage de cuivre. Elle avait dû, bien des fois, au milieu de la mer, durant

les soirs humides, en envelopper sa taille, s'en cou-
vrir les pieds, dormir dedans ! Mais, entraîné par les
50   franges, il glissait peu à peu, il allait tomber dans
l'eau ; Frédéric fit un bond et le rattrapa. Elle lui dit :
« Je vous remercie, monsieur. »
Leurs yeux se rencontrèrent.

L'ÉDUCATION SENTIMENTALE, *1869,*
Première partie, chap. I.

Guide de lecture
....

1. Étudier le jeu des
regards.
2. Quel effet la jeune
femme produit-elle
sur Frédéric ?

3. Montrer que le jeune
homme interprète
à l'excès ce qu'il voit.

UN CŒUR SIMPLE (1877).   Le projet de Flaubert dans *Un
cœur simple* était de « faire pleurer les âmes sensibles »,
au nombre desquelles il se comptait lui-même.
La simplicité apparente du récit, la banalité des événements rendent touchante la vie de Félicité, servante de
Mme Aubain, qui ne peut exprimer pleinement ses
affections : pour un homme, pour la fille de sa maîtresse, Virginie, pour son neveu, puis pour son perroquet, Loulou, qu'elle fait empailler lorsqu'il meurt.

« Enfin il arriva, et splendide »

E lle traversa la forêt, dépassa le Haut-Chêne, atteignit Saint-Gatien[1].

Derrière elle, dans un nuage de poussière et emportée par la descente, une malle-poste[2] au grand
5 galop se précipitait comme une trombe. En voyant cette femme qui ne se dérangeait pas, le conducteur se dressa par-dessus la capote, et le postillon[3] criait aussi, pendant que ses quatre chevaux qu'il ne pouvait retenir accéléraient leur train ; les deux premiers
10 la frôlaient ; d'une secousse de ses guides, il les jeta dans le débord[4], mais, furieux, releva le bras, et à pleine volée, avec son grand fouet, lui cingla du ventre au chignon un tel coup qu'elle tomba sur le dos.

15 Son premier geste, quand elle reprit connaissance, fut d'ouvrir son panier. Loulou[5] n'avait rien, heureusement. Elle sentit une brûlure à la joue droite ; ses mains qu'elle y porta étaient rouges. Le sang coulait.

20 Elle s'assit sur un mètre[6] de cailloux, se tamponna le visage avec son mouchoir, puis elle mangea une croûte de pain, mise dans son panier par précaution, et se consolait de sa blessure en regardant l'oiseau.

---

1. La scène se déroule sur la côte normande.
2. Voiture à chevaux des services postaux.
3. Cocher de la voiture des postes.
4. Bas-côté.
5. Nom du perroquet.
6. Tas d'un mètre cube environ.

Arrivée au sommet d'Ecquemauville, elle aperçut
25 les lumières de Honfleur qui scintillaient dans la
nuit comme une quantité d'étoiles ; la mer, plus
loin, s'étalait confusément. Alors une faiblesse l'arrêta ; et la misère de son enfance, la déception du
premier amour, le départ de son neveu, la mort de
30 Virginie, comme les flots d'une marée, revinrent à la
fois et, lui montant à la gorge, l'étouffaient.

Puis elle voulut parler au capitaine du bateau[1] et,
sans dire ce qu'elle envoyait, lui fit des recomman-
dations.

35 Fellacher[2] garda longtemps le perroquet. Il le pro-
mettait toujours pour la semaine prochaine ; au
bout de six mois, il annonça le départ d'une caisse et
il n'en fut plus question. C'était à croire que jamais
Loulou ne reviendrait. « Ils me l'auront volé ! » pen-
40 sait-elle.

Enfin il arriva, et splendide, droit sur une branche
d'arbre, qui se vissait dans un socle d'acajou, une patte en l'air, la tête oblique, et mordant une noix, que
l'empailleur, par amour du grandiose, avait dorée.

45 Elle l'enferma dans sa chambre.

Un cœur simple, *1877, chap. IV.*

Guide de lecture
....

1. Analyser l'art du
récit (longueur et
rythme des phrases,
accélération et ralen-
tissement, économie de
détails, etc.).
2. Qu'y a-t-il de touchant
dans ce destin simple ?

---

1. Qui assure la liaison entre Honfleur et Le Havre, où réside l'empailleur.
2. L'empailleur.

JULES VERNE   *(1828-1905)*

UNE VIE ENTRE SCIENCE ET LITTÉRATURE.   Nantais d'origine, Jules Verne vient faire des études de droit à Paris après avoir reçu une éducation très stricte. Il préfère pourtant écrire des pièces de théâtre. Ses premiers romans d'aventures sont refusés par les éditeurs, sauf Hetzel, qui assure ainsi à leur auteur un succès jamais démenti. Jules Verne peut alors abandonner son métier d'agent de change et se consacrer à ses « Voyages extraordinaires ». Il publie notamment *Voyage au centre de la Terre* (1864), *De la Terre à la Lune* (1865), *Vingt Mille Lieues sous les mers* (1869), *le Tour du monde en quatre-vingts jours* (1873), *l'Île mystérieuse* (1874), *Michel Strogoff* (1885). Mais la guerre de 1870 puis la constatation que les sociétés modernes font un usage criminel de la science le plongent dans le pessimisme. Il travailler a néanmoins jusqu'aux derniers moments de sa vie.

DU VOYAGE SCIENTIFIQUE AU MYTHE.   S'il s'inscrit dans une tradition de la littérature pour la jeunesse qui connaît au XIXᵉ siècle un notable essor, avec la célèbre comtesse de Ségur notamment, Jules Verne, lui, rêve d'écrire le « roman de la science » et de rendre cette étude attrayante pour les enfants. Ses « voyages » se fondent sur une interprétation de la réalité qui se veut rationnelle et scientifique. Mais l'écrivain — auteur de plus de quatre-vingts romans — présente souvent des mythes et des énigmes que la raison est loin d'avoir élucidés et qui séduisent par leur beauté poétique.

DE LA TERRE À LA LUNE (1865). D'abord publié en feuilleton, c'est sans doute le premier roman scientifique sur l'exploration de l'espace : les calculs de Verne sont justes et il anticipe même la réalité du XXe siècle puisque « sa » fusée décolle du cap Canaveral, comme celles, américaines, de la NASA aujourd'hui.

« Une détonation épouvantable »

Le moment des adieux était donc arrivé. La scène fut touchante. En dépit de sa gaieté fébrile, Michel Ardan[1] se sentit ému. J.-T. Maston[2] avait retrouvé sous ses paupières sèches une vieille larme qu'il réservait sans doute pour cette occasion. Il la versa sur le front de son cher et brave président.

« Si je partais ? dit-il, il est encore temps !

— Impossible, mon vieux Maston », répondit Barbicane[3].

Quelques instants plus tard, les trois compagnons de route étaient installés dans le projectile, dont ils avaient vissé intérieurement la plaque d'ouverture, et la bouche de la Columbiad[4], entièrement dégagée, s'ouvrait librement vers le ciel.

Nicholl[5], Barbicane et Michel Ardan étaient définitivement murés dans leur wagon de métal.

---

1. Français original qui a proposé d'envoyer des hommes dans la fusée.
2. Artilleur, spécialiste des armes à feu.
3. Président du « Gun-Club » qui a décidé la fabrication de la fusée.
4. Nom de la fusée.
5. Capitaine, spécialiste de la protection contre les boulets de canon.

Qui pourrait peindre l'émotion universelle, arrivée alors à son paroxysme[1] ?

La lune s'avançait sur un firmament d'une pureté limpide, éteignant sur son passage les feux scintillants des étoiles ; elle parcourait alors la constellation des Gémeaux et se trouvait presque à mi-chemin de l'horizon et du zénith[2]. Chacun devait donc facilement comprendre que l'on visait en avant du but, comme le chasseur vise en avant du lièvre qu'il veut atteindre.

Un silence effrayant planait sur toute cette scène. Pas un souffle de vent sur la terre ! Pas un souffle dans les poitrines ! Les cœurs n'osaient plus battre. Tous les regards effarés fixaient la gueule béante de la Columbiad.

Murchison[3] suivait de l'œil l'aiguille de son chronomètre. Il s'en fallait à peine de quarante secondes que l'instant du départ ne sonnât, et chacune d'elles durait un siècle.

À la vingtième, il y eut un frémissement universel, et il vint à la pensée de cette foule que les audacieux voyageurs enfermés dans le projectile comptaient aussi ces terribles secondes ! Des cris isolés s'échappèrent.

« Trente-cinq ! — trente-six ! — trente-sept ! — trente-huit ! — trente-neuf ! — quarante ! Feu ! ! ! »

---

1. Le plus haut degré.
2. Point situé à la verticale de l'observateur.
3. Ingénieur.

Aussitôt Murchison, pressant du doigt l'interrupteur de l'appareil, rétablit le cournant et lança l'étin-
45 celle électrique au fond de la Columbiad.

Une détonation épouvantable, inouïe, surhumaine, dont rien ne saurait donner une idée, ni les éclats de la foudre, ni le fracas des éruptions, se produisit instantanément.

50 Une immense gerbe de feu jaillit des entrailles du sol comme d'un cratère. La terre se souleva, et c'est à peine si quelques personnes purent un instant entrevoir le projectile fendant victorieusement l'air au milieu des vapeurs flamboyantes.

DE LA TERRE À LA LUNE, *1865*,
chap. XXVI.

Guide de lecture
....

1. Retrouver les étapes du lancement et montrer l'importance du déroulement temporel.
2. Analyser les réactions des différents protagonistes.
3. Quels sont les éléments qui relèvent de l'épopée (voir p. 338) ?

VINGT MILLE LIEUES SOUS LES MERS (1869). À la suite d'une chasse malheureuse, le naturaliste Aronnax, son serviteur Conseil et le harponneur Ned Land sont retenus comme otages à bord du sous-marin le *Nautilus*. Ils y découvrent la vie sous-marine et le caractère étrange du capitaine Nemo (« personne », en latin), prince hindou, surhomme anarchiste, sensible et cultivé, qui se venge de ses ennemis.

« Une fenêtre ouverte
sur ces abîmes inexplorés »

Nous étions restés muets, ne remuant pas, ne sachant quelle surprise, agréable ou désagréable, nous attendait. Mais un glissement se fit entendre. On eût dit que des panneaux se manœu
5 vraient sur les flancs du *Nautilus*.

« C'est la fin de la fin ! dit Ned Land.

— Ordre des Hydroméduses[1] ! » murmura Conseil.

Soudain, le jour se fit de chaque côté du salon, à
10 travers deux ouvertures oblongues. Les masses liquides apparurent vivement éclairées par les affluences électriques[2]. Deux plaques de cristal nous séparaient de la mer. Je frémis d'abord, à la pensée que cette fragile paroi pouvait se briser ; mais de
15 fortes armatures de cuivre la maintenaient et lui donnaient une résistance presque infinie.

La mer était distinctement visible dans un rayon d'un mille[3] autour du *Nautilus*. Quel spectacle ! Quelle plume le pourrait décrire ! Qui saurait
20 peindre les effets de la lumière à travers ces nappes transparentes, et la douceur de ses dégradations successives jusqu'aux couches inférieures et supérieures de l'océan !

---

1. Classe d'animaux marins.

2. Les phares du *Nautilus*.

3. Un mille marin, qui équivaut à 1 852 m.

On connaît la diaphanéité[1] de la mer. On sait que
25   sa limpidité l'emporte sur celle de l'eau de roche. Les
substances minérales et organiques, qu'elle tient en
suspension, accroissent même sa transparence.
Dans certaines parties de l'océan, aux Antilles, cent
quarante-cinq mètres d'eau laissent apercevoir le lit
30   de sable avec une surprenante netteté, et la force de
pénétration des rayons solaires ne paraît s'arrêter
qu'à une profondeur de trois cents mètres. Mais,
dans ce milieu fluide que parcourait le *Nautilus,*
l'éclat électrique se produisait au sein même des
35   ondes. Ce n'était plus de l'eau lumineuse, mais de la
lumière liquide.

Si l'on admet l'hypothèse d'Erhenberg[2] qui croit à
une illumination phosphorescente des fonds sous-
marins, la nature a certainement réservé pour les ha-
40   bitants de la mer l'un de ses plus prodigieux spectacles, et j'en pouvais juger ici par les mille jeux de
cette lumière. De chaque côté, j'avais une fenêtre
ouverte sur ces abîmes inexplorés. L'obscurité du salon faisait valoir la clarté extérieure, et nous regar-
45   dions comme si ce pur cristal eût été la vitre d'un
immense aquarium.

Le *Nautilus* ne semblait pas bouger. C'est que les
points de repère manquaient. Parfois, cependant, les
lignes d'eau, divisées par son éperon, filaient devant
50   nos regards avec une vitesse excessive.

---

1. Translucidité.
2. Naturaliste allemand (1795-1876).

Émerveillés, nous étions accoudés devant ces vitrines, et nul de nous n'avait encore rompu ce silence de stupéfaction, quand Conseil dit :

« Vous vouliez voir, ami Ned, eh bien, vous voyez !

— Curieux ! curieux ! faisait le Canadien — qui, oubliant ses colères et ses projets d'évasion, subissait une attraction irrésistible — et l'on viendrait de plus loin pour admirer ce spectacle !

— Ah ! m'écriai-je, je comprends la vie de cet homme[1] ! Il s'est fait un monde à part qui lui réserve ses plus étonnantes merveilles ! »

Vingt Mille Lieues sous les mers, *1869,*
chap. xiv.

Guide de lecture
....

1. Étudier la façon dont est traité le thème de la lumière.

2. Comment Jules Verne réussit-il à concilier poésie et éducation scientifique ?

---

1. Le capitaine Nemo.

VALLÈS   *(1832-1885)*

UNE VIE DE LUTTES. Malgré une enfance malheureuse, entre un père étroit d'esprit et une mère autoritaire, Jules Vallès reste cependant attaché à son Auvergne natale. En arrivant à Paris pour y faire ses études, il découvre la liberté et s'engage dans les combats populaires. En 1871, il est élu membre de la Commune de Paris et participe activement aux barricades. Condamné à mort, il doit fuir et ne revient en France qu'en 1883. Ses funérailles ont donné lieu à un gigantesque cortège populaire.

LE ROMANCIER JOURNALISTE. D'abord journaliste talentueux collaborant à des quotidiens connus, Vallès fonde rapidement ses propres journaux, anticolonialistes, pacifistes, dont *le Cri du peuple*, qui fut le journal le plus lu pendant la Commune de Paris (voir p. 8). Ses romans, *l'Enfant* (1879), *le Bachelier* (1881), *l'Insurgé* (1886), forment la trilogie de Jacques Vingtras (dont les initiales sont celles de l'auteur...). C'est une autobiographie qui adopte la technique du morcellement journalistique : de courts chapitres pouvant se lire de manière autonome. Le romancier y raconte sa vie, et celle des opprimés, avec générosité et ferveur.

L'ENFANT (1879). Ce roman autobiographique est dédié « à tous ceux qui crevèrent d'ennui au collège ou qu'on fit pleurer dans la famille ». Il raconte les malheurs d'un garçon pauvre, Jacques Vingtras, humilié par ses parents, par la société et par l'école.

« Elle me fouette tous les matins »

M a mère dit qu'il ne faut pas gâter les enfants, et elle me fouette tous les matins ; quand elle n'a pas le temps le matin, c'est pour midi, rarement plus tard que quatre heures.

5   Mlle Balandreau m'y met du suif[1].

C'est une bonne vieille fille de cinquante ans. Elle demeure au-dessous de nous. D'abord elle était contente : comme elle n'a pas d'horloge, ça lui donnait l'heure. « Vlin ! Vlan ! Zon ! Zon ! — voilà le pe-
10   tit Chose qu'on fouette ; il est temps de faire mon café au lait. »

Mais un jour que j'avais levé mon pan[2], parce que ça me cuisait trop, et que je prenais l'air entre deux portes, elle m'a vu ; mon derrière lui a fait pitié.

15   Elle voulait d'abord le montrer à tout le monde, ameuter les voisins autour ; mais elle a pensé que ce n'était pas le moyen de le sauver, et elle a inventé autre chose.

Lorsqu'elle entend ma mère me dire : « Jacques, je
20   vais te fouetter !

— Madame Vingtras, ne vous donnez pas la peine, je vais faire ça pour vous.

— Oh ! chère demoiselle, vous êtes trop bonne ! »

25   Mlle Balandreau m'emmène ; mais au lieu de me

---

1. Graisse animale utilisée pour les chandelles.
2. Bas de la chemise.

fouetter, elle frappe dans ses mains ; moi, je crie. Ma
mère remercie, le soir, sa remplaçante.

«À votre service », répond la brave fille, en me
glissant un bonbon en cachette.

30   Mon premier souvenir date donc d'une fessée.
Mon second est plein d'étonnement et de larmes.

C'est au coin d'un feu de fagots, sous le manteau
d'une vieille cheminée ; ma mère tricote dans un
coin ; une cousine à moi, qui sert de bonne dans la
35   maison pauvre, range sur des planches rongées
quelques assiettes de grosse faïence avec des coqs à
crête rouge et à queue bleue.

Mon père a un couteau à la main et taille un morceau de sapin ; les copeaux tombent jaunes et
40   soyeux comme des brins de rubans. Il me fait un
chariot avec des languettes de bois frais. Les roues
sont déjà taillées ; ce sont des ronds de pommes de
terre avec leur cercle de peau brune qui imite le fer...
Le chariot va être fini ; j'attends tout ému et les yeux
45   grands ouverts, quand mon père pousse un cri et
lève sa main pleine de sang. Il s'est enfoncé le couteau dans le doigt. Je deviens tout pâle et je m'a-
vance vers lui ; un coup violent m'arrête ; c'est ma
mère qui me l'a donné, l'écume aux lèvres, les
50   poings crispés.

« C'est ta faute si ton père s'est fait mal ! »

Et elle me chasse sur l'escalier noir, en me cognant
encore le front contre la porte.

Je crie, je demande grâce, et j'appelle mon père. Je
55   vois, avec ma terreur d'enfant, sa main qui pend
toute hachée ; c'est moi qui en suis cause ! Pourquoi

ne me laisse-t-on pas entrer pour savoir ? On me
battra après si l'on veut. Je crie, on ne me répond
pas. J'entends qu'on remue des carafes, qu'on ouvre
60 un tiroir ; on met des compresses.

« Ce n'est rien », vient me dire ma cousine, en
pliant une bande de linge tachée de rouge.

Je sanglote, j'étouffe : ma mère reparaît et me
pousse dans le cabinet où je couche, où j'ai peur
65 tous les soirs.

Je puis avoir cinq ans et me crois un parricide[1].

L'Enfant, *1879,*
chap. premier.

___

1. Assassin de son père.

Guide de lecture
••

**1. Étudier comment
sont composés les deux
souvenirs et analyser
leurs différences.
2. Relever les tournures
humoristiques et expli-
quer l'effet produit par
le ton de dérision.**

**3. À quel ensemble
d'éléments tient le
malheur de cet enfant ?**

L'Insurgé (1886). Le troisième volet de la trilogie de
Jacques Vingtras retrace, sous la forme d'un journal,
son aventure lors de la Commune de Paris en 1871. Les
personnages sont historiques, tout comme les situations, mais la réalité est transfigurée par l'écriture.

« C'est la plus grande désillusion de ma vie »

Nous avons pris des bandes de toile, sur lesquelles on a écrit avec une cheville de bois trempée dans une écuellée d'encre : « Vive la paix » ![1] et nous avons promené cela à travers Paris.

Les passants se sont rués sur nous.

Il y avait des gens de police parmi les agresseurs, mais ils n'avaient pas eu à donner le signal. Il leur suffisait de suivre la fureur publique et de choisir alors, dans le tas, ceux qu'ils reconnaissaient pour les avoir vus dans les complots, aux réunions, le jour de la manifestation Baudin[2] ou de l'enterrement de Victor Noir[3]. Sitôt l'homme désigné, la canne plombée[4] et le casse-tête s'en payaient ! Bauer[5] a failli être assommé, un autre jeté au canal !

Il me prend parfois des repentirs lâches, des remords criminels.

Oui, il m'arrive au cœur des bouffées de regret — le regret de ma jeunesse sacrifiée, de ma vie livrée à la famine, de mon orgueil livré aux chiens, de mon

---

1. La guerre est menée contre la Prusse.

2. Qui commémore la mort d'Alphonse Baudin (né en 1811), tué sur une barricade le 3 décembre 1851.

3. Journaliste (1848-1870) tué par le prince impérial Pierre Bonaparte. Son enterrement a donné lieu à une manifestation républicaine.

4. Désigne la police.

5. Compagnon de Jacques.

20 avenir gâché pour une foule qui me semblait avoir
une âme, et à qui je voulais faire, un jour l'honneur
de toute ma force douloureusement amassée.

Et voilà que c'est sur les talons des soldats qu'elle
marche à présent, cette foule ! Elle emboîte le pas
25 aux régiments, elle acclame des colonels dont les
épaulettes sont encore grasses du sang de Décembre[1] — et elle crie « À mort ! » contre nous qui
voulons boucher avec de la charpie le pavillon des
clairons !

30 Oh ! c'est la plus grande désillusion de ma vie !

À travers mes hontes et mes déceptions, j'avais
gardé l'espoir que la place publique me vengerait un
matin... Sur cette place publique, on vient de me
rosser comme plâtre ; j'ai les reins moulus et le cœur
35 las !

Si demain un bâtiment[2] voulait me prendre et
m'emporter au bout du monde, je partirais — déser-
teur par dégoût, réfractaire[3] pour tout de bon !

— Mais vous n'entendez donc pas *la Marseil-
40 laise* ?

Elle me fait horreur, votre *Marseillaise* de maintenant ! Elle est devenue un cantique d'État. Elle n'entraîne point des volontaires, elle mène des
troupeaux. Ce n'est pas le tocsin sonné par le véri-

---

1. Souvenir du 2 décembre 1851 : coup d'État de Napoléon III.
2. Bateau.
3. Rebelle à toute autorité.

45 table enthousiasme, c'est le tintement de la cloche
au cou des bestiaux.

Quel est le coq qui précède de son cocorico clair
les régiments qui s'ébranlent ? Quelle pensée fris-
sonne dans les plis des drapeaux ? En 93, les baïon-
50 nettes sortirent de terre avec une idée au bout —
comme un gros pain !

Le jour de gloire est arrivé !!

Oui, vous verrez ça !

L'Insurgé, *1886,*
chap. XVI.

Guide de lecture

....

**1. Relever les notations
réalistes qui appa-
raissent dans la descrip-
tion de la manifestation.
2. Expliquer pour
quelles raisons le narra-
teur est désabusé.**

**3. Distinguer la descrip-
tion historique et la
réflexion individuelle.**

ZOLA   *(1840-1902)*

....

Un homme au service des hommes.   L'enfance d'Émile Zola, né à Aix, est marquée par la mort précoce de son père. Venu à Paris avec sa mère, désargenté, ayant raté son baccalauréat, il doit abandonner ses études pour travailler comme docker, puis dans le monde du journalisme qu'il ne quittera plus. D'abord hostile au réalisme, il est bientôt le chef de file du mouvement naturaliste qui réunit chez lui, à Médan, un groupe d'écrivains au nombre desquels Maupassant (voir p. 225) et Huysmans (voir p. 309). Vers la fin de sa vie, ce n'est plus la science qui l'obsède mais les combats sociaux et politiques : il se rallie au socialisme. Il prend également la défense de Dreyfus injustement accusé (voir p. 9), dans un article célèbre intitulé « J'accuse ! » (*l'Aurore* du 13 janvier 1898). Lorsqu'il mourut — asphyxié (par accident ou de manière criminelle ?) — il était considéré comme l'une des grandes figures de l'humanisme de son siècle.

L'écrivain du peuple.   Zola voue un culte aux scientifiques et sa définition de l'art naturaliste emprunte aux théories des savants de son temps : « Le roman naturaliste est une expérience véritable que le romancier fait sur l'homme en s'aidant de l'observation. » L'expérimentation s'exerce sur le réel social, mais aussi politique et historique ; Zola exposera sa théorie dans *le Roman expérimental* (1881). *Les Rougon-Macquart* forment un cycle de vingt romans, dont : *la Fortune des Rougon* (1871), *la Faute de l'abbé Mouret* (1875), *l'Assommoir*

(1877), *Nana* (1880), *Au bonheur des dames* (1883), *Germinal* (1885), *l'Œuvre* (1886), *la Bête humaine* (1890) et *le Docteur Pascal* (1893). L'ensemble, sous-titré : « Histoire naturelle et sociale d'une famille sous le second Empire », s'étend sur cinq générations des membres d'une même famille marquée par une hérédité maladive qui se transmet selon une loi s'apparentant à la fatalité. Pourtant, l'écriture du romancier n'est pas seulement objective : l'imagination de Zola est immense et ses romans sont empreints de lyrisme et jalonnés de grands moments épiques, dans lesquels Zola exprime son amour pour cette humanité dérisoire et grandiose.

LA FAUTE DE L'ABBÉ MOURET (1875). Le jeune prêtre Serge Mouret est devenu amnésique à la suite d'un accident. Soigné par Albine, une jeune sauvageonne élevée librement par son oncle, il s'éprend d'elle. Mais un autre prêtre reproche à Serge son péché et l'oblige à renoncer à Albine, qui en mourra. Zola oppose la nature, symbole de vie et de plénitude, à la religion, qui conduit au déchirement et à la mort.

« Albine se livra. Serge la posséda. »

L a forêt soufflait la passion géante des chênes, les chants d'orgue des hautes futaies, une musique solennelle, menant le mariage des frênes, des bouleaux, des charmes, des platanes, au fond des
5 sanctuaires de feuillage ; tandis que les buissons, les jeunes taillis étaient pleins d'une polissonnerie ado-

rable, d'un vacarme d'amants se poursuivant, se jetant au bord des fossés, se volant le plaisir, au milieu
d'un grand froissement de branches. Et, dans cet ac-
10 couplement du parc entier, les étreintes les plus
rudes s'entendaient au loin, sur les roches, là où la
chaleur faisait éclater les pierres gonflées de passion,
où les plantes épineuses aimaient d'une façon tragique, sans que les sources voisines pussent les sou-
15 lager, tout allumées elles-mêmes par l'astre qui
descendait dans leur lit.

« Que disent-ils ? murmura Serge, éperdu. Que
veulent-ils de nous, à nous supplier ainsi ? »

Albine, sans parler, le serra contre elle.

20 Les voix étaient devenues plus distinctes. Les
bêtes du jardin, à leur tour, leur criaient de s'aimer.
Les cigales chantaient de tendresse à en mourir. Les
papillons éparpillaient des baisers, aux battements
de leurs ailes. Les moineaux avaient des caprices
25 d'une seconde, des caresses de sultans vivement
promenés au milieu d'un sérail. Dans les eaux
claires, c'étaient des pâmoisons[1] de poissons dépo-
sant leur frai[2] au soleil, des appels ardents et mélancoliques de grenouilles, toute une passion
30 mystérieuse, monstrueusement assouvie dans la fadeur glauque des roseaux. Au fond des bois, les ros-
signols jetaient des rires perlés de volupté, les cerfs
bramaient, ivres d'une telle concupiscence[3], qu'ils

---

1. Évanouissements de plaisir.
2. Œufs.
3. Vif penchant aux plaisirs des sens.

expiraient de lassitude à côté des femelles presque
35 éventrées. Et, sur les dalles des rochers, au bord des
buissons maigres, des couleuvres, nouées deux à
deux, sifflaient avec douceur ; tandis que de grands
lézards couvaient leurs œufs, l'échine vibrante, d'un
léger ronflement d'extase. Des coins les plus re-
40 culés, des nappes de soleil, des trous d'ombre, une
odeur animale montait, chaude du rut[1] universel.
Toute cette vie pullulante avait un frisson d'enfante-
ment. Sous chaque feuille, un insecte concevait ;
dans chaque touffe d'herbe, une famille poussait ;
45 des mouches volantes, collées l'une à l'autre, n'attendaient pas de s'être posées pour se féconder. Les
parcelles de vie invisibles qui peuplent la matière,
les atomes de la matière eux-mêmes, aimaient, s'ac-
couplaient, donnaient au sol un branle[1] voluptueux,
50 faisaient du parc une grande fornication[3].

Alors, Albine et Serge entendirent. Il ne dit rien, il
la lia de ses bras, toujours plus étroitement. La fatalité de la génération les entourait. Ils cédèrent aux
exigences du jardin. Ce fut l'arbre qui confia à
55 l'oreille d'Albine ce que les mères murmurent aux
épousées, le soir des noces.

Albine se livra. Serge la posséda.

Et le jardin entier s'abîma avec le couple, dans un
dernier cri de passion. Les troncs se ployèrent
60 comme sous un grand vent ; les herbes laissèrent

---

1. Activité sexuelle animale.

2. Ample mouvement d'oscillation.

3. Relations sexuelles.

échapper un sanglot d'ivresse ; les fleurs, évanouies, les lèvres ouvertes, exhalèrent leur âme ; le ciel lui-même, tout embrasé d'un coucher d'astre, eut des nuages immobiles, des nuages pâmés, d'où tombait
65 un ravissement surhumain. Et c'était une victoire pour les bêtes, les plantes, les choses, qui avaient voulu l'entrée de ces deux enfants dans l'éternité de la vie. Le parc applaudissait formidablement.

La Faute de l'abbé Mouret, *1875*,
Deuxième partie, chap. xv.

Guide de lecture
....

1. **Comment le jardin est-il personnifié ?**
2. **Définir le type de passion à l'œuvre ici**
(sensualité, violence, inconscience, etc.).

L'Assommoir (1877).   Gervaise, blanchisseuse, doit élever seule les deux enfants qu'elle a eus de Lantier. Coupeau, ouvrier zingueur, l'épouse, mais, à la suite d'un accident, sombre dans l'alcoolisme. Gervaise suit bientôt son déplorable exemple. Veuve, elle est abandonnée de tous et meurt misérable. Zola présente son roman comme « le premier roman sur le peuple, qui ne mente pas et qui ait l'odeur du peuple ».

« Ah ! elle en avait bu des gouttes »

C'était l'heure où, d'un bout à l'autre des boulevards, les marchands de vin, les bastringues[1], les bousingots[2], à la file, flambaient gaiement dans la rigolade des premières tournées et
5 du premier chahut. La paie de grande quinzaine emplissait le trottoir d'une bousculade de gouapeurs[3] tirant une bordée[4]. Ça sentait dans l'air la noce, une sacrée noce, mais gentille encore, un commencement d'allumage[5], rien de plus. On s'empiffrait au
10 fond des gargotes ; par toutes les vitres éclairées, on voyait des gens manger, la bouche pleine, riant sans même prendre la peine d'avaler. Chez les marchands de vin, des pochards s'installaient déjà, gueulant et gesticulant. Et un bruit du tonnerre de
15 Dieu montait des voix glapissantes, des voix grasses, au milieu du continuel roulement des pieds sur le trottoir. « Dis donc viens-tu becqueter ?... Arrive, clampin ! je paie un canon[6] de la bouteille... Tiens v'là Pauline ! ah bien ! non, on va rien se
20 tordre ! » Les portes battaient, lâchant des odeurs de vin et des bouffées de cornet à pistons[7]. On faisait la

---

1. Bals populaires.

2. Débits de boissons ; formé sur le mot « bousin » : vacarme : (l.34).

3. Mauvais garçons ; synonyme de « clampin » (l.18).

4. Faire la tournée des bars (de « bordée », ligne de canons sur un navire — voir canon, l.18).

5. Séduction facile.

6. Un verre à boire.

7. Instrument de musique à vent. Ici, pets.

queue devant *l'Assommoir*[1] du père Colombe, allumé
comme une cathédrale pour une grand-messe ; et,
nom de Dieu ! on aurait dit une vraie cérémonie, car
25 les bons zigs chantaient là-dedans avec des mines
de chantres au lutrin[2], les joues enflées, le bedon ar-
rondi. On célébrait la sainte-touche[3], quoi ! une
sainte bien aimable, qui doit tenir la caisse au paradis. Seulement, à voir avec quel entrain ça débutait,
30 les petits rentiers, promenant leurs épouses, répé-
taient en hochant la tête qu'il y aurait bigrement des
hommes soûls dans Paris, cette nuit-là. Et la nuit
était très sombre, morte et glacée, au-dessus de ce
bousin, trouée seulement par les lignes de feu des
35 boulevards, aux quatre coins du ciel.

Plantée devant *l'Assommoir,* Gervaise songeait. Si
elle avait eu deux sous, elle serait entrée boire la
goutte. Peut-être qu'une goutte lui aurait coupé la
faim. Ah ! elle en avait bu des gouttes ! Ça lui sem-
40 blait bien bon tout de même. Et, de loin, elle
contemplait la machine à soûler, en sentant que son
malheur venait de là, et en faisant le rêve de s'achever avec de l'eau-de-vie, le jour où elle aurait de
quoi. Mais un frisson lui passa dans les cheveux, elle
45 vit que la nuit était noire. Allons, la bonne heure arrivait. C'était l'instant d'avoir du cœur et de se montrer gentille, si elle ne voulait pas crever au milieu de

---

1. Nom d'un cabaret.

2. Chanteurs dans les offices religieux ; une enceinte (le lutrin, à l'origine
un pupitre où poser les livres de messe) leur était réservée.

3. La paie.

l'allégresse générale. D'autant plus que de voir les autres bâfrer ne lui remplissait pas précisément le
50 ventre. Elle ralentit encore le pas, regarda autour d'elle. Sous les arbres, traînait une ombre plus épaisse. Il passait peu de monde, des gens pressés, traversant vivement le boulevard. Et, sur ce large trottoir sombre et désert, où venaient mourir les
55 gaietés des chaussées voisines, des femmes, debout, attendaient. Elles restaient de longs moments immobiles, patientes, raidies comme les petits platanes maigres ; puis, lentement, elles se mouvaient, traînaient leurs savates sur le sol glacé, faisaient dix
60 pas et s'arrêtaient de nouveau, collées à terre. Il y en avait une, au tronc énorme, avec des jambes et des bras d'insecte, débordante et roulante, dans une guenille de soie noire, coiffée d'un foulard jaune ; il y en avait une autre, grande, sèche, en cheveux, qui
65 avait un tablier de bonne et d'autres encore, des vieilles replâtrées, des jeunes très sales, si sales, si minables, qu'un chiffonnier ne les aurait pas ramassées. Gervaise, pourtant, ne savait pas, tâchait d'apprendre, en faisant comme elles.

L'Assommoir, *1877,*
chap. XII.

Guide de lecture
....

1. Quels sont les différents niveaux de langue ?

2. Comment le récit mêle-t-il un point de vue objectif (celui du romancier) et un point de vue subjectif (celui de Gervaise) ?

3. Relever les éléments qui symbolisent la misère.

NANA (1880).   Ce roman brosse, à travers un personnage haut en couleur, le portrait d'une société corrom-
pue. Nana, mauvaise actrice, mais femme superbe,
devient courtisane pour se venger de la médiocrité des
hommes qui vont se ruiner pour elle. Elle meurt de la
syphilis au moment où meurt le second Empire, à la
déclaration de guerre contre la Prusse.

« Le cri montait dans la gloire du soleil »

O n vit alors une chose superbe. Price[1], debout
sur les étriers, la cravache haute, fouaillait[2]
Nana d'un bras de fer. Ce vieil enfant desséché, cette
longue figure, dure et morte, jetait des flammes. Et,
5 dans un élan de furieuse audace, de volonté triom-
phante, il donnait de son cœur à la pouliche, il la
soutenait, il la portait, trempée d'écume, les yeux
sanglants. Tout le train passa avec un roulement de
foudre, coupant les respirations, balayant l'air ; tan-
10 dis que le juge, très froid, l'œil à la mire, attendait.
Puis, une immense acclamation retentit. D'un effort
suprême, Price venait de jeter Nana au poteau, battant Spirit d'une longueur de tête.

Ce fut comme la clameur montant d'une marée.
15 Nana ! Nana ! Nana ! Le cri roulait, grandissait, avec
une violence de tempête, emplissant peu à peu l'ho-

---

1. Jockey montant la pouliche Nana qui rivalise avec le cheval anglais
Spirit.

2. Frappait de coups de fouet.

rizon, des profondeurs du Bois au mont Valérien,
des prairies de Longchamp à la plaine de Boulogne.
Sur la pelouse, un enthousiasme fou s'était déclaré.
20 Vive Nana ! vive la France ! à bas l'Angleterre ! Les
femmes brandissaient leurs ombrelles ; des hommes
sautaient, tournaient, en vociférant ; d'autres, avec
des rires nerveux, lançaient des chapeaux. Et, de
l'autre côté de la piste, l'enceinte du pesage[1] répon-
25 dait, une agitation remuait les tribunes, sans qu'on
vît distinctement autre chose qu'un tremblement de
l'air, comme la flamme invisible d'un brasier, au-
dessus de ce tas vivant de petites figures détraquées,
les bras tordus, avec les points noirs des yeux et de
30 la bouche ouverte. Cela ne cessait plus, s'enflait, re-
commençait au fond des allées lointaines, parmi le
peuple campant sous les arbres, pour s'épandre et
s'élargir dans l'émotion de la tribune impériale où
l'impératrice avait applaudi. « Nana ! Nana !
35 Nana ! » Le cri montait dans la gloire du soleil, dont
la pluie d'or battait le vertige de la foule.

Alors, Nana, debout sur le siège de son landau[2],
grandie, crut que c'était elle qu'on acclamait. Elle
était restée un instant immobile, dans la stupeur de
40 son triomphe, regardant la piste envahie par un flot
si épais, qu'on ne voyait plus l'herbe, couverte d'une
mer de chapeaux noirs. Puis, quand tout ce monde
se fut rangé, ménageant une haie jusqu'à la sortie,
saluant de nouveau Nana, qui s'en allait avec Price,

---

1. Endroit où l'on pèse les jockeys avant la course.

2. Voiture à chevaux légère.

45 cassé sur l'encolure, éteint et comme vide, elle se
tapa les cuisses violemment, oubliant tout, triom-
phant en phrases crues :

« Ah ! nom de Dieu ! c'est moi ! pourtant... Ah !
nom de Dieu ! quelle veine ! »

NANA, *1880*
chap. XI.

Guide de lecture

1. Étudier les mouve-
ments (du proche au
lointain, course, mouve-
ments de foule, etc.)
dans le texte.
2. Quels sont les
termes appartenant au
champ lexical de la vue
(couleurs, espaces, etc.)
et de l'ouïe (cris dis-
tincts, rumeur, etc.) ?

3. Analyser le symbo-
lisme du rapproche-
ment entre la pouliche
et l'actrice.

GERMINAL (1885). La misère contraint Étienne Lantier
— fils de Gervaise — et les mineurs avec lesquels il
travaille à une grande grève qui n'aboutit guère. Les ouvriers se tournent alors vers des opérations de sabotage. L'une d'elles provoque une inondation et la mort
de plusieurs mineurs. Étienne sera sauvé mais part, désespéré de n'avoir pu améliorer la situation de ses
compagnons. Le roman s'achève sur cet extrait.

« Des hommes poussaient, une armée noire »

L e travail grondait partout, les coups de rive-
laine[1] qu'il croyait saisir, au fond de la terre, tapaient maintenant d'un bout de la plaine à l'autre.
Un coup, et un coup encore, et des coups toujours,
sous les champs, les routes, les villages, qui riaient à
la lumière : tout l'obscur travail du bagne souterrain,
si écrasé par la masse énorme des roches, qu'il fallait
le savoir là-dessous, pour en distinguer le grand soupir douloureux. Et il songeait à présent que la violence peut-être ne hâtait pas les choses. Des câbles
coupés, des rails arrachés, des lampes cassées,
quelle inutile besogne ! Cela valait bien la peine de
galoper à trois mille, en une bande dévastatrice ! Vaguement, il devinait que la légalité, un jour, pouvait
être plus terrible. Sa raison mûrissait, il avait jeté la
gourme de ses rancunes[2]. Oui, la Maheude[3] le disait
bien avec son bon sens, ce serait le grand coup :
s'enrégimenter[4] tranquillement, se connaître, se
réunir en syndicats lorsque les lois le permettraient ;
puis, le matin où l'on se sentirait les coudes, où l'on
se trouverait des millions de travailleurs en face de
quelques milliers de fainéants, prendre le pouvoir,
être les maîtres. Ah ! quel réveil de vérité et justice !
Le dieu repu et accroupi en crèverait sur l'heure,

---

1. Pic de mineur à deux pointes servant à entamer les roches tendres.
2. Il s'était débarrassé de ses premières rancunes.
3. Femme de Toussaint Maheu, mineur tué lors de la grève.
4. S'incorporer dans un groupe discipliné.

l'idole monstrueuse, cachée au fond de son taber-
nacle[1], dans cet inconnu lointain où les misérables
la nourrissaient de leur chair, sans l'avoir jamais vue.

Mais Étienne, quittant le chemin de Vandame[2],
débouchait sur le pavé. À droite, il apercevait Mont-
sou qui dévalait et se perdait. En face, il avait les dé-
combres du Voreux, le trou maudit que trois
pompes épuisaient sans relâche[3]. Puis, c'étaient les
autres fosses à l'horizon, la Victoire, Saint-Thomas,
Feutry-Cantel ; tandis que, vers le nord, les tours
élevées des hauts fourneaux et les batteries des
fours à coke[4] fumaient dans l'air transparent du matin. S'il voulait ne pas manquer le train de huit
heures, il devait se hâter, car il avait encore six kilo-
mètres à faire.

Et, sous ses pieds, les coups profonds, les coups
obstinés des rivelaines continuaient. Les camarades
étaient tous là, il les entendait le suivre à chaque en-
jambée. N'était-ce pas la Maheude, sous cette pièce
de betteraves, l'échine cassée, dont le souffle montait si rauque, accompagné par le ronflement du
ventilateur ? À gauche, à droite, plus loin, il croyait
en reconnaître d'autres, sous les blés, les haies vives,
les jeunes arbres. Maintenant, en plein ciel, le soleil
d'avril rayonnait dans sa gloire, chauffant la terre
qui enfantait. Du flanc nourricier jaillissait la vie, les

---

1. Terme biblique qui désigne la tente dans laquelle étaient entreposés les objets sacrés.

2. Le roman se déroule dans les villages et mines des environs de Douai.

3. À cause de l'inondation due au sabotage.

4. Résidu solide de la carbonisation de la houille.

bourgeons crevaient en feuilles vertes, les champs
tressaillaient de la poussée des herbes. De toutes
parts, des graines se gonflaient, s'allongeaient, ger-
çaient la plaine, travaillées d'un besoin de chaleur et
55 de lumière. Un débordement de sève coulait avec
des voix chuchotantes, le bruit des germes s'épan-
dait en un grand baiser. Encore, encore, de plus en
plus distinctement, comme s'ils se fussent rappro-
chés du sol, les camarades tapaient. Aux rayons en-
60 flammés de l'astre, par cette matinée de jeunesse,
c'était de cette rumeur que la campagne était grosse.
Des hommes poussaient, une armée noire, venge-
resse, qui germait lentement dans les sillons, grandissant pour les récoltes du siècle futur, et dont la
65 germination allait faire bientôt éclater la terre.

GERMINAL, *1885*
Sixième partie, chap. VI.

Guide de lecture
....

1. Quel est le lien existant entre la surface et les profondeurs de la terre ?	**2.** Étudier la métaphore (voir p. 338) de la germination. **3.** Quel est l'idéal d'Étienne ?

L'ŒUVRE (1886).   Claude Lantier, le frère d'Étienne, sacrifie tout pour son art, la peinture. Il rêve d'un chef-
d'œuvre qui exprimerait la perfection et la nature même
de la femme. Son épouse, Christine, se sacrifie pour lui,
leur enfant meurt, sans que Claude trouve ce qu'il

cherche. Il finit par se pendre devant sa toile inachevée.

Le roman décrit fidèlement la vie des artistes au XIXe siècle. C'est le peintre Cézanne qui a servi de modèle pour Claude.

« Ah ! tu peux le peindre, il ne bougera plus ! »

U n instant, ils restèrent béants au-dessus du lit. Le pauvre être, sur le dos, avec sa tête trop grosse d'enfant du génie, exagérée jusqu'à l'enflure des crétins, ne paraissait pas avoir bougé depuis la
5 veille ; seulement, sa bouche élargie, décolorée, ne soufflait plus, et ses yeux vides s'étaient ouverts. Le père le toucha, le trouva d'un froid de glace.

« C'est vrai, il est mort. »

Et leur stupeur était telle, qu'un instant encore ils
10 demeurèrent les yeux secs, uniquement frappés de la brutalité de l'aventure, qu'ils jugeaient incroyable.

Puis, les genoux cassés, Christine s'abattit devant le lit ; et elle pleurait à grands sanglots, qui la se-
15 couaient toute, les bras tordus, le front au bord du matelas. Dans ce premier moment terrible, son désespoir s'aggravait surtout d'un poignant remords, celui de ne l'avoir pas aimé assez, le pauvre enfant. Une vision rapide déroulait les jours, chacun d'eux
20 lui apportait un regret, des paroles mauvaises, des caresses différées, des rudesses même parfois. Et c'était fini, jamais plus elle ne le dédommagerait du vol qu'elle lui avait fait de son cœur. Lui qu'elle trou-

vait si désobéissant, il venait de trop obéir. Elle lui
25 avait tant de fois répété, quand il jouait : « Tiens-toi
tranquille, laisse travailler ton père ! » qu'à la fin il
était sage, pour longtemps. Cette idée la suffoqua,
chaque sanglot lui arrachait un cri sourd.

Claude s'était mis à marcher, dans un besoin ner-
30 veux de changer de place. La face convulsée[1], il ne
pleurait que de grosses larmes rares, qu'il essuyait
régulièrement, d'un revers de main. Et, quand il passait devant le petit cadavre, il ne pouvait s'empêcher
de lui jeter un regard. Les yeux fixes, grands ouverts,
35 semblaient exercer sur lui une puissance. D'abord, il
résista, l'idée confuse se précisait, finissait par être
une obsession. Il céda enfin, alla prendre une petite
toile, commença une étude de l'enfant mort. Pendant les premières minutes, ses larmes l'empê-
40 chèrent de voir, noyant tout d'un brouillard : il
continuait de les essuyer, s'entêtait d'un pinceau
tremblant. Puis, le travail sécha ses paupières, assura
sa main ; et, bientôt, il n'y eut plus là son fils glacé, il
n'y eut qu'un modèle, un sujet dont l'étrange intérêt
45 le passionna. Ce dessin exagéré de la tête, ce ton de
cire des chairs, ces yeux pareils à des trous sur le
vide, tout l'excitait, le chauffait d'une flamme. Il se
reculait, se complaisait, souriait vaguement à son
œuvre.

50 Lorsque Christine se releva, elle le trouva ainsi à
la besogne. Alors, reprise d'un accès de larmes, elle
dit seulement :

_____

1. Contractée de mouvements nerveux.

« Ah ! tu peux le peindre, il ne bougera plus ! »

Durant cinq heures, Claude travailla. Et, le sur-
55 lendemain, lorsque Sandoz[1] le ramena du cimetière,
après l'enterrement, il frémit de pitié et d'admiration devant la petite toile. C'était un des bons morceaux de jadis, un chef-d'œuvre de clarté et de
puissance, avec une immense tristesse en plus, la fin
60 de tout, la vie mourant de la mort de cet enfant.

L'ŒUVRE, *1886,*
chap. IX.

---

1. Ami, écrivain.

Guide de lecture
....

**I. Relever les détails
réalistes de la scène.**
**2. Comment le travail
du peintre l'emporte-
t-il sur la peine du
père ?**

**3. Comment sont
exprimés les rapports
entre la vie et la mort ?**

LA BÊTE HUMAINE (1890).   Le frère aîné de Claude et
Étienne, Jacques Lantier, la « Bête humaine », déteste
les femmes, qu'il a envie de tuer au moment même où il
les désire. Mécanicien de locomotive, il est témoin d'un
meurtre dans le train. Séverine, la meurtrière, achète le
silence de Jacques en le prenant comme amant. Mais
Jacques finira par tuer celle qu'il aime, avant de mourir,
lors d'une querelle avec le chauffeur, broyé par cette
autre bête qu'est la locomotive. Ce roman à thèse illustre le thème de cette hérédité chargée qui entraîne
les êtres dans la folie passionnelle.

« Cette fêlure héréditaire »

L a famille n'était guère d'aplomb, beaucoup
avaient une fêlure. Lui, à certaines heures, la
sentait bien, cette fêlure héréditaire ; non pas qu'il
fût d'une santé mauvaise, car l'appréhension et la
5 honte de ses crises l'avaient seules maigri autrefois ;
mais c'étaient, dans son être, de subites pertes d'é-
quilibre, comme des cassures, des trous par lesquels
son moi lui échappait, au milieu d'une sorte de
grande fumée qui déformait tout. Il ne s'appartenait
10 plus, il obéissait à ses muscles, à la bête enragée.
Pourtant, il ne buvait pas, il se refusait même un petit verre d'eau-de-vie, ayant remarqué que la
moindre goutte d'alcool le rendait fou. Et il en venait à penser qu'il payait pour les autres, les pères,
15 les grands-pères, qui avaient bu, les générations
d'ivrognes dont il était le sang gâté, un lent empoi-
sonnement, une sauvagerie qui le ramenait avec les
loups mangeurs de femmes, au fond des bois.

Jacques s'était relevé sur un coude, réfléchissant,
20 regardant l'entrée noire du tunnel ; et un nouveau
sanglot courut de ses reins à sa nuque, il retomba, il
roula sa tête par terre, criant de douleur. Cette fille [1],
cette fille qu'il avait voulu tuer ! Cela revenait en lui,
aigu, affreux, comme si les ciseaux eussent pénétré
25 dans sa propre chair. Aucun raisonnement ne l'apai-
sait : il avait voulu la tuer, il la tuerait, si elle était
encore là, dégrafée, la gorge nue. Il se rappelait bien,

---

1. Flore, la fille du garde-barrière.

il était âgé de seize ans à peine, la première fois,
lorsque le mal l'avait pris, un soir qu'il jouait avec
une gamine, la fillette d'une parente, sa cadette de
deux ans : elle était tombée, il avait vu ses jambes, et
il s'était rué. L'année suivante, il se souvenait d'avoir
aiguisé un couteau pour l'enfoncer dans le cou d'une
autre, une petite blonde, qu'il voyait chaque matin
passer devant sa porte. Celle-ci avait un cou très
gras, très rose, où il choisissait déjà la place, un signe
brun, sous l'oreille. Puis, c'en étaient d'autres,
d'autres encore, un défilé de cauchemar, toutes
celles qu'il avait effleurées de son désir brusque de
meurtre, les femmes coudoyées dans la rue, les
femmes qu'une rencontre faisait ses voisines, une
surtout, une nouvelle mariée, assise près de lui au
théâtre, qui riait très fort, et qu'il avait dû fuir, au
milieu d'un acte, pour ne pas l'éventrer. Puisqu'il ne
les connaissait pas, quelle fureur pouvait-il avoir
contre elles ? car, chaque fois, c'était comme une
soudaine crise de rage aveugle, une soif toujours re-
naissante de venger des offenses très anciennes
dont il aurait perdu l'exacte mémoire. Cela venait-il
donc de si loin, du mal que les femmes avaient fait à
sa race, de la rancune amassée de mâle en mâle, depuis la première tromperie au fond des cavernes ? Et
il sentait aussi, dans son accès, une nécessité de bataille pour conquérir la femelle et la dompter, le besoin perverti de la jeter morte sur son dos, ainsi
qu'une proie qu'on arrache aux autres, à jamais. Son
crâne éclatait sous l'effort, il n'arrivait pas à se répondre, trop ignorant, pensait-il, le cerveau trop

sourd, dans cette angoisse d'un homme poussé à
60 des actes où sa volonté n'était pour rien, et dont la
cause en lui avait disparu.

La Bête humaine, *1890*
chap. II.

Guide de lecture
....

1. Relever les étapes du
raisonnement de
Jacques.
2. Quels rapports
entretiennent l'individu
et la famille dans ce mal
héréditaire ?

3. Montrer que le désir
de mort est lié ici au
désir amoureux.

MAUPASSANT   *(1850-1893)*

DU SÉDUCTEUR AU FOU.   Guy de Maupassant garde de son enfance les souvenirs des scènes de ménage de ses parents, de ses vagabondages dans la nature normande puis de son ennui au collège privé d'Yvetot. Venu à Paris en 1871, il est d'abord fonctionnaire et rencontre Flaubert, un ami de sa mère, qui lui tient lieu de père et l'engage dans la voie littéraire. Le jeune homme publie des contes et fréquente assidûment Zola. Chez celui-ci, à Médan, se réunit un groupe d'écrivains se réclamant du naturalisme. En 1880, ils publient *les Soirées de Médan,* ouvrage collectif où sont rassemblées des nouvelles sur la guerre de 1870. L'une d'elles, *Boule de Suif,* assure à son auteur, Maupassant, un succès tel qu'il peut désormais abandonner son emploi et se consacrer à l'écriture. Malgré sa forte constitution, Maupassant souffre tôt de crises nerveuses et, malade de la syphilis, il mourra désespéré et fou.

L'ÉCORCHÉ VIF.   Maupassant suit les enseignements de Flaubert avec qui il partage un pessimisme profond. Il aspire à donner « la vision la plus complète, plus saisissante et plus probante que la réalité elle-même ». Dans ses recueils de nouvelles (*la Maison Tellier,* 1881 ; *les Contes de la bécasse,* 1883), comme dans ses romans (*Une vie,* 1883 ; *Bel-Ami,* 1885 ; *Pierre et Jean,* 1888 ; *Fort comme la mort,* 1889...), il peint toute la variété des types humains et éprouve une grande pitié à l'égard des laissés-pour-compte, en particulier des fous. L'apparente simplicité de ses contes masque son travail de documentation et l'effort vers la sobriété. Maupassant est aussi l'auteur de nombreux contes fantastiques (*Sur l'eau,* 1876 ; *la Peur,* 1882 ; *le Horla,* 1887).

FARCE NORMANDE. *Les Contes de la bécasse* (1883) sont présentés comme des récits de chasseurs normands. La farce dont il s'agit dans ce conte consiste à perturber la nuit de noces de Jean Patu, en lui faisant croire que des braconniers ont envahi ses terres, et en l'attirant dans un piège à renard. La scène suivante se déroule vers midi, lorsque le cortège retourne à la ferme.

« La table était mise dans la grande cuisine »

Lorsqu'ils tournèrent la grande barrière de la ferme maritale, quarante coups de fusil[1] éclatèrent sans qu'on vît les tireurs cachés dans les fossés. À ce bruit, une grosse gaieté saisit les hommes
5   qui gigotaient lourdement en leurs habits de fête ; et Patu, quittant sa femme, sauta sur un valet qu'il apercevait derrière un arbre, empoigna son arme, et lâcha lui-même un coup de feu en gambadant comme un poulain.
10   Puis on se remit en route sous les pommiers déjà lourds de fruits, à travers l'herbe haute, au milieu des veaux qui regardaient de leurs gros yeux, se le-

---

1. Pour manifester la joie des invités.

vaient lentement et restaient debout, le mufle tendu
vers la noce.

15 Les hommes redevenaient graves en approchant
du repas. Les uns, les riches, étaient coiffés de hauts
chapeaux de soie luisants, qui semblaient dépaysés
en ce lieu ; les autres portaient d'anciens couvre-
chefs à poils longs, qu'on aurait dit en peau de
20 taupe ; les plus humbles étaient couronnés de cas-
quettes.

Toutes les femmes avaient des châles lâchés dans
le dos, et dont elles tenaient les bouts sur leurs bras
avec cérémonie. Ils étaient rouges, bigarrés, flam-
25 boyants, ces châles ; et leur éclat semblait étonner
les poules noires sur le fumier, les canards au bord
de la mare, et les pigeons sur les toits de chaume.

Tout le vert de la campagne, le vert de l'herbe et
des arbres, semblait exaspéré au contact de cette
30 pourpre ardente et les deux couleurs ainsi voisines
devenaient aveuglantes sous le feu du soleil de midi.

La grande ferme paraissait attendre là-bas, au
bout de la voûte des pommiers. Une sorte de fumée
sortait de la porte et des fenêtres ouvertes, et une
35 odeur épaisse de mangeaille s'exhalait du vaste bâtiment, de toutes ses ouvertures, des murs eux-
mêmes.

Comme un serpent, la suite des invités s'allon-
geait à travers la cour. Les premiers, atteignant la
40 maison, brisaient la chaîne, s'éparpillaient, tandis
que là-bas il en entrait toujours par la barrière ouverte. Les fossés maintenant étaient garnis de ga-
mins et de pauvres, curieux ; et les coups de fusil ne

cessaient pas, éclatant de tous les côtés à la fois, mê-
45 lant à l'air une buée de poudre et cette odeur qui
grise comme de l'absinthe[1].

Devant la porte, les femmes tapaient sur leurs
robes pour en faire tomber la poussière, dénouaient
les oriflammes[2] qui servaient de rubans à leurs cha-
50 peaux, défaisaient leurs châles et les posaient sur
leurs bras, puis entraient dans la maison pour se dé-
barrasser définitivement de ces ornements.

La table était mise dans la grande cuisine, qui
pouvait contenir cent personnes.

LES CONTES DE LA BÉCASSE, *1883,*
« *Farce normande* ».

---

1. Liqueur alcoolique.
2. Bannières d'ornement.

Guide de lecture

1. **Étudier la composi-tion de la description.**

2. **Quels sont les détails qui permettent de rapprocher cette des-cription d'une peinture impressionniste ?**

3. **Analyser les élé-ments qui créent une distance humoristique.**

UNE VIE (1883). Jeanne, élevée au couvent, rêve d'amour. Le comte Julien de Lamare l'épouse pour sa fortune, mais lui est bien vite infidèle. Jeanne croit trou-ver une consolation avec son fils Paul. Mais il se révèle aussi égoïste que son père. À la fin du roman, Jeanne accepte d'élever l'enfant de Paul, qui lui apportera peut-être l'amour qu'elle a tant attendu. Cet extrait relate la découverte par Jeanne de la trahison de son mari et de sa meilleure amie.

« Tout le monde était donc perfide »

E lle descendit dans la vallée qui va se jeter à la mer, entre ces grandes arches de la falaise qu'on nomme les portes d'Étretat[1], et tout doucement elle gagna le bois. Il pleuvait de la lumière à
5 travers la verdure encore grêle[2]. Elle cherchait l'endroit[3] sans le retrouver, errant par les petits chemins.

Tout à coup, en traversant une longue allée, elle aperçut tout au bout deux chevaux de selle attachés
10 contre un arbre, et elle les reconnut aussitôt ; c'étaient ceux de Gilberte[4] et de Julien. La solitude commençait à lui peser ; elle fut heureuse de cette rencontre imprévue ; et elle mit au trot sa monture.

Quand elle eut atteint les deux bêtes patientes,
15 comme accoutumées à ces longues stations, elle appela. On ne lui répondit pas.

Un gant de femme et les deux cravaches gisaient sur le gazon foulé. Donc ils s'étaient assis là, puis éloignés, laissant leurs chevaux.

---

1. Le roman se déroule sur la côte normande.
2. Maigre.
3. L'endroit où Julien lui avait avoué son amour.
4. La comtesse Gilberte de Fourville, voisine et amie.

20   Elle attendit un quart d'heure, vingt minutes, surprise, sans comprendre ce qu'ils pouvaient faire.
Comme elle avait mis pied à terre, et ne remuait
plus, appuyée contre un tronc d'arbre, deux petits
oiseaux, sans la voir, s'abattirent dans l'herbe tout
25   près d'elle. L'un d'eux s'agitait, sautillait autour de
l'autre, les ailes soulevées et vibrantes, saluant de la
tête et pépiant ; et tout à coup ils s'accouplèrent.

   Jeanne fut surprise comme si elle eût ignoré cette
chose ; puis elle se dit : « C'est vrai, c'est le prin-
30   temps » ; puis une autre pensée lui vint, un soupçon.
Elle regarda de nouveau le gant, les cravaches, les
deux chevaux abandonnés : et elle se remit brusquement en selle avec une irrésistible envie de fuir.

   Elle galopait maintenent en retournant aux
35   Peuples[1]. Sa tête travaillait, raisonnait, unissait les
faits, rapprochait les circonstances. Comment
n'avait-elle pas deviné plus tôt ? Comment n'avait-
elle rien vu ? Comment n'avait-elle pas compris les
absences de Julien, le recommencement de ses élé-
40   gances passées, puis l'apaisement de son humeur ?
Elle se rappelait aussi les brusqueries nerveuses de
Gilberte, ses câlineries exagérées, et, depuis quelque
temps, cette espèce de béatitude où elle vivait, et
dont le comte était heureux.

45   Elle remit au pas son cheval, car il lui fallait gravement réfléchir, et l'allure vive troublait ses idées.

   Après la première émotion passée, son cœur était
redevenu presque calme, sans jalousie et sans haine,

---

1. Nom de la propriété de Jeanne.

mais soulevé de mépris. Elle ne songeait guère à Ju-
50   lien ; rien ne l'étonnait plus de lui ; mais la double
trahison de la comtesse, de son amie, la révoltait.
Tout le monde était donc perfide, menteur et faux.
Et des larmes lui vinrent aux yeux. On pleure parfois
les illusions avec autant de tristesse que les morts.

UNE VIE, *1883,*
chap. IX.

Guide de lecture

1. **Établir le plan de
l'épisode et les étapes
de la prise de
conscience de Jeanne ?**
2. **Relever les termes**
qui montrent la naïveté
de la jeune femme.
3. **À quoi tient la sen-
sualité du texte ?**

PIERRE ET JEAN (1888).   Pierre découvre que son frère
Jean est le fruit d'une liaison que sa mère, Mme Roland, a
eue avec un ami de la famille. Déçu par l'image que lui
renvoie désormais sa mère, il s'embarque comme médecin dans la marine, pour fuir ce monde de men-
songes.

« Il tourmentait les galets ronds »

E
lle n'osait point parler à Pierre, sachant bien
qu'il répondrait une dureté ; et il n'osait pas
parler à sa mère sachant aussi que, malgré lui, il le
ferait avec violence.

Du bout de sa canne il tourmentait les galets ronds, les remuait et les battait. Elle, les yeux vagues, avait pris entre ses doigts trois ou quatre petits cailloux qu'elle faisait passer d'une main dans l'autre, d'un geste lent et machinal. Puis son regard indécis, qui errait devant elle, aperçut, au milieu des varechs[1], son fils Jean qui pêchait avec Mme Rosémilly[2]. Alors elle les suivit, épiant leurs mouvements, comprenant confusément, avec son instinct de mère qu'ils ne causaient point comme tous les jours. Elle les vit se pencher côte à côte quand ils se regardaient dans l'eau, demeurer debout face à face quand ils interrogeaient leurs cœurs, puis grimper et s'asseoir sur le rocher pour s'engager l'un envers l'autre.

Leurs silhouettes se détachaient bien nettes, semblaient seules au milieu de l'horizon, prenaient dans ce large espace de ciel, de mer, de falaises, quelque chose de grand et de symbolique.

Pierre aussi les regardait, et un rire sec sortit brusquement de ses lèvres.

Sans se tourner vers lui, Mme Roland lui dit :

« Qu'est-ce que tu as donc ? »

Il ricanait toujours : « Je m'instruis. J'apprends comment on se prépare à être cocu. »

Elle eut un sursaut de colère, de révolte, choquée du mot, exaspérée de ce qu'elle croyait comprendre.

« Pour qui dis-tu ça ?

---

1. Algues rejetées sur le rivage.

2. Jeune veuve.

— Pour Jean, parbleu ! C'est très comique de les voir ainsi ! »

35 Elle murmura, d'une voix basse, tremblante d'émotion : « Oh ! Pierre, que tu es cruel ! Cette femme est la droiture même. Ton frère ne pourrait trouver mieux. »

Il se mit à rire tout à fait, d'un rire voulu et sac-
40 cadé :

« Ah ! ah ! ah ! La droiture même ! Toutes les femmes sont la droiture même... et tous leurs maris sont cocus. Ah ! ah ! ah ! »

Sans répondre elle se leva, descendit vivement la
45 pente de galets, et, au risque de glisser, de tomber dans les trous cachés sous les herbes, de se casser la jambe ou le bras, elle s'en alla, courant presque, marchant à travers les mares, sans voir, tout droit devant elle, vers son autre fils.

50 En la voyant approcher, Jean lui cria :

« Eh bien ? maman, tu te décides ? »

Sans répondre elle lui saisit le bras comme pour lui dire : « Sauve-moi, défends-moi. »

Il vit son trouble et, très surpris : « Comme tu es
55 pâle ! Qu'est-ce que tu as ? »

Elle balbutia : « J'ai failli tomber, j'ai eu peur sur ces roches. »

Alors Jean la guida, la soutint, lui expliquant la pêche pour qu'elle y prît un intérêt. Mais comme
60 elle ne l'écoutait guère, et comme il éprouvait un be-soin violent de se confier à quelqu'un, il l'entraîna plus loin et, à voix basse :

« Devine ce que j'ai fait ?

— Mais... mais... je ne sais pas.

65   — Devine.

— Je ne... je ne sais pas.

— Eh bien, j'ai dit à Mme Rosémilly que je désirais l'épouser. »

PIERRE ET JEAN, *1888,*
chap. VI.

Guide de lecture
....

1. Comparer les rela-tions entre la mère et chacun de ses fils.

2. Étudier la composi-tion des deux spectacles enchâssés (Pierre et sa mère ; Jean et Mme Rosémilly).

3. Analyser et expliquer la cruauté de Pierre.

Le réel,
rien que le réel ?

Réalisme et naturalisme semblent avoir imprimé leur sceau à la prose du XIXᵉ siècle, considéré par de nombreux critiques comme le siècle d'or du roman français.

Prendre les faits de la nature

La chronique des débats, des victoires et des échecs du réalisme puis du naturalisme figure dans le *Journal* que les frères Goncourt, Edmond (1822-1896) et Jules (1830-1870), eux-mêmes romanciers, ont tenu de 1851 à 1870. Ils énoncent un certain nombre de principes que reprendront d'autres romanciers naturalistes après eux. Zola, par exemple, définit sa démarche : « Toute l'opération consiste à prendre les faits de la nature, puis à étudier le mécanisme des faits, en agissant sur eux par les modifications des circonstances et des milieux sans jamais s'écarter des lois de la nature » *(le Roman expérimental)*. L'observation du réel immédiat et contemporain de l'artiste prime donc tout.

Stendhal estimait déjà que le « roman est un miroir qui se promène sur une grande route. Tantôt il reflète à vos yeux l'azur des cieux, tantôt la fange des bourbiers de la route » *(le Rouge et le Noir)*. Balzac, un précurseur lui aussi, développait l'idée d'une description scientifique des phénomènes humains : chaque type humain correspondrait à un type animal et la société serait organisée comme la zoologie.

L'écrivain, dans cette démarche, doit s'effacer derrière son œuvre et la laisser parler sans intervenir personnellement : « L'artiste ne doit pas plus apparaître dans l'œuvre que Dieu dans la Création », estime Flaubert. Au théâtre aussi, le réalisme peut offrir un tableau des mœurs de l'époque. Labiche, même si l'aspect caricatural de ses personnages l'éloigne du réalisme pur, offre, dans ses vaudevilles (voir p. 338), un précieux documentaire sur son époque. Le portrait des individus permet de les intégrer à un milieu et, ainsi, de dresser un tableau général de la société.

Voir et faire voir

La description minutieuse des êtres et des objets (Balzac), l'attention portée aux « petits faits vrais » (Stendhal) sont essentielles. Maupassant estimait que l'écriture réaliste devait passer par l'observation concrète : « *Voir :* tout est là, et *voir juste* » (lettre de 1885). Par ce goût de l'observation, réalisme et naturalisme sont très liés à la peinture. Zola et ses amis (Maupassant, Huysmans, etc.) en particulier étaient des fervents de

Courbet (1819-1877), de Manet (1832-1883), qui fait le portrait de Nana, l'héroïne de Zola, de Degas (1834-1917), qui peint des cabarets décrits dans *l'Assommoir,* ou de Cézanne (1839-1906), qui sert de modèle au personnage de Claude dans *l'Œuvre* de Zola. Mais il s'agit de voir pour donner à voir.

Les écrivains naturalistes ont à cœur de faire connaître le monde à leurs lecteurs, que ce soit celui des exclus de la société (Balzac, Zola, Maupassant, Vallès) ou les pays lointains dans les romans de Jules Verne, même si ce dernier se fonde sur une documentation exclusivement livresque. La publication de leurs œuvres dans des journaux populaires (comme la publication des contes de Maupassant dans *Gil Blas, le Gaulois,* etc.) favorise du reste largement leur diffusion auprès d'un public de plus en plus vaste et varié. Si ces artistes affichent une grande compassion pour les bas-fonds, celle-ci ne relève pas d'un simple goût du pittoresque. Les naturalistes en effet sont des pessimistes : l'observation du réel en montre la vulgarité et la bêtise. C'est ce que veulent prouver Flaubert et Maupassant, qui ramenaient l'homme, malheureux pion sur l'échiquier du réel, manipulé par le déterminisme et l'hérédité, au niveau de l'animal le plus primitif. Huysmans (voir p. 309) résume cette constante pessimiste de la littérature naturaliste : « Seul le pire arrive » *(À vau-l'eau).* Vallès, dans sa trilogie qui fait la part belle à l'Histoire, décrit lui aussi l'incapacité de l'humanité à sortir de sa condition misérable.

Un mouvement paradoxal

Néanmoins, force est de constater que, loin d'être de purs rapports journalistiques, les récits des naturalistes contiennent des éléments qui seront développés par les symbolistes (voir p. 243). Baudelaire trouvait que tous les personnages de Balzac se ressemblaient ; c'est parce qu'ils étaient construits sur le modèle de Balzac lui-même. Lorsque Flaubert avoue : « Madame Bovary, c'est moi », il souligne aussi l'impossible distance entre le romancier et son sujet. L'émotion doit être exploitée par l'artiste pour rendre de manière plus sensible l'objectivité du compte rendu qu'il fait du réel : « Il faut que la réalité extérieure entre en nous à nous en faire crier, pour la bien reproduire », écrit encore Flaubert dans sa *Correspondance.* C'est aussi la raison pour laquelle l'autobiographie, que l'on croyait passée de mode depuis la période romantique, est très présente, de manière souvent indirecte il est vrai, chez Stendhal ou Maupassant.

En outre, le même Maupassant, considéré comme un écrivain réaliste, se démarque du mouvement en tenant en piètre estime le déterminisme qui était le mot clef de cette école ; pour lui, c'est le monstrueux hasard qui gouverne nos vies et aucune science ne peut en définir les lois.

Flaubert se mettra également en marge du réalisme, ne supportant pas d'être enfermé dans un carcan esthétique et revendiquant l'art de l'écriture pour soi et non plus dans la perspective de « faire réel ». À la fin de sa vie, il rêve de « faire un livre sur rien, un livre sans attache extérieure, qui se tiendrait de lui-même par la force interne de son style ». Et Zola lui-même, pourtant chef de file des naturalistes, est souvent un visionnaire, tout comme Jules Verne, dont les voyages, pourtant construits selon une stricte rationalité, sont qualifiés d'« extraordinaires ». Mallarmé (voir p. 291), poète symboliste, admire du reste Zola pour la poésie de ses descriptions. Enfin, les récits fantastiques de Maupassant (voir p. 312), dont les personnages sont en proie aux hallucinations les plus douloureuses, se rapprochent étrangement des récits supranaturalistes (voir p. 338) de la fin du siècle. Ce lien entre les naturalistes et une littérature épique ou fantastique explique peut-être l'itinéraire de Huysmans, qui, après avoir été naturaliste, a versé dans le mysticisme. La fin du naturalisme correspond à un désenchantement de la science, qui se révèle, comme la poésie ou la politique, incapable de sauver l'humanité. La méfiance que suscitent les théories médicales ou biologiques permet l'éclosion du mouvement symboliste.

Le symbolisme

Le symbolisme
et ses alentours

C omme tout mouvement littéraire, « l'Art
pour l'Art » et le symbolisme se définissent
à partir d'une radicalisation de certaines tendances précédentes et d'une réaction contre
d'autres options antérieures.

« L'Art pour l'Art »

L e romantisme avait cultivé un certain goût
pour le pittoresque et revendiquait l'originalité de l'individu. Cette exigence, qui supposait
un culte de la forme autant que du contenu, se
perpétue dans le mouvement de « l'Art pour
l'Art » (l'expression est de Victor Hugo), élaboré
par Théophile Gautier dès 1850. Contestant les
épanchements parfois impudiques des romantiques et leur tendance à s'engager dans des
combats politiques jugés trop terre à terre et in-
certains, Gautier, qui fut lui-même d'abord romantique (voir p. 256), affirme : « Tout ce qui est
utile est laid » (Préface de *Mademoiselle de Maupin*). Seul ce qui est inutile pour la société et le
monde matériel peut être alors qualifié de beau.
L'émotion, pour être décente, doit être contenue

dans des formes contraignantes qui témoignent de la puissance de l'artiste. Le poète est un artisan du vers : « Sculpte, lime, cisèle », dit encore Gautier, dans le poème « l'Art ».

En 1866, la revue *le Parnasse contemporain* réunit les adeptes de cette tendance poétique autour de Théophile Gautier et de Leconte de Lisle. Ce dernier, qui devient le chef de file des parnassiens et est, à ce titre, extrêmement préoccupé par la forme du poème, choisit ses thèmes dans un « ailleurs » éxotique ou mystique. Il privilégie ainsi des images resurgies de l'Antiquité ou importées de lointains horizons et utilise déjà ces images comme symboles, comme équivalences avec la réalité contemporaine.

Le symbolisme

Baudelaire, qui, comme Verlaine et le jeune Rimbaud, fait un temps partie des parnassiens, érige cette pratique en système. S'il reste fidèle aux exigences des formes poétiques figées (comme celles du sonnet), il en renouvelle le sens par le jeu de « correspondances », comme il les appelle, entre les différents éléments de l'univers. Ainsi Baudelaire s'attache à harmoniser émotion sincère et technique formelle afin de révéler la beauté. Le symbolisme s'oppose vigoureusement au naturalisme et à sa tentative de peindre fidèlement le réel. Sans être une école, ayant connu plusieurs appellations successives (le nom de

« symbolisme » lui a été donné par le poète Moréas en 1886), ce mouvement regroupe néanmoins des artistes autour d'un projet commun : percer les apparences matérielles des choses, mettre au jour l'Idée qui se cache derrière les objets et ainsi dévoiler la véritable nature du monde. Pour ce faire, peintres et écrivains se servent du symbole, objet ou fait qui, par association d'idées, évoque une vérité abstraite dissimulée derrière une réalité concrète.

L'écriture s'interroge alors sur l'âme de l'homme et sur sa nature spirituelle. Le courant supranaturaliste (voir p. 338), qui s'intéresse à l'inexplicable, à l'irrationnel, peut, en raison de ses aspirations mystiques, être rapproché du mouvement symboliste : Barbey d'Aurevilly et ses personnages « diaboliques », Villiers de L'Isle-Adam, qui fouille l'inconscient, et Huysmans, qui étudie les névroses de l'artiste, appartiennent à ce courant. En favorisant l'étude des sciences occultes et du spiritisme, les symbolistes se démarquent d'ailleurs de l'ordre politique extérieur. Ils se placent en marge de la société : Verlaine élabore le concept de « poète maudit », celui qui rompt totalement avec les normes sociales et ne se préoccupe plus que d'une éventuelle postérité littéraire.

Comme il l'avait été pour les parnassiens, le travail sur la langue et sur l'image est capital pour les poètes du mouvement symboliste. Verlaine, qui se défendait pourtant d'être symboliste

(« Symbolisme ? Connais pas ! Ce doit être un mot allemand ! »), travaille la musicalité des vers, comme, après lui, Mallarmé. Le chant du langage permet de mieux exprimer « l'Idée » et la collaboration des poètes symbolistes avec les musiciens de l'époque est exemplaire. Mais le symbolisme s'éteint peu à peu, étouffé par ses excès et relayé par le goût des artistes pour la modernité du XXe siècle naissant, siècle marqué par la technique et par la mondialisation des échanges.

BALZAC   *(1799-1850)*

Bien que n'appartenant pas au courant symboliste, cet auteur prolixe (voir p. 149) a écrit plusieurs ouvrages fantastiques et ésotériques où abondent les symboles.

LA PEAU DE CHAGRIN (1831).   Raphaël de Valentin achète à un antiquaire une peau de chagrin (peau de chèvre tannée de façon particulière), symbole de la vie, qui réalise les désirs de son propriétaire, mais rétrécit à chaque désir comblé.

L'intrigue illustre le principe qui, selon l'antiquaire, gouverne le monde : le conflit entre Vouloir et Pouvoir. Raphaël mène grand train puis, voyant la peau, donc sa vie, s'amenuiser, il renonce à tout désir, et même à son amour pour Pauline. Pourtant la passion l'emporte et le roman s'achève sur une mort tragique.

« Le désir qui dévorait toutes ses forces »

« **P**auline, belle image de ma belle vie, disons-nous adieu ! dit-il.

— Adieu ? répéta-t-elle d'un air surpris.

— Oui. Ceci est un talisman[1] qui accomplit mes
5   désirs, et représente ma vie. Vois ce qu'il m'en reste. Si tu me regardes encore, je vais mourir... »

---

1. Objet doté de pouvoirs magiques.

La jeune fille crut Valentin devenu fou, elle prit le talisman et alla chercher la lampe. Éclairée par la lueur vacillante qui se projetait également sur Raphaël et sur le talisman, elle examina très attentivement et le visage de son amant et la dernière parcelle de la peau magique. En voyant Pauline belle de terreur et d'amour, il ne fut plus maître de sa pensée : les souvenirs des scènes caressantes et des joies délirantes de sa passion triomphèrent dans son âme depuis longtemps endormie, et s'y réveillèrent comme un foyer mal éteint.

« Pauline, viens !... Pauline !... »

Un cri terrible sortit du gosier de la jeune fille, ses yeux se dilatèrent ; ses sourcils, violemment tirés par une douleur inouïe, s'écartèrent avec horreur, elle lisait dans les yeux de Raphaël un de ces désirs furieux, jadis sa gloire à elle ; mais, à mesure que grandissait ce désir, la peau, en se contractant, lui chatouillait la main. Sans réfléchir, elle s'enfuit dans le salon voisin, dont elle ferma la porte.

« Pauline ! Pauline ! cria le moribond en courant après elle, je t'aime, je t'adore, je te veux !... je te maudis, si tu ne m'ouvres ! je veux mourir à toi ! »

Par une force singulière, dernier éclat de vie, il jeta la porte à terre, et vit sa maîtresse à demi nue se roulant sur un canapé. Pauline avait tenté vainement de se déchirer le sein, et, pour se donner une prompte mort, elle cherchait à s'étrangler avec son châle.

« Si je meurs, il vivra ! » disait-elle en tâchant de serrer le nœud qu'elle avait fait.

Ses cheveux étaient épars, ses épaules nues, ses

vêtements en désordre, et, dans cette lutte avec la mort, les yeux en pleurs, le visage enflammé, se tor-
40 dant sous un horrible désespoir, elle présentait à Raphaël, ivre d'amour, mille beautés qui augmentèrent son délire ; il se jeta sur elle avec la légèreté d'un oiseau de proie, brisa le châle et voulut la prendre dans ses bras.

45 Le moribond chercha des paroles pour exprimer le désir qui dévorait toutes ses forces ; mais il ne trouva que les sons étranglés du râle dans sa poitrine, dont chaque respiration, creusée plus avant, semblait partir de ses entrailles. Enfin, ne pouvant
50 bientôt plus former de sons, il mordit Pauline au sein. Jonathas[1] se présenta, tout épouvanté des cris qu'il entendait, et tenta d'arracher à la jeune fille le cadavre sur lequel elle s'était accroupie dans un coin.

55 « Que demandez-vous ? dit-elle. Il est à moi, je l'ai tué, ne l'avais-je pas prédit. »

La Peau de chagrin, *1831,*
chap. III.

Guide de lecture
....

1. Comment se produit, dans cet extrait, un phénomène d'accélération.
2. Analyser les contrastes.

3. Étudier le symbolisme du talisman.

---

1. Serviteur de Raphaël.

BARBEY D'AUREVILLY *(1808-1889)*

....

UN DANDY DIABOLIQUE. Né dans le Cotentin, Jules Barbey d'Aurevilly est un aristocrate ruiné qui doit travailler pour vivre : il devient journaliste et romancier, mais ses débuts sont décevants. Son mépris pour le conformisme fait de lui un dandy (voir p. 338) ; il consacre même à cet art de vivre un essai : *Du dandysme et de George Brummel* (1845). De républicain il devient conservateur, défendant le monarchisme et le catholicisme le plus traditionaliste. Il méprise ses contemporains, mais reconnaît immédiatement le génie de Baudelaire. Critique d'art sévère, Barbey d'Aurevilly conteste le roman naturaliste, le trouvant trop restrictif. Pour sa part, il s'adonne plutôt à une écriture sombre et toujours contrastée, avec des œuvres peuplées de personnages sataniques (*l'Ensorcelée,* 1852 ; *Un prêtre marié,* 1865) et qui firent scandale à leur parution (comme le recueil de nouvelles *les Diaboliques,* 1874).

L'ENSORCELÉE (1852). Jeanne-Madelaine de Feuardent est mariée au fermier républicain Le Hardouey. Ensorcelée par un berger, elle s'éprend de Jehoël de la Croix-Jugan, chef chouan (insurgé royaliste en Bretagne et Vendée), défiguré par les républicains lors de la révolution de 1789, et devenu prêtre. Dévorée par cette passion non partagée, Jeanne mourra noyée sans que l'on puisse conclure à l'accident, au suicide ou au crime.

« Elle n'évita pas cet homme »

« **F**uyez cet homme, — lui avait-elle[1] dit pendant
quelque temps avec l'espèce d'égarement
qu'elle avait parfois et que Jeanne-Madelaine
croyait le résultat de son caractère ardemment ul-
5   céré[2] et de la solitude épouvantable de sa vie ; —
une voix m'avertit, la nuit, quand je ne dors pas, une
voix qui est la voix de Dlaïde[3], que si vous ne fuyez
pas cet homme il sera un jour votre destin. Ne dites
pas non, Jeanne de Feuardent ! Est-ce que la fille des
10   gentilshommes, ces nobles époux de la guerre, aurait peur de quelques blessures sur un front qui sait
les porter ? Vous n'êtes pas un de ces faibles cœurs
de femme éternellement tremblants devant des ci-
catrices et toujours prêts à s'évanouir dans une
15   vaine horreur. Non ! vous êtes une Feuardent ; vous
descendez d'une de ces races irlandaises, m'a dit
votre père, dans lesquelles on faisait baiser la pointe
d'une épée à l'enfant qui venait au monde, avant
même qu'il eût goûté au lait maternel. Non, ce ne
20   sont pas les coutures de l'acier sur un visage ouvert
par les balles qui pourraient vous empêcher, vous,
d'aimer Jehoël ! »

Jeanne ne la crut pas, ou la crut peut-être. Mais
elle n'évita pas cet homme, à qui elle attachait un

---

1. Clotilde Mauduit, dite la Clotte, ancienne courtisane, amie de la famille
de Jeanne.

2. Qui éprouve une violente amertume.

3. Jeune fille qui mourut d'amour pour Jehoël.

intérêt grandiose, idéal et passionné. Entre elle et lui il y avait, pour embellir cette face criblée, la tragédie de sa laideur même, le passé des ancêtres, le sang patricien[1] qui se reconnaissait et s'élançait pour se rejoindre, des sentiments et un langage qu'elle ne connaissait pas dans la modeste sphère où elle vivait, mais qu'elle avait toujours rêvés. Elle vint plus souvent chez la Clotte. Il y vint aussi, et, comme je l'ai dit, il la dévoua[2] à ses périlleux desseins. Ce fut alors que l'amour de Jeanne pour ce chef de guerre civile, grand à sa manière, comme ce Georges Cadoudal[3] (dont on parlait beaucoup à cette époque) l'était à la sienne, se creusa et s'envenima de douleur, de honte et de désespoir ; car, si le chef chouan avait un instant caché le prêtre, le prêtre reparut bien vite, sévère, glacé, imperturbable, le Jehoël enfin dont on pouvait dire ce que sainte Thérèse disait du Démon : « Le malheureux ! il n'aime pas ! » Les souffrances de Jeanne furent intolérables. Elle ne pouvait les confier qu'à la Clotte, qui lui avait prédit son malheur et raconté l'histoire de Dlaïde. C'était avec cette Paria[4] des mépris de toute une contrée qu'elle se dédommageait des impostures courageuses de sa fierté.

L'Ensorcelée, *1852,*
chap. x.

1. Noble.

2. La voua à ses projets, en fit son alliée.

3. Chef chouan (1771-1804) qui organisa aussi deux complots contre Bonaparte.

4. Personne écartée d'un groupe social qui la méprise.

Guide de lecture
....

I. Dans l'extrait qui
précède, étudier la
personnalité de Jehoël.
2. Comment s'exprime
en Jeanne la violence de

la passion ?
3. Quelle est la fonction
de la Clotte dans ce
récit ?

LES DIABOLIQUES (1874). Les six nouvelles qui
composent ce recueil sont saisies par la police dès leur
parution, pour leur violence et leur perversion morale.
Barbey prétend pourtant qu'il a décrit ces femmes possédées par le diable dans un but d'édification chrétienne. Dans la nouvelle intitulée « le Bonheur dans le
crime », Hauteclaire Stassin, maîtresse de Serlon de Savigny, empoisonne subtilement la comtesse de Savigny.
C'est ce couple criminel que rencontre ici le narrateur,
devant la cage d'une panthère.

« Panthère contre panthère »

Chose étrange ! dans le rapprochement de ce
beau couple, c'était la femme qui avait les
muscles, et l'homme qui avait les nerfs... Je ne la
voyais alors que de profil ; mais, le profil, c'est l'é-
cueil de la beauté ou son attestation la plus éclatante. Jamais, je crois, je n'en avais vu de plus pur et
de plus altier[1]. Quant à ses yeux, je n'en pouvais ju-

---

1. Orgueilleux.

ger, fixés qu'ils étaient sur la panthère, laquelle, sans
doute, en recevait une impression magnétique et
désagréable, car, immobile déjà, elle sembla s'enfoncer de plus en plus dans cette immobilité rigide, à
mesure que la femme, venue pour la voir, la regardait ; et — comme les chats à la lumière qui les
éblouit — sans que sa tête bougeât d'une ligne, sans
que la fine extrémité de sa moustache, seulement,
frémît, la panthère, après avoir clignoté quelque
temps, et comme n'en pouvant plus supporter davantage, rentra lentement, sous les coulisses tirées
de ses paupières, les deux étoiles vertes de ses regards. Elle se claquemurait.

« Eh ! eh ! panthère contre panthère, fit le docteur[1] à mon oreille ; — mais le satin est plus fort que
le velours. »

Le satin, c'était la femme, qui avait une robe de
cette étoffe miroitante — une robe à longue traîne.
Et il avait vu juste, le docteur ! Noire, souple, d'arti-
culation aussi puissante, aussi royale d'attitude, —
dans son espèce, d'une beauté égale, et d'un charme
encore plus inquiétant, — la femme, l'inconnue,
était comme une panthère humaine, dressée devant
la panthère animale qu'elle éclipsait ; et la bête venait de le sentir, sans doute, quand elle avait fermé
les yeux. Mais la femme — si c'en était une — ne se
contenta pas de ce triomphe. Elle manqua de générosité. Elle voulut que sa rivale la vît qui l'humiliait,
et rouvrît les yeux pour la voir. Aussi, défaisant sans

---

1. Qui accompagne le narrateur.

mot dire les douze boutons du gant violet qui mou-
lait son magnifique avant-bras, elle ôta ce gant, et,
passant audacieusement sa main entre les barreaux
de la cage, elle en fouetta le museau court de la panthère, qui ne fit qu'un mouvement... mais quel mouvement !... et d'un coup de dents, rapide comme
l'éclair !... Un cri partit du groupe où nous étions.
Nous avions cru le poignet emporté : ce n'était que
le gant. La panthère l'avait englouti. La formidable
bête outragée avait rouvert des yeux affreusement
dilatés, et ses naseaux froncés vibraient encore...

« Folle ! » dit l'homme, en saisissant ce beau poignet, qui venait d'échapper à la plus coupante des
morsures.

Vous savez comme parfois on dit : « Folle !... » Il le
dit ainsi ; et il le baisa, ce poignet, avec emporte-
ment.

Et, comme il était de notre côté, elle se retourna
de trois quarts pour le regarder baisant son poignet
nu, et je vis ses yeux, à elle... ces yeux qui fascinaient
des tigres, et qui étaient à présent fascinés par un
homme ; ses yeux, deux larges diamants noirs, taill-
lés pour toutes les fiertés de la vie, et qui n'expri-
maient plus en le regardant que toutes les adora-
tions de l'amour !

Ces yeux-là étaient et disaient tout un poème.
L'homme n'avait pas lâché le bras, qui avait dû sentir
l'haleine fiévreuse de la panthère, et le tenant replié
sur son cœur, il entraîna la femme dans la grande
allée du jardin, indifférent aux murmures et aux ac-

clamations du groupe populaire, — encore ému du danger que l'imprudente venait de courir, — et qu'il retraversa tranquillement.

LES DIABOLIQUES, *1874,*
« le Bonheur dans le crime ».

Guide de lecture

1. Analyser la composition de cet extrait.
2. Étudier le rapprochement entre la femme et la panthère.

3. Comment s'exprime l'intensité de la passion dans ce couple ?

THÉOPHILE GAUTIER *(1811-1872)*

....

LE GOÛT DE L'ART POUR L'ART. Venu à Paris de son Midi natal, Théophile Gautier se lie d'amitié avec Nerval. Il s'engage avec sa bonne humeur légendaire dans la bataille romantique et défend *Hernani* de Hugo, se faisant reconnaître à son gilet rouge, symbole de révolte. Devenu journaliste pour gagner sa vie, à partir de 1836, Gautier s'ennuie un peu, mais l'écriture lui procure une véritable jubilation. Ses voyages lui apportent aussi un salutaire dépaysement. Touriste infatigable, il parcourt l'Europe, une partie de l'Asie et l'Afrique du Nord. Sa fascination pour la beauté antique inspire ses écrits : *Arria Marcella* (1852), dont l'action se situe dans la Rome antique, par exemple, ou *le Roman de la momie* (1858), dans l'ancienne Égypte. Cependant c'est bien en France que se déroule l'intrigue de son roman picaresque, *le Capitaine Fracasse* (1863). Il termine sa vie, reconnu comme critique d'art et chef de file du mouvement de l'Art pour l'Art (voir p. 242). En effet, Gautier, dont Baudelaire disait qu'il avait « l'amour exclusif du Beau », voue un véritable culte à la perfection formelle : elle seule peut, selon lui, vaincre la mort. Il développe cette théorie dans la préface d'un roman, *Mademoiselle de Maupin* (1835), et l'applique dans sa poésie (*España,* 1845 ; *Émaux et Camées,* 1852). En même temps, il refuse l'engagement politique cher aux romantiques pour se consacrer au travail littéraire sur les formes, les couleurs, les matières, pratiquant une écriture ironique et railleuse, notamment dans ses contes fantastiques (*la Morte amoureuse*, 1836 ; *le Pied de momie*, 1840) et dans ses relations de voyage.

MADEMOISELLE DE MAUPIN (1835). Gautier romance avec esprit le destin fertile en aventures souvent invraisemblables de cette femme qui vécut au XVIIᵉ siècle. La Préface, qui défend l'inutilité apparente de l'art, fit scandale, en particulier auprès de la bourgeoisie, mais fut saluée par Hugo et Baudelaire.

« Tout ce qui est utile est laid »

Il y a deux sortes d'utilité et le sens de ce vocable n'est jamais que relatif. Ce qui est utile pour l'un ne l'est pas pour l'autre. Vous êtes savetier, je suis poète. — Il est utile pour moi que mon premier vers
5   rime avec mon second. — Un dictionnaire de rimes m'est d'une grande utilité ; vous n'en avez que faire pour carreler[1] une vieille paire de bottes, et il est juste de dire qu'un tranchet[2] ne me servirait pas à grand-chose pour faire une ode[3]. — Après cela, vous
10 objecterez qu'un savetier est bien au-dessus d'un poète, et que l'on se passe mieux de l'un que de l'autre. Sans prétendre rabaisser l'illustre profession de savetier, que j'honore à l'égal de la profession de

---

1. Ressemeler.
2. Lame plate sans manche pour couper le cuir.
3. Poème lyrique (voir p. 338).

monarque constitutionnel[1], j'avouerai humblement
que j'aimerais mieux avoir mon soulier décousu que
mon vers mal rimé, et que je me passerais plus volontiers de bottes que de poèmes. Ne sortant
presque jamais et marchant plus habilement par la
tête que par les pieds, j'use moins de chaussures
qu'un républicain vertueux qui ne fait que courir
d'un ministère à l'autre pour se faire jeter quelque
place.

Je sais qu'il y en a qui préfèrent les moulins aux
églises, et le pain du corps à celui de l'âme. À
ceux-là, je n'ai rien à leur dire. Ils méritent d'être
économistes dans ce monde, et aussi dans l'autre.

Y a-t-il quelque chose d'absolument utile sur
cette terre et dans cette vie où nous sommes ? D'a-
bord, il est très peu utile que nous soyons sur terre et
que nous vivions. Je défie le plus savant de la bande
de dire à quoi nous servons, si ce n'est à ne pas nous
abonner au *Constitutionnel*[2] ni à aucune espèce de
journal quelconque.

Ensuite, l'utilité de notre existence admise *a priori,*
quelles sont les choses réellement utiles pour la soutenir ? De la soupe et un morceau de viande deux
fois par jour, c'est tout ce qu'il faut pour se remplir le
ventre, dans la stricte acception du mot. L'homme, à
qui un cercueil de deux pieds de large sur six de long
suffit et au-delà après sa mort, n'a pas besoin dans

---

1. Roi qui gouverne avec une Chambre constitutionnelle, comme Louis-
Philippe à l'époque où Gautier écrit son roman.
2. Journal libéral.

sa vie de beaucoup plus de place. Un cube creux de sept à huit pieds dans tous les sens, avec un trou pour respirer, une seule alvéole de la ruche, il n'en faut pas plus pour le loger et empêcher qu'il ne lui pleuve sur le dos. Une couverture, roulée convenablement autour du corps, le défendra aussi bien et mieux contre le froid que le frac de Staub[1] le plus élégant et le mieux coupé.

Avec cela, il pourra subsister à la lettre. On dit bien qu'on peut vivre avec 25 sous par jour ; mais s'empêcher de mourir, ce n'est pas vivre ; et je ne vois pas en quoi une ville organisée utilitairement serait plus agréable à habiter que le Père-la-Chaise[2].

Rien de ce qui est beau n'est indispensable à la vie. On supprimerait les fleurs, le monde n'en souffrirait pas matériellement ; qui voudrait cependant qu'il n'y eût plus de fleurs ? Je renoncerais plutôt aux pommes de terre qu'aux roses, et je crois qu'il n'y a qu'un utilitaire au monde capable d'arracher une plate-bande de tulipes pour y planter des choux.

À quoi sert la beauté des femmes ? Pourvu qu'une femme soit médicalement bien conformée[3], en état de faire des enfants, elle sera toujours assez bonne pour des économistes.

À quoi bon la musique ? à quoi bon la peinture ? Qui aurait la folie de préférer Mozart à M. Carrel[4], et

---

1. Célèbre tailleur parisien. Le frac est un vêtement d'homme.

2. Cimetière parisien, orthographe actuelle : Père Lachaise.

3. Normalement bâtie.

4. Wolfgang Amadeus Mozart (1756-1791), compositeur autrichien ; Armand Carrel (1800-1836), membre du parti républicain.

Michel-Ange[1] à l'inventeur de la moutarde blanche ?

Il n'y a de vraiment beau que ce qui ne peut servir
70 à rien ; tout ce qui est utile est laid, car c'est l'expression de quelque besoin, et ceux de l'homme sont ignobles et dégoûtants, comme sa pauvre et infirme nature.

MADEMOISELLE DE MAUPIN, *1835,*
Préface.

---

1. Michel-Ange (1475-1564), peintre et sculpteur.

Guide de lecture
....

**1. Analyser les étapes
de la démonstration.
2. Comment s'exerce
l'ironie (voir p. 338) de
l'auteur (comparaisons,**

**fausses questions, etc.) ?
3. En quoi ce texte
est-il un manifeste de
l'Art pour l'Art ?**

LE PIED DE MOMIE (1840). Ce récit est l'un des contes
fantastiques écrits par Gautier. Ici, le narrateur achète
un pied de momie comme presse-papier. La nuit, la
princesse à qui il a appartenu vient le rechercher et emmène le jeune homme chez son père, Xithouros.

« La main pour le pied »

« L a princesse Hermonthis a retrouvé son pied ! »
Xithouros lui-même s'en émut :
Il souleva sa paupière appesantie, passa ses doigts

dans sa moustache, et laissa tomber sur moi son re-
5 gard chargé de siècles.

« Par Oms, chien des Enfers, et par Tmeï, fille du
Soleil et de la Vérité, voilà un brave et digne garçon », dit le Pharaon en étendant vers moi son
sceptre terminé par une fleur de lotus.

10 « Que veux-tu pour ta récompense ? »

Fort de cette audace que donnent les rêves, où
rien ne paraît impossible, je lui demandai la main
d'Hermonthis : la main pour le pied me paraissait
une récompense antithétique[1] d'assez bon goût.

15 Le Pharaon ouvrit tout grands ses yeux de verre,
surpris de ma plaisanterie et de ma demande.

« De quel pays es-tu et quel est ton âge ?

— Je suis Français, et j'ai vingt-sept ans, véné-
rable Pharaon.

20 — Vingt-sept ans ! et il veut épouser la princesse
Hermonthis, qui a trente siècles ! » s'écrièrent à la
fois tous les trônes et tous les cercles des nations.

Hermonthis seule ne parut pas trouver ma re-
quête inconvenante.

25 « Si tu avais seulement deux mille ans, reprit le
vieux roi, je t'accorderais bien volontiers la princesse ; mais la disproportion est trop forte, et puis il
faut à nos filles des maris qui durent, vous ne savez
plus vous conserver : les derniers qu'on a apportés il
30 y a quinze siècles à peine, ne sont plus qu'une pin-

---

1. En contraste.

cée de cendre ; regarde, ma chair est dure comme du basalte, mes os sont des barres d'acier.

« J'assisterai au dernier jour du monde avec le corps et la figure que j'avais de mon vivant ; ma fille
35 Hermonthis durera plus qu'une statue de bronze.

« Alors le Vent aura dispersé le dernier grain de ta poussière, et Isis elle-même, qui sut retrouver les morceaux d'Osiris, serait embarrassée de recomposer ton être.

40 « Regarde comme je suis vigoureux encore et comme mes bras tiennent bien », dit-il en me secouant la main à l'anglaise, de manière à me couper les doigts avec mes bagues.

Il me serra si fort que je m'éveillai, et j'aperçus
45 mon ami Alfred qui me tirait par le bras et me secouait pour me faire lever.

« Ah çà ! enragé dormeur, faudra-t-il te faire porter au milieu de la rue et te tirer un feu d'artifice aux oreilles ?

50 « Il est plus de midi, tu ne te rappelles donc pas que tu m'avais promis de venir me prendre pour aller voir les tableaux espagnols de M. Aguado ?

— Mon Dieu ! je n'y pensais plus, répondis-je en m'habillant ; nous allons y aller : j'ai la permission
55 ici sur mon bureau. »

Je m'avançai effectivement pour la prendre ; mais jugez de mon étonnement lorsqu'à la place du pied de momie que j'avais acheté la veille, je vis la petite figurine de pâte verte mise à sa place par la princesse
60 Hermonthis !

LE PIED DE MOMIE, *1840*.

Guide de lecture
....

1. Retrouver les arti-
culations du récit.
2. À quoi tient l'hu-
mour du texte ?
3. Étudier la place du
fantastique (voir p. 338)
dans cet extrait, et
notamment le rôle de la
conclusion.

ÉMAUX ET CAMÉES (1852). Gautier travailla pendant vingt ans à ce recueil de poèmes, illustration du désir de perfection formelle du poète et de son culte de la beauté, qui n'exclut cependant pas le sentiment.

Diamant du cœur

> Tout amoureux, de sa maîtresse,
> Sur son cœur ou dans son tiroir,
> Possède un gage qu'il caresse
> Aux jours de regret ou d'espoir.

5

> L'un d'une chevelure noire,
> Par un sourire encouragé,
> A pris une boucle que moire[1]
> Un reflet bleu d'aile de geai.

10

> L'autre a, sur un cou blanc qui ploie,
> Coupé par derrière un flocon
> Retors[2] et fin comme la soie
> Que l'on dévide du cocon.

---

1. Rend chatoyante.
2. Frisé ; désigne une boucle de cheveux.

Un troisième, au fond d'une boîte,
Reliquaire[1] du souvenir,
Cache un gant blanc, de forme étroite,
Où nulle main ne peut tenir.

Cet autre, pour s'en faire un charme[2],
Dans un sachet, d'un chiffre orné,
Coud des violettes de Parme,
Frais cadeau qu'on reprend fané.

Celui-ci baise la pantoufle
Que Cendrillon perdit un soir
Et celui-ci conserve un souffle
Dans la barbe[3] d'un masque noir.

Moi, je n'ai ni boucle lustrée,
Ni gant, ni bouquet, ni soulier,
Mais je garde, empreinte adorée
Une larme sur un papier :

Pure rosée, unique goutte,
D'un ciel d'azur tombée un jour,
Joyau sans prix, perle dissoute
Dans la coupe de mon amour

---

1. Boîte contenant les restes d'un saint ou des objets lui ayant appartenu.
2. Objet supposé exercer un pouvoir magique d'envoûtement.
3. Frange au bas d'un masque.

Et, pour moi, cette obscure tache
Reluit comme un écrin d'Ophyr[1],
35 Et du vélin[2] bleu se détache,
Diamant éclos d'un saphir.

Cette larme, qui fait ma joie,
Roula, trésor inespéré,
Sur un de mes vers qu'elle noie,
40 D'un œil qui n'a jamais pleuré !

ÉMAUX ET CAMÉES, *1852.*

Guide de lecture
....

1. Étudier la composition du poème.
2. Analyser le jeu des métaphores (voir p. 338) et des comparaisons.

3. Comment la forme du poème obéit-elle aux principes de l'Art pour l'Art ?

---

1. Pays d'Orient où Salomon envoyait chercher de l'or.
2. Papier très fin, à l'origine en peau de veau.

LECONTE DE LISLE
(1818-1894)

....

LE MAÎTRE PARNASSIEN. Né à la Réunion, Charles Marie Leconte, dit plus tard Leconte de Lisle vient en France pour étudier le droit. Il défend les doctrines humanitaires et utopistes (qui élaborent des systèmes politiques idéaux). Mais, déçu par la politique et désespéré par la vie, il se réfugie dans la poésie et la traduction d'œuvres grecques antiques. Leconte de Lisle est l'un des principaux écrivains de la revue *le Parnasse contemporain* (voir p. 243). Il privilégie des sujets éloignés du monde quotidien : l'exotisme géographique (*Poèmes barbares,* 1862-1878), ou l'Antiquité (*Poèmes antiques,* 1852-1874). Il s'impose des contraintes formelles extrêmes qui donnent force et beauté à ses textes, que Baudelaire admirait.

POÈMES BARBARES (1862-1878). Ce recueil, remanié par le poète pendant plus de quinze ans, évoque des scènes exotiques, souvent cruelles, symboliques du pessimisme de l'auteur, et se clôt sur l'image de la disparition prochaine de l'humanité.

Le rêve du jaguar

Sous les noirs acajous, les lianes en fleur,
Dans l'air lourd, immobile et saturé de mouches,
Pendent, et, s'enroulant en bas parmi les souches,

Bercent le perroquet splendide et querelleur,

5   L'araignée au dos jaune et les singes farouches.

C'est là que le tueur de bœufs et de chevaux,

Le long des vieux troncs morts à l'écorce moussue,

Sinistre et fatigué, revient à pas égaux.

Il va, frottant ses reins musculeux[1] qu'il bossue ;

10   Et, du mufle béant par la soif alourdi,

Un souffle rauque et bref, d'une brusque secousse,

Trouble les grands lézards, chauds des feux de midi,

Dont la fuite étincelle à travers l'herbe rousse.

En un creux du bois sombre interdit au soleil

15   Il s'affaisse, allongé sur quelque roche plate ;

D'un large coup de langue il se lustre la patte ;

Il cligne ses yeux d'or hébétés de sommeil ;

Et, dans l'illusion de ses forces inertes,

Faisant mouvoir sa queue et frissonner ses flancs,

20   Il rêve qu'au milieu des plantations vertes,

Il enfonce d'un bond ses ongles ruisselants

Dans la chair des taureaux effarés et beuglants.

POÈMES BARBARES, *1862-1878.*

Guide de lecture
··

1. Relever les éléments   **du poème est-il accordé**

d'exotisme (voir p. 338)   **aux mouvements**

2. Comment le rythme   **du fauve ?**

---

1. Tout en muscles qui dessinent, dans leur mouvement, des bosses sous la peau.

BAUDELAIRE   *(1821-1867)*

UNE EXISTENCE DE LABEUR.   La vie de Charles Baudelaire est d'abord marquée par sa révolte contre sa famille : tôt orphelin de père, le jeune homme supporte mal son nouveau beau-père, qui incarne pour lui l'ordre bourgeois autoritaire. En 1841, afin de l'éloigner du milieu d'artistes miséreux et d'originaux qu'il fréquente, sa famille le pousse à s'embarquer pour les tropiques. Il subit ce voyage comme un exil, mais il en gardera des images exotiques qui alimenteront sa poésie. De retour en France, amoureux de l'actrice Jeanne Duval, il mène une vie de dandy (voir p. 338) qui conduit sa famille à le priver de ses biens. Il s'engage brièvement dans les luttes politiques, qui le déçoivent ; c'est dans son travail littéraire que s'exprimera le mieux sa révolte contre la mesquinerie des hommes. Épris de l'actrice Marie Daubrun puis d'Apollonie Sabatier, Baudelaire termine pourtant sa vie avec Jeanne. Endetté, subissant les tourments d'une santé précaire qui le conduit à l'aphasie (perte de la parole) et à l'hémiplégie (paralysie de la moitié du corps), il meurt à quarante-six ans.

UN POÈTE DE LA MODERNITÉ.   Par réaction contre les romantiques, Baudelaire fréquente d'abord les parnassiens, mais se détourne bientôt de leur formalisme. Son recueil *les Fleurs du mal* lui vaut un procès lors de sa publication en 1857, pour immoralité (le poète y évoque des amours lesbiennes). L'ouvrage se divise en six sections qui traduisent les aspirations contraires de l'homme : « Spleen et Idéal », « Tableaux parisiens », « le Vin », « les Fleurs du mal » (amours interdites), « Révolte », « la Mort ».

« Tout est hiéroglyphe », dit Baudelaire, qui voit, dans la nature, des « correspondances » entre les symboles, les objets réels et les sens. Il considère la poésie comme le sommet de la connaissance humaine, la clef du monde et de la vérité, sans qu'il lui paraisse nécessaire d'en bouleverser les formes. À côté de son propre travail, le poète traduit les histoires d'Edgar Allan Poe (écrivain américain qui vécut de 1809 à 1849, auteur de poèmes et des *Histoires extraordinaires*). Il fournit régulièrement des articles de critique d'art : musique, peinture, littérature (*le Peintre de la vie moderne*, 1863 ; *l'Art romantique*, 1869, édition posthume). C'est chez les artistes de son temps qu'il trouve la naissance de la « modernité », conçue comme la conscience qu'a l'artiste de pouvoir tout exprimer, sans tenir compte des jugements esthétiques ou moraux de son époque. Son dernier recueil de poèmes en prose, *le Spleen de Paris*, est publié en 1869.

LES FLEURS DU MAL (1857). La première section de ce recueil de poèmes, « Spleen et Idéal » (le spleen est un mot anglais signifiant initialement « rate », puis « humeur mélancolique », « ennui »), est composée de textes sur la misère et l'angoisse de l'homme, qui ne peut réaliser son désir d'idéal. Le poète oscille entre les deux pôles du spleen et de l'idéal, mais le premier tend à l'emporter. Ce poème, « Correspondances », représente un moment d'Idéal.

Correspondances

La Nature est un temple où de vivants piliers
Laissent parfois sortir de confuses paroles ;
L'homme y passe à travers des forêts de symboles
Qui l'observent avec des regards familiers.

5   Comme de longs échos qui de loin se confondent
Dans une ténébreuse et profonde unité,
Vaste comme la nuit et comme la clarté,
Les parfums, les couleurs et les sons se répondent.

Il est des parfums frais comme des chairs d'enfants,
10 Doux comme les hautbois, verts comme les prairies,
— Et d'autres, corrompus, riches et triomphants,

Ayant l'expansion des choses infinies,
Comme l'ambre, le musc, le benjoin et l'encens [1],
Qui chantent les transports de l'esprit et des sens.

LES FLEURS DU MAL, *1857,*
Spleen et Idéal, IV.

Guide de lecture
....

1. Étudier le système
des correspondances.
2. Analyser les compa-
raisons et les méta-
phores (voir p. 338).

3. Montrer la dimen-
sion mystique (voir
p. 338) de cette vision.

---

1. Substances aromatiques d'origine animale (ambre, musc) ou végétale
(benjoin, encens).

« La Vie antérieure » évoque le souvenir d'un Idéal que
le poète aurait vécu dans une première existence : ce
texte se rattache au courant mystique de la croyance
en une réincarnation, mais fait surtout apparaître que
l'Idéal appartient moins à la vie réelle qu'au rêve.

La Vie antérieure

J'ai longtemps habité sous de vastes portiques
Que les soleils marins teignaient de mille feux,
Et que leurs grands piliers, droits et majestueux,
Rendaient pareils, le soir, aux grottes basaltiques[1].

5   Les houles, en roulant les images des cieux,
Mêlaient d'une façon solennelle et mystique
Les tout-puissants accords de leur riche musique
Aux couleurs du couchant reflété par mes yeux.

C'est là que j'ai vécu dans les voluptés calmes,
10   Au milieu de l'azur, des vagues, des splendeurs
Et des esclaves nus, tout imprégnés d'odeurs,

Qui me rafraîchissaient le front avec des palmes,
Et dont l'unique soin était d'approfondir
Le secret douloureux qui me faisait languir.

Les Fleurs du mal, *1857*,
Spleen et Idéal, XII.

---

1. Faites de basalte, une roche noire très dense.

1. Étudier la dimension imaginaire et métaphysique (voir p. 338) de cette « vie antérieure ».

2. Qu'est-ce qui fonde l'exotisme du poème ?
3. Montrer la fragilité de ce moment parfait.

Voici l'avant-dernier des neufs poèmes dédiés à Mme Sabatier, considérée par Baudelaire comme un « ange gardien » et qu'il a parée de vertus mystiques. Elle incarne la grâce et la fragilité de l'Idéal.

Harmonie du soir

Voici venir les temps où vibrant sur sa tige
Chaque fleur s'évapore ainsi qu'un encensoir[1] ;
Les sons et les parfums tournent dans l'air du soir ;
Valse mélancolique et langoureux vertige !

5   Chaque fleur s'évapore ainsi qu'un encensoir ;
Le violon frémit comme un cœur qu'on afflige ;
Valse mélancolique et langoureux vertige !
Le ciel est triste et beau comme un grand reposoir[2].

---

1. Cassolette contenant de l'encens.
2. Support en forme d'autel sur lequel le prêtre dépose le saint sacrement.

Le violon frémit comme un cœur qu'on afflige.

10 Un cœur tendre, qui hait le néant vaste et noir !
Le ciel est triste et beau comme un grand reposoir ;
Le soleil s'est noyé dans son sang qui se fige.

Un cœur tendre, qui hait le néant vaste et noir,
Du passé lumineux recueille tout vestige !
15 Le soleil s'est noyé dans son sang qui se fige...
Ton souvenir en moi luit comme un ostensoir[1] !

LES FLEURS DU MAL, *1857*,
Spleen et Idéal, XLVII.

_____

1. Pièce d'orfèvrerie religieuse qui contient l'hostie consacrée et exposée à l'adoration des fidèles.

Guide de lecture

....

1. Le texte adopte la forme du « pantoum », poème malais composé de quatrains à rimes croisées, dans lesquels le deuxième et le quatrième vers sont repris par le premier et le troisième vers de la strophe suivante, le dernier vers du poème reprenant en principe le vers initial. Étudier ici la construction du poème.

2. À quoi tient l'harmonie annoncée dans le titre ?

3. Analyser la portée mystique et religieuse du poème.

Quatre textes portent le titre « Spleen » et transcrivent les crises d'angoisse dont est saisi le poète, qui ressort de chaque lutte avec un sentiment de défaite et d'impuissance.

Spleen

Quand le ciel bas et lourd pèse comme un couvercle
Sur l'esprit gémissant en proie aux longs ennuis,
Et que de l'horizon embrassant tout le cercle
Il nous verse un jour noir plus triste que les nuits ;

5   Quand la terre est changée en un cachot humide,
Où l'Espérance, comme une chauve-souris,
S'en va battant les murs de son aile humide
Et se cognant la tête à des plafonds pourris ;

Quand la pluie étalant ses immenses traînées
10   D'une vaste prison imite les barreaux,
Et qu'un peuple muet d'infâmes araignées
Vient tendre ses filets au fond de nos cerveaux,

Des cloches tout à coup sautent avec furie
Et lancent vers le ciel un affreux hurlement,
15   Ainsi que des esprits errants et sans patrie
Qui se mettent à geindre opiniâtrement[1].

— Et de longs corbillards, sans tambours ni
                        [musique,
Défilent lentement dans mon âme ; l'Espoir,
Vaincu, pleure, et l'Angoisse atroce, despotique[2],
20   Sur mon crâne incliné plante son drapeau noir.

Les Fleurs du mal, *1857,*
Spleen et Idéal, LXXVIII.

---

1. Avec entêtement.
2. Tyrannique.

Guide de lecture
....

1. Établir et expliquer la structure grammaticale du texte.
2. Montrer l'inégalité des forces en présence.
3. D'après ce poème, définir le « spleen ».

Les femmes, dans l'œuvre de Baudelaire, sont tour à tour anges et démons, fascinantes et haïssables, mère et sœur. Dans la deuxième section du recueil, « Tableaux parisiens », l'anonyme passante incarne tout le mystère féminin.

À une passante

La rue assourdissante autour de moi hurlait.
Longue, mince, en grand deuil, douleur
　　　　　　　　　　[majestueuse,
Une femme passa, d'une main fastueuse[1]
Soulevant, balançant le feston[2] et l'ourlet ;

5　Agile et noble, avec sa jambe de statue.
Moi, je buvais, crispé comme un extravagant[3],
Dans son œil, ciel livide où germe l'ouragan,
La douceur qui fascine et le plaisir qui tue.

---

1. Qui évoque le luxe, et ici le raffinement.
2. Bordure dentelée.
3. Fou.

Un éclair... puis la nuit ! — Fugitive beauté
10   Dont le regard m'a fait soudainement renaître,
Ne te verrai-je plus que dans l'éternité ?

Ailleurs, bien loin d'ici ! trop tard ! *jamais* peut-être !
Car j'ignore où tu fuis, tu ne sais où je vais,
Ô toi que j'eusse aimée, ô toi qui le savais !

LES FLEURS DU MAL, *1857*,
Tableaux parisiens, XCIII.

Guide de lecture
....

1. **Comment les oppo-**
sitions structurent-elles
le texte ?
2. **À quels éléments**
tient la sensualité de
cette rencontre ?

3. **Quels symboles (voir**
p. 338) représente cette
passante ?

LE PEINTRE DE LA VIE MODERNE (1863).   Celui dont il
s'agit dans cette étude est Constantin Guys (1802-
1892), connu pour ses gravures de mode et ses aqua-
relles. Mais l'œuvre parle aussi des dandys qui « n'ont
pas d'autre état que de cultiver l'idée du beau dans leur
personne », des femmes, des voitures à cheval, des
militaires, etc., sous la forme de courts chapitres. Elle
contient enfin un éloge du maquillage.

Baudelaire y définit la « modernité », terme qu'il est
l'un des premiers à adopter comme concept esthétique.

« Tirer l'éternel du transitoire »

A insi il va, il court, il cherche. Que cherche-t-il ?
À coup sûr, cet homme, tel que je l'ai dépeint,
ce solitaire doué d'une imagination active, toujours
voyageant à travers *le grand désert d'hommes,* a un but
5 plus élevé que celui d'un pur flâneur, un but plus général, autre que le plaisir fugitif de la circonstance. Il
cherche ce quelque chose qu'on nous permettra
d'appeler la *modernité ;* car il ne se présente pas de
meilleur mot pour exprimer l'idée en question. Il
10 s'agit, pour lui, de dégager de la mode ce qu'elle
peut contenir de poétique dans l'historique, de tirer
l'éternel du transitoire. Si nous jetons un coup d'œil
sur nos expositions de tableaux modernes, nous
sommes frappés de la tendance générale des artistes
15 à habiller tous les sujets de costumes anciens.
Presque tous se servent des modes et des meubles
de la Renaissance, comme David[1] se servait des
modes et des meubles romains. Il y a cependant
cette différence, que David, ayant choisi des sujets
20 particulièrement grecs ou romains, ne pouvait pas
faire autrement que de les habiller à l'antique, tandis
que les peintres actuels, choisissant des sujets d'une
nature générale applicable à toutes les époques,
s'obstinent à les affubler des costumes du Moyen
25 Âge, de la Renaissance ou de l'Orient. C'est évidemment le signe d'une grande paresse ; car il est beaucoup plus commode de déclarer que tout est absolu-

---

1. Louis David, peintre (1748-1825).

ment laid dans l'habit d'une époque, que de
s'appliquer à en extraire la beauté mystérieuse qui y
30   peut être contenue, si minime ou si légère qu'elle
soit. La modernité, c'est le transitoire, le fugitif, le
contingent[1], la moitié de l'art, dont l'autre moitié est
l'éternel et l'immuable. Il y a eu une modernité pour
chaque peintre ancien ; la plupart des beaux por-
35   traits qui nous restent des temps antérieurs sont re-
vêtus des costumes de leur époque. Ils sont parfaitement harmonieux, parce que le costume, la coiffure
et même le geste, le regard et le sourire (chaque
époque a son port, son regard et son sourire) for-
40   ment un tout d'une complète vitalité. Cet élément
transitoire, fugitif, dont les métamorphoses sont si
fréquentes, vous n'avez pas le droit de le mépriser
ou de vous en passer. En le supprimant, vous tom-
bez forcément dans le vide d'une beauté abstraite et
45   indéfinissable, comme celle de l'unique femme
avant le premier péché. Si au costume de l'époque,
qui s'impose nécessairement, vous en substituez un
autre, vous faites un contresens qui ne peut avoir
d'excuse que dans le cas d'une mascarade voulue
50   par la mode. Ainsi, les déesses, les nymphes et les
sultanes du XVIIIe siècle sont des portraits *moralement*
ressemblants.

Le Peintre de la vie moderne, *1863,*
IV, « la Modernité ».

---

1. Ce qui n'est pas essentiel.

Guide de lecture
....

1. Montrer que la modernité suppose une recherche, un mouvement.

2. Analyser les exemples empruntés à la peinture.

3. Justifier la double nature de la modernité : éternelle et transitoire.

LE SPLEEN DE PARIS (publication posthume : 1869). Cette œuvre inachevée comporte cinquante poèmes en prose par lesquels le poète se proposait de rendre compte de la vie moderne. La thématique du voyage est très riche chez Baudelaire, avec son cortège d'images et de parfums exotiques, son pouvoir de rêve et de désillusion.

Dans *les Fleurs du mal,* le poète avait déjà célébré le pouvoir évocateur des cheveux féminins (« la Chevelure »), l'amour et l'exotisme se trouvant liés, comme souvent chez lui.

Un hémisphère dans une chevelure

L aisse-moi respirer longtemps, longtemps, l'odeur de tes cheveux, y plonger tout mon visage, comme un homme altéré dans l'eau d'une source, et les agiter avec ma main comme un mou-
5   choir odorant, pour secouer des souvenirs dans l'air.

Si tu pouvais savoir tout ce que je vois ! tout ce que je sens ! tout ce que j'entends dans tes cheveux ! Mon âme voyage sur le parfum comme l'âme des autres hommes sur la musique.

10 Tes cheveux contiennent tout un rêve, plein de voilures et de mâtures ; ils contiennent de grandes mers dont les moussons me portent vers de charmants climats, où l'espace est plus bleu et plus profond, où l'atmosphère est parfumée par les fruits, 15 par les feuilles et par la peau humaine.

Dans l'océan de ta chevelure, j'entrevois un port fourmillant de chants mélancoliques, d'hommes vigoureux de toutes nations et de navires de toutes formes découpant leurs architectures fines et 20 compliquées sur un ciel immense où se prélasse l'éternelle chaleur.

Dans les caresses de ta chevelure, je retrouve les langueurs des longues heures passées sur un divan, dans la chambre d'un beau navire, bercées par le 25 roulis imperceptible du port, entre les pots de fleurs et les gargoulettes[1] rafraîchissantes.

Dans l'ardent foyer de ta chevelure, je respire l'odeur du tabac mêlée à l'opium et au sucre ; dans la nuit de ta chevelure, je vois resplendir l'infini de 30 l'azur tropical ; sur les rivages duvetés de ta chevelure, je m'enivre des odeurs combinées du goudron, du musc[2] et de l'huile de coco.

---

1. Vases poreux dans lesquels les liquides se rafraîchissent par évaporation.

2. Goudron : produit huileux d'origine végétale à utilisation pharmaceutique. Musc : substance aromatique d'origine animale.

Laisse-moi mordre longtemps tes tresses lourdes et noires. Quand je mordille tes cheveux élastiques et rebelles, il me semble que je mange des souvenirs.

35

LE SPLEEN DE PARIS, *1869,*
XVII.

Guide de lecture
....

**1. Relever et classer
les perceptions
sensorielles.
2. Quelle est la fonction
de l'exotisme (voir
p. 338) dans le texte ?**

**3. Étudier le rythme
des phrases et montrer
qu'il s'agit bien d'un
« poème » en prose.**

De longueur et de ton inégaux, nombre des « proses poétiques » du recueil sont symboliques et vont au-delà des anecdotes ou des scènes évoquées.

Le Joujou du pauvre

Je veux donner l'idée d'un divertissement in-nocent. Il y a si peu d'amusements qui ne soient pas coupables ! Quand vous sortirez le matin avec l'intention décidée de flâner sur les grandes routes,

5 remplissez vos poches de petites inventions à un sol[1], — telles que le polichinelle plat, mû par un seul fil, les forgerons qui battent l'enclume, le cavalier et

---

1. Sou.

son cheval dont la queue est un sifflet, — et le long
des cabarets, au pied des arbres, faites-en hommage
10   aux enfants inconnus et pauvres que vous ren-
contrerez. Vous verrez leurs yeux s'agrandir déme-
surément. D'abord ils n'oseront pas prendre ; ils
douteront de leur bonheur. Puis leurs mains agrip-
peront vivement le cadeau, et ils s'enfuiront comme
15   font les chats qui vont manger loin ce que vous leur
avez donné, ayant appris à se défier de l'homme.

Sur une route, derrière la grille d'un vaste jardin
au bout duquel apparaissait la blancheur d'un joli
château frappé par le soleil, se tenait un enfant beau
20   et frais, habillé de ces vêtements de campagne si
pleins de coquetterie.

Le luxe, l'insouciance et le spectacle habituel de la
richesse rendent ces enfants-là si jolis, qu'on les
croirait faits d'une autre pâte que les enfants de la
25   médiocrité ou de la pauvreté.

À côté de lui, gisait sur l'herbe un joujou splendide, aussi frais que son maître, verni, doré, vêtu
d'une robe pourpre, et couvert de plumets et de ver-
roteries. Mais l'enfant ne s'occupait pas de son jou-
30   jou préféré, et voici ce qu'il regardait :

De l'autre côté de la grille, sur la route, entre les
chardons et les orties, il y avait un autre enfant, sale,
chétif, fuligineux[1], un de ces marmots-parias dont
un œil impartial découvrirait la beauté, si, comme
35   l'œil du connaisseur devine une peinture idéale sous

---

1. Couleur de suie.

un vernis de carrossier, il le nettoyait de la répu-
gnante patine de la misère.

À travers ces barreaux symboliques séparant deux
mondes, la grande route et le château, l'enfant
pauvre montrait à l'enfant riche son propre joujou,
que celui-ci examinait avidement comme un objet
rare et inconnu. Or, ce joujou, que le petit souillon[1]
agaçait, agitait et secouait dans une boîte grillée,
c'était un rat vivant ! Les parents, par économie sans
doute, avaient tiré le joujou de la vie elle-même.

Et les deux enfants se riaient l'un à l'autre frater-
nellement, avec des dents d'une *égale* blancheur.

Le Spleen de Paris, *1869*,
XIX.

Guide de lecture
....

1. Établir le plan du
texte.
2. Montrer les parallé-
lismes et les oppositions
entre les deux mondes.

3. Définir le statut du
narrateur (promeneur,
expérimentateur,
artiste, moraliste).

---

1. Malpropre.

VILLIERS DE L'ISLE-ADAM *(1838-1889)*

UN ARISTOCRATE DÉSABUSÉ. Auguste Villiers de l'Isle-Adam est né à Saint-Brieuc dans une famile noble ruinée. Blessé par des amours malheureuses, il peut en revanche compter sur le soutien de sa famille et de ses amis : les écrivains Baudelaire, Mallarmé et Charles Cros (1842-1888). Il collabore à différents journaux, mais ne rencontre pas le succès avec ses œuvres littéraires. Il reste toute sa vie obsédé par l'échec, se moque de la bourgeoisie et de son argent, et meurt pauvre. Villiers de l'Isle-Adam dénonce les prétentions de la science et défend l'idéalisme. Il écrit des poésies et surtout des contes, souvent fantastiques, et d'une ironie grinçante, où s'expriment l'âme et le rêve : *Contes cruels* (1883) et *Nouveaux Contes cruels* (1888). Son théâtre (*Axel,* publié en 1890) ne fut guère joué de son vivant et son roman d'anticipation (*l'Ève future,* 1886) a surpris ses premiers lecteurs sans vraiment leur plaire. Villiers aspire à un Absolu dont seul le monde des idées peut approcher.

CONTES CRUELS (1883). Le plus souvent symboliques, ces récits, où les personnages vivent dans d'étranges atmosphères contaminées par la présence de la mort, dénoncent les vices d'une fin de siècle qui ne croit pas assez aux pouvoirs spirituels. L'auteur y fait néanmoins preuve d'un certain humour. « Véra », le second conte du recueil, montre que le pouvoir de l'amour peut faire revivre une morte.

« Les Idées sont des êtres vivants ! »

A h ! Les Idées sont des êtres vivants !... Le comte avait creusé dans l'air la forme de son amour, et il fallait bien que ce vide fût comblé par le seul être qui lui était homogène[1], autrement l'Univers aurait croulé. L'impression passa, en ce moment, définitive, simple, absolue, qu'*Elle devait être là, dans la chambre !* Il en était aussi tranquillement certain que de sa propre existence, et toutes les choses, autour de lui, étaient saturées de cette conviction. On l'y voyait ! Et, *comme il ne manquait plus que Véra elle-même,* tangible, extérieure, *il fallut bien qu'elle s'y trouvât* et que le grand Songe de la Vie et de la Mort entrouvrît un moment ses portes infinies ! Le chemin de résurrection était envoyé par la foi jusqu'à elle ! Un frais éclat de rire musical éclaira de sa joie le lit nuptial ; le comte se retourna. Et là, devant ses yeux, faite de volonté et de souvenir, accoudée, fluide, sur l'oreiller de dentelles, sa main soutenant ses lourds cheveux noirs, sa bouche délicieusement entrouverte en un sourire tout emparadisé[2] de voluptés, belle à en mourir, enfin ! la comtesse Véra le regardait un peu endormie encore.

« Roger !... » dit-elle d'une voix lointaine.

Il vint auprès d'elle. Leurs lèvres s'unirent dans une joie divine, — oublieuse —, immortelle !

---

1. De même nature que lui.
2. Dans un état de bonheur comparable à celui qu'on éprouve au paradis.

Et ils s'aperçurent, *alors,* qu'ils n'étaient, réellement, qu'*un seul être.*

Les heures effleurèrent d'un vol étranger cette extase où se mêlaient, pour la première fois, la terre et
30 le ciel.

Tout à coup, le comte d'Athol tressaillit, comme frappé d'une réminiscence fatale.

« Ah ! maintenant, je me rappelle !... fit-il. Qu'ai-je donc ? — Mais tu es morte ! »

35 À l'instant même, à cette parole, la mystique veilleuse de l'iconostase [1] s'éteignit. Le pâle petit jour du matin, — d'un matin banal, grisâtre et pluvieux, — filtra dans la chambre par les interstices des rideaux. Les bougies blêmirent et s'éteignirent, laissant fu-
40 mer âcrement leurs mèches rouges ; le feu disparut sous une couche de cendres tièdes ; les fleurs se fanèrent et se desséchèrent en quelques moments ; le balancier de la pendule reprit graduellement son immobilité. La *certitude* de tous les objets s'envola su-
45 bitement. L'opale [2], morte, ne brillait plus ; les taches de sang s'étaient fanées aussi, sur la batiste [3], auprès d'elle ; et s'effaçant entre les bras désespérés qui voulaient en vain l'étreindre encore, l'ardente et blanche vision rentra dans l'air et s'y perdit. Un
50 faible soupir d'adieu, distinct, lointain, parvint jusqu'à l'âme de Roger. Le comte se dressa ; il venait de s'apercevoir qu'il était seul. Son rêve venait de se

---

1. Panneau portant une image pieuse.
2. Pierre fine à reflets irisés.
3. Toile de lin très fine.

dissoudre d'un seul coup ; il avait brisé le magnétique fil de sa trame radieuse avec une seule parole.
55 L'atmosphère était, maintenant, celle des défunts.

Comme ces larmes de verre, agrégées illogique-
ment, et cependant si solides qu'un coup de maillet
sur leur partie épaisse ne les briserait pas, mais qui
tombent en une subite et impalpable poussière si
60 l'on en casse l'extrémité plus fine que la pointe
d'une aiguille, tout s'était évanoui.

« Oh ! murmura-t-il, c'est donc fini ! — Perdue !...
Toute seule ! — Quelle est la route, maintenant,
pour parvenir jusqu'à toi ? Indique-moi le chemin
65 qui peut me conduire vers toi !... »

Soudain, comme une réponse, un objet brillant
tomba du lit nuptial, sur la noire fourrure, avec un
bruit métallique ; un rayon de l'affreux jour terrestre
l'éclaira !... L'abandonné se baissa, le saisit, et un
70 sourire sublime illumina son visage en reconnais-
sant cet objet : c'était la clef du tombeau.

Contes cruels, *1883*,
« *Véra* ».

Guide de lecture
....

1. **Analyser la composi-**
tion de cet extrait, et
expliquer sa chute.

2. **Relever les éléments**
morbides.

L'Ève future (1886).   Le savant lord Edison offre à lord
Ewald une « Andréide » construite sur le modèle physique de sa fiancée et pourvue d'une âme parfaite. Mais

la créature de la science, Hadaly, accède à une auto-
nomie sentimentale non prévue, et la fin sera tragique.

Dans cette œuvre, qui lui a coûté des années de travail, Villiers dénonce l'échec de la science et définit son
idéal féminin.

« Hélas ! si je pouvais vivre ! »

« Créateur doutant de ta créature, tu l'anéantis à
peine évoquée, avant d'avoir achevé ton ouvrage. Puis, te réfugiant dans un orgueil à la fois
traître et légitime, tu ne daigneras plaindre cette
5 ombre qu'avec un sourire.

« Cependant, pour l'usage que fait de la Vie celle
que je représente, était-ce donc la peine de m'en priver en sa faveur ? Femme, j'eusse été de celles que
l'on peut aimer sans honte : j'aurais su vieillir ! Je
10 suis plus que ne furent les humains avant qu'un Ti-
tan[1] n'eût dérobé le feu du ciel pour en doter ces
ingrats ! Moi, qui m'éteins, nul ne me rachètera du
Néant ! Il n'est plus de la terre celui qui eût bravé,
pour m'insuffler une âme, le bec de l'éternel vau-
15 tour ! Oh ! comme je fusse venue pleurer sur son
cœur avec les Océanides[2] ! — Adieu, toi qui
m'exiles. »

---

1. Prométhée déroba le feu aux dieux pour le donner aux hommes ; son
châtiment fut d'avoir le foie dévoré chaque jour par un vautour.

2. Filles de l'Océan formant le chœur dans *Prométhée enchaîné* d'Eschyle
(525-456 av. J.-C.).

En achevant ces paroles, Hadaly se leva, puis, après un profond soupir, marcha vers un arbre et, levant la main contre l'écorce, s'y appuya, regardant le parc illuminé par la lune.

Le pâle visage de l'incantatrice[1] resplendissait :

« Nuit, dit-elle avec une simplicité d'accent presque familière, c'est moi, la fille auguste des vivants, la fleur de Science et de Génie résultée d'une souffrance de six mille années. Reconnaissez dans mes yeux voilés votre insensible lumière, étoiles qui périrez demain ; — et vous âmes des vierges mortes avant le baiser nuptial, vous qui flottez, interdites, autour de ma présence, rassurez-vous ! Je suis l'être obscur dont la disparition ne vaut pas un souvenir de deuil. Mon sein infortuné n'est même pas digne d'être appelé stérile ! Au Néant sera laissé le charme de mes baisers solitaires ; au vent, mes paroles idéales ; mes amères caresses, l'ombre et la foudre les recevront, et l'éclair seul osera cueillir la fausse fleur de ma vaine virginité. Chassée, je m'en irai dans le désert sans Ismaël[2] ; et je serai pareille à ces oiselles tristes, captivées[3] par des enfants, et qui épuisent leur mélancolique maternité à couver la terre. Ô parc enchanté ! grands arbres qui sacrez mon humble front des reflets de vos ombrages ! Herbes charmantes où des étincelles de rosée s'allu-

---

1. Qui prononce des incantations, des prières.
2. Ismaël, fils d'Abraham et d'Agar, fut chassé dans le désert avec sa mère.
3. Emprisonnées.

ment et qui êtes plus que moi ! Eaux vives, dont les
45 pleurs ruissellent sur cette écume de neige, en clartés plus pures que les lueurs de mes larmes sur mon
visage ! Et vous, cieux d'Espérance, — hélas ! si je
pouvais vivre ! Si je possédais la vie ! Oh ! que c'est
bon de vivre ! Heureux ceux qui palpitent ! Ô Lu-
50 mière, te voir ! Murmures d'extase, vous entendre !
Amour, s'abîmer en tes joies ! Oh ! respirer, seulement une fois, pendant leur sommeil, ces jeunes
roses si belles ! Sentir seulement passer ce vent de la
nuit dans mes cheveux !... Pouvoir, seulement, mou-
55 rir ! » Hadaly se tordait les bras sous les étoiles.

L'Ève future, *1886,*
livre VI, chapitre x.

Guide de lecture
....

1. Relever les tournures
qui expriment le déses-
poir d'Hadaly.
2. Analyser le senti-
ment de révolte de
cette créature.

3. Quelle vision de
l'homme propose
le texte ?

MALLARMÉ   *(1842-1898)*

....

UN PROFESSEUR TRANQUILLE ET UN POÈTE PUR.   La mort
de sa mère et celle de sa sœur marquent l'enfance de
Stéphane Mallarmé. Ses études révèlent une passion
pour les langues : le poète enseignera l'anglais dès 1863,
mais son métier le déçoit. La vie elle-même paraît amère
à cet homme sensible qui reçoit chez lui Valéry, Claudel,
Debussy... et qui publie dix de ses poèmes en 1866 dans
le *Parnasse contemporain,* puis *Hérodiade* (1871) et
l'Après-midi d'un faune (1876), œuvres qui passent à peu
près inaperçues. Il lui faut attendre les jugements de Verlaine et de Huysmans pour connaître le succès. Il publie
alors *Poésies* (1887), *Divagations* (prose, 1897) et *Un
coup de dés jamais n'abolira le hasard* (1897).

D'abord disciple de Baudelaire, Mallarmé, qui travaille
et peaufine quelques vers par an seulement, considère
que la poésie n'a pas d'autre objet qu'elle-même. Ainsi,
Un coup de dés... premier mouvement d'une œuvre am-
bitieuse qui ne verra pas le jour, tente d'expliquer le
monde par les mots et non plus par les choses. Le poète
rêve du Livre parfait, « l'œuvre pure » dans laquelle il
n'existe plus que l'essence du réel. Le style de cette poésie se caractérise par la désarticulation du langage et par
la disposition typographique, qui devient essentielle,
comme pour marquer le silence ou l'échec.

HÉRODIADE (1871).   Mallarmé a retravaillé toute sa vie
ce poème en deux parties : « Scène » et « Cantique de
saint Jean ». Hérodiade (autrement appelée Salomé),

princesse juive de l'Antiquité, fit scandale par sa liaison
avec son oncle ; elle obtint la tête du prophète saint
Jean-Baptiste en récompense d'une danse. Elle est ici,
avec sa nourrice, devant le miroir de sa chambre.

« J'aime l'horreur d'être vierge »

Oui, c'est pour moi, pour moi, que je fleuris,
[déserte !
Vous le savez, jardins d'améthyste [1], enfouis
Sans fins dans de savants abîmes éblouis,
Ors ignorés, gardant votre antique lumière
5 Sous le sombre sommeil d'une terre première,
Vous pierres où mes yeux comme de purs bijoux
Empruntent leur clarté mélodieuse, et vous
Métaux qui donnez à ma jeune chevelure
Une splendeur fatale et sa massive allure !
10 Quant à toi, femme née en des siècles malins
Pour la méchanceté des antres sibyllins [2],
Qui parles d'un mortel ! selon qui, des calices
De mes robes, arôme aux farouches délices,
Sortirait le frisson blanc de ma nudité,
15 Prophétise que si le tiède azur d'été,
Vers lui nativement [3] la femme se dévoile,
Me voit dans ma pudeur grelottante d'étoile,

---

1. Pierre précieuse de couleur violette.
2. Grottes où prophétisaient les sibylles.
3. Par nature.

Je meurs !

J'aime l'horreur d'être vierge et je veux
Vivre parmi l'effroi que me font mes cheveux
20 Pour, le soir, retirée en ma couche, reptile
Inviolé sentir en la chair inutile
Le froid scintillement de ta pâle clarté,
Toi qui te meurs, toi qui brûles de chasteté,
Nuit blanche de glaçons et de neige cruelle !

25 Et ta sœur solitaire, ô ma sœur éternelle,
Mon rêve montera vers toi : telle déjà
Rare limpidité d'un cœur qui le songea,
Je me crois seule en ma monotone patrie
Et tout, autour de moi, vit dans l'idolâtrie
30 D'un miroir qui reflète en son calme dormant
Hérodiade au clair regard de diamant...
Ô charme dernier, oui ! je le sens, je suis seule.

HÉRODIADE, *1871,*
« Scène », vers 86 à 117.

Guide de lecture
....

1. **Analyser les senti-**   de la lumière.
ments d'**Hérodiade**   3. **Relever les**
devant son miroir.   contrastes entre froi-
2. **Étudier le champ**   deur et sensualité.
lexical (voir p. 338)

POÉSIES (1887).   Les trente-cinq poèmes de ce recueil
sont d'inspiration plutôt baudelairienne, notamment
par les thèmes (voyage, Idéal, horreur de la laideur,
etc.). Mallarmé y réfléchit à sa situation de poète, hanté
par la page blanche.

Brise marine

La chair est triste, hélas ! et j'ai lu tous les livres.
Fuir ! là-bas fuir ! je sens que des oiseaux sont ivres
D'être parmi l'écume inconnue et les cieux !
Rien, ni les vieux jardins reflétés par les yeux
5   Ne retiendra ce cœur qui dans la mer se trempe,
Ô nuits ! ni la clarté déserte de ma lampe !
Sur le vide papier que la blancheur défend,
Et ni la jeune femme allaitant son enfant[1],
Je partirai ! Steamer[2] balançant ta mâture,
10   Lève l'ancre pour une exotique nature !
Un Ennui, désolé par les cruels espoirs,
Croit encore à l'adieu suprême des mouchoirs !
Et, peut-être, les mâts, invitant les orages,
Sont-ils de ceux qu'un vent penche sur les
                          [naufrages
15   Perdus, sans mâts, sans mâts, ni fertiles îlots...
Mais, ô mon cœur, entends le chant des matelots !

POÉSIES, *1887.*

Guide de lecture
....

1. Analyser les opposi-
tions entre la vie quoti-
dienne et la vie rêvée.
2. Étudier la méta-
phore (voir p. 338) du
voyage pour décrire
l'inspiration poétique.

------

1. Mallarmé venait d'avoir un enfant.
2. Bateau à vapeur.

Les sonnets inclus dans le recueil *Poésies* témoignent du goût de Mallarmé pour la perfection formelle et une certaine difficulté qui exige du lecteur un effort accru.

« Le vierge, le vivace et le bel... »

Le vierge, le vivace et le bel aujourd'hui
Va-t-il nous déchirer avec un coup d'aile ivre
Ce lac dur oublié que hante sous le givre
Le transparent glacier des vols qui n'ont pas fui !

5 Un cygne d'autrefois se souvient que c'est lui
Magnifique mais qui sans espoir se délivre
Pour n'avoir pas chanté la région où vivre
Quand du stérile hiver a resplendi l'ennui.

Tout son col[1] secouera cette blanche agonie
10 Par l'espace infligée à l'oiseau qui le nie,
Mais non l'horreur du sol où le plumage est pris.

Fantôme qu'à ce lieu son pur éclat assigne,
Il s'immobilise au songe froid de mépris
Que vêt[2] parmi l'exil inutile le Cygne.

POÉSIES, *1887*.
« Plusieurs sonnets », II.

Guide de lecture
....

1. **Étudier la figure du cygne, symbole du poète.**

2. **Relever les éléments désignant l'inspiration et la création poétiques.**

---

1. Cou.
2. Revêt.

VERLAINE   *(1844-1896)*

....

ENTRE MYSTICISME ET DÉCHÉANCE. Enfant doué et gâté par sa mère, Paul Verlaine manifeste tôt une extrême sensibilité. Doué pour le dessin, il lit aussi beaucoup. Il gagne d'abord sa vie comme employé de mairie, et publie des critiques d'art. Son premier recueil de poésies, *Poèmes saturniens* (1866), est d'inspiration parnassienne, mais les deux suivants, *les Fêtes galantes* (1869) et *la Bonne Chanson* (1870), révèlent son originalité. Marié en 1870, il délaisse bientôt sa femme pour un adolescent génial : Rimbaud. Mais leurs relations tournent mal et Verlaine, dans un accès de folie, blesse son ami. C'est en prison qu'il opère une conversion religieuse ; c'est là également qu'il compose la majorité des poèmes réunis plus tard dans *Romances sans paroles* (1874) et *Sagesse* (1881).

Libéré, il vit quelques années sans troubles jusqu'à la mort de son jeune amant Lucien Létinois. La fin de sa vie sera alors marquée par un alcoolisme chronique et des scandales divers ; il sombre dans la misère. Pourtant, il publie encore : *Jadis et Naguère* (1884) ; des recueils religieux (*Amour,* 1888 ; *Bonheur,* 1891) ou érotiques (*Chansons pour elle,* 1891). Ses contemporains le reconnaissent alors comme un grand poète et ses amis se cotisent pour lui assurer une pension décente.

L'IMPRESSIONNISME POÉTIQUE. Verlaine est sans cesse à la recherche de la transposition en mots des sensations les plus intimes, des impressions visuelles et auditives. Sa poésie est marquée par cette recherche de la nuance qui se réalise dans des textes subtils, en demi-teintes.

Verlaine est le premier poète de cette époque qui utilise des vers impairs (au lieu des traditionnels vers pairs : octosyllabes ou alexandrins, par exemple), des césures (voir p. 338) non classiques ; il assouplit la versification pour rendre compte de la discordance légère entre rêve et réalité ou au contraire de l'harmonie des mots et des phrases.

Poèmes saturniens (1866). Ce premier recueil se place sous le signe de la planète maléfique : Saturne, dieu du Temps et de la Mélancolie. La première section, intitulée « Melancholia », est composée d'évocations de souvenirs ou de rêves.

Mon rêve familier

Je fais souvent ce rêve étrange et pénétrant
D'une femme inconnue, et que j'aime, et qui
                              [m'aime,
Et qui n'est, chaque fois, ni tout à fait la même
Ni tout à fait une autre, et m'aime et me comprend.

5   Car elle me comprend, et mon cœur, transparent
Pour elle seule, hélas ! cesse d'être un problème
Pour elle seule, et les moiteurs de mon front blême,
Elle seule les sait rafraîchir, en pleurant.

Est-elle brune, blonde ou rousse ? — Je l'ignore.

10 Son nom ? Je me souviens qu'il est doux et sonore
Comme ceux des aimés que la Vie exila.

Son regard est pareil au regard des statues,
Et, pour sa voix, lointaine, et calme, et grave, elle a
L'inflexion des voix chères qui se sont tues.

POÈMES SATURNIENS, *1866,*
« *Melancholia* », *VI.*

Guide de lecture
....

I. **Analyser ce portrait
féminin.**

2. Quels éléments

appartiennent au rêve ?
3. **Définir la dimension
nostalgique du poème.**

FÊTES GALANTES (1869).   Faisant référence à Watteau, peintre du XVIIIᵉ siècle qui illustra ce thème de la fête, Verlaine évoque des fêtes amoureuses apparemment sereines mais profondément mélancoliques, où se croisent des personnages masqués mais aussi des spectres.

Clair de lune

Votre âme est un paysage choisi
Que vont charmant masques et bergamasques [1]
Jouant du luth et dansant et quasi
Tristes sous leurs déguisements fantasques [2].

---

1. Habitants et danse de la ville de Bergame (Italie).
2. Fantaisistes, d'apparence bizarre.

5   Tout en chantant sur le mode mineur[1]
L'amour vainqueur et la vie opportune
Ils n'ont pas l'air de croire à leur bonheur
Et leur chanson se mêle au clair de lune,

Au calme clair de lune triste et beau,
10   Qui fait rêver les oiseaux dans les arbres
Et sangloter d'extase les jets d'eau,
Les grands jets d'eau sveltes parmi les marbres.

FÊTES GALANTES, *1869.*

---

1. Terme musical, en opposition au mode majeur.

Guide de lecture

1. **Définir l'atmosphère mélancolique de la fête.**
2. **En quoi ce poème est-il un hommage amoureux ?**

3. **Étudier le rythme de la syntaxe.**

ROMANCES SANS PAROLES (1874). Ces poèmes, composés par Verlaine lors de son emprisonnement, font explicitement appel à la musique, comme le confirme le titre de la section « Ariettes oubliées ». Chacun des neuf poèmes qui la composent tente de traduire les sensations les plus subtiles. L'ensemble du recueil est profondément lyrique et empreint de pudeur, ce qui explique peut-être qu'il ne connut le succès que lors de sa réimpression en 1887.

« Il pleure dans mon cœur »

Il pleure dans mon cœur
Comme il pleut sur la ville,
Quelle est cette langueur
Qui pénètre mon cœur ?

5 Ô bruit doux de la pluie
Par terre et sur les toits !
Pour un cœur qui s'ennuie,
Ô le chant de la pluie !

Il pleure sans raison
10 Dans ce cœur qui s'écœure.
Quoi ! nulle trahison ?...
Ce deuil est sans raison.

C'est bien la pire peine
De ne savoir pourquoi
15 Sans amour et sans haine
Mon cœur a tant de peine !

Romances sans paroles, *1874.*
« Ariettes oubliées », III.

Guide de lecture
···

**1. Étudier la musicalité
du texte (rythmes,
reprise de termes, etc.).
2. Expliquer les senti-
ments qu'éprouve le
poète vis-à-vis de sa
propre souffrance.**

SAGESSE (1881).   Dans ces textes composés pour la plupart en prison et qui témoignent de la conversion religieuse de Verlaine, le poète, éloigné de la vie des hommes, entame un dialogue avec lui-même, sans cependant y trouver la sérénité.

« Les faux beaux jours ont lui »

Les faux beaux jours ont lui tout le jour, ma pauvre
[âme,
Et les voici vibrer aux cuivres du couchant.
Ferme les yeux, pauvre âme, et rentre sur-le-
[champ :
Une tentation des pires[1]. Fuis l'infâme.

5   Ils ont lui tout le jour en longs grêlons de flamme,
Battant toute vendange aux collines, couchant
Toute moisson de la vallée, et ravageant
Le ciel tout bleu, le ciel chanteur qui te réclame.

Ô pâlis, et va-t'en, lente et joignant les mains.
10   Si ces hiers allaient manger nos beaux demains ?
Si la vieille folie était encore en route ?

Ces souvenirs, va-t-il falloir les retuer ?
Un assaut furieux, le suprême, sans doute !
Ô va prier contre l'orage, va prier.

SAGESSE, *1881,*
I, VII.

---

1. Une des pires tentations.

Guide de lecture
....

1. **Dans le poème qui précède, relever les oppositions ; quel sentiment expriment-elles ?**
2. **Étudier la métaphore (voir p. 338)**

de l'orage. **Que représente celui-ci ?**
3. **Définir le combat du poète contre les forces diaboliques.**

JADIS ET NAGUÈRE (1884). Ces poèmes marquent le retour de Verlaine vers des thèmes anciens, qu'il traite de manière composite. Le titre du recueil indique combien le poète refuse de considérer le présent qui lui pèse.

Pierrot

Ce n'est plus le rêveur lunaire du vieil air
Qui riait aux aïeux dans les dessus de porte ;
Sa gaîté, comme sa chandelle, hélas ! est morte,
Et son spectre aujourd'hui nous hante, mince et
[clair.

5 Et voici que parmi l'effroi d'un long éclair
Sa pâle blouse a l'air, au vent froid qui l'emporte,
D'un linceul, et sa bouche est béante, de sorte
Qu'il semble hurler sous les morsures du ver.

Avec le bruit d'un vol d'oiseaux de nuit qui passe,
10 Ses manches blanches font vaguement par l'espace
Des signes fous auxquels personne ne répond.

Ses yeux sont deux grands trous où rampe du
[phosphore[1]
Et la farine rend plus effroyable encore
Sa face exsangue[2] au nez pointu de moribond.

JADIS ET NAGUÈRE, *1884,*
« Jadis ».

---

1. Substance capable de devenir lumineuse dans l'obscurité.

2. Vidée de son sang.

Guide de lecture

1. Relever les attributs traditionnels du personnage de Pierrot : vêtements, gestes, visage...
2. En quoi Verlaine traite-t-il le thème de façon originale ?

3. Quels rapprochements peut-on opérer entre Pierrot et la représentation du poète ?

Plusieurs poèmes du recueil sont dédiés à des amis écrivains, tels Mallarmé ou Villiers de l'Isle-Adam. Écrit en prison en 1874, le manifeste poétique qui suit a été salué par les poètes contemporains de Verlaine comme un texte essentiel pour le mouvement symboliste qui aspirait à une plus grande liberté poétique. Mais Verlaine s'est défendu d'avoir écrit autre chose qu'une « chanson ». Il affirmera plus tard : « L'art, mes enfants, c'est d'être absolument soi-même. »

Art poétique

De la musique avant toute chose,
Et pour cela préfère l'Impair[1]
Plus vague et plus soluble dans l'air,
Sans rien en lui qui pèse ou qui pose.

5 Il faut aussi que tu n'ailles point
Choisir tes mots sans quelque méprise
Rien de plus cher que la chanson grise
Où l'Indécis au Précis se joint.

C'est des beaux yeux derrière des voiles,
10 C'est le grand jour tremblant de midi,
C'est, par un ciel d'automne attiédi,
Le bleu fouillis des claires étoiles !

Car nous voulons la Nuance encor,
Pas la Couleur, rien que la nuance !
15 Oh ! la nuance seule fiance[2]
Le rêve au rêve et la flûte au cor !

Fuis du plus loin la Pointe[3] assassine,
L'Esprit cruel et le Rire impur,
Qui font pleurer les yeux de l'Azur,
20 Et tout cet ail de basse cuisine !

---

1. Le vers comptant un nombre impair de syllabes.
2. Unit.
3. Trait d'esprit, jeu de mots, expression piquante, qui donne un tour vif au style.

Prends l'éloquence et tords-lui son cou !
Tu feras bien, en train d'énergie,
De rendre un peu la Rime assagie.
Si l'on n'y veille, elle ira jusqu'où ?

25 Ô qui dira les torts de la Rime ?
Quel enfant sourd ou quel nègre fou
Nous a forgé ce bijou d'un sou
Qui sonne creux et faux sous la lime ?

De la musique encore et toujours !
30 Que ton vers soit la chose envolée
Qu'on sent qui fuit d'une âme en allée
Vers d'autres cieux à d'autres amours.

Que ton vers soit la bonne aventure
Éparse au vent crispé du matin
35 Qui va fleurant la menthe et le thym...
Et tout le reste est littérature.

JADIS ET NAGUÈRE, *1884,*
« *Jadis* ».

Guide de lecture
....

I. Contre quelles
pratiques s'insurge
Verlaine ?
2. Quelles règles poé-
tiques propose le
texte ?

3. Dans quelle mesure
le poème applique-t-il
la théorie énoncée ?

LAUTRÉAMONT *(1846-1870)*

∙∙∙∙∙∙∙∙∙∙∙∙∙∙∙∙∙∙∙∙∙∙∙∙∙∙∙∙∙∙∙∙∙∙∙∙∙∙

UNE VIE BRÈVE, UNE ŒUVRE ÉTRANGE. Né à Montevideo (Uruguay), Isidore Ducasse fait ses études en France. Mais il les abandonne pour écrire *les Chants de Maldoror* (1869) et deux fragments d'essais (*Poésie I* et *II*, 1870), sous le pseudonyme de comte de Lautréamont. Il oscille entre le romantisme optimiste et l'ironie la plus désespérée. Il meurt de phtisie (tuberculose) à vingt-quatre ans.

LES CHANTS DE MALDOROR (1869). Cet ouvrage met en scène un personnage, Maldoror, d'abord homme, puis monstre, dont les métamorphoses sont éblouissantes. Le projet de l'auteur est de « peindre les délices de la cruauté » et l'œuvre étonne toujours par la diversité de ses formes. Les surréalistes, qui affirmeront au XXe siècle la supériorité des forces psychiques inconscientes sur la raison, voient en Lautréamont un précurseur de leur mouvement, notamment à cause des associations insolites dont il est l'auteur, telle « la rencontre fortuite sur une table de dissection d'une machine à coudre et d'un parapluie » (*les Chants de Maldoror,* VI).

Chacune des « strophes » du chant I évoque les activités de Maldoror dans un monde gouverné par la cruauté, comme l'explique le début : Maldoror goûte le sang d'un enfant mort, révère la prostitution, rend hommage aux hurlements des chiens ou, comme ici, à l'océan.

« Je te salue, vieil océan ! »

Vieil océan aux vagues de cristal, tu ressembles proportionnellement à ces marques azurées que l'on voit sur le dos meurtri des mousses ; tu es un immense bleu, appliqué sur le corps de la terre :
5 j'aime cette comparaison. Ainsi, à ton premier aspect, un souffle prolongé de tristesse, qu'on croirait être le murmure de ta brise suave, passe, en laissant des ineffaçables traces, sur l'âme profondément ébranlée, et tu rappelles au souvenir de tes amants,
10 sans qu'on s'en rende toujours compte, les rudes commencements de l'homme, où il fait connaissance avec la douleur, qui ne le quitte plus. Je te salue, vieil océan !

Vieil océan, ta forme harmonieusement sphé-
15 rique, qui réjouit la face grave de la géométrie ne me rappelle que trop les petits yeux de l'homme, pareils à ceux du sanglier pour la petitesse, et à ceux des oiseaux de nuit pour la perfection circulaire du contour. Cependant, l'homme s'est cru beau dans
20 tous les siècles. Moi, je suppose plutôt que l'homme ne croit à sa beauté que par amour-propre ; mais, qu'il n'est pas beau réellement et qu'il s'en doute ; car, pourquoi regarde-t-il la figure de son semblable avec tant de mépris. Je te salue, vieil océan !

25 Vieil océan, tu es le symbole de l'identité : toujours égal à toi-même. Tu ne varies pas d'une manière essentielle, et, si tes vagues sont quelque part en furie, plus loin, dans quelque autre zone, elles sont dans le calme le plus complet. Tu n'es pas

30 comme l'homme qui s'arrête dans la rue, pour voir
deux boule-dogues s'empoigner au cou, mais, qui
ne s'arrête pas, quand un enterrement passe ; qui est
ce matin accessible et ce soir de mauvaise humeur ;
qui rit aujourd'hui et pleure demain. Je te salue, vieil
35 océan !

Vieil océan, il n'y aurait rien d'impossible à ce que
tu caches dans ton sein de futures utilités pour
l'homme. Tu lui as déjà donné la baleine. Tu ne
laisses pas facilement deviner aux yeux avides des
40 sciences naturelles les mille secrets de ton intime organisation : tu es modeste. L'homme se vante sans
cesse, et pour des minutes. Je te salue, vieil océan !

Les Chants de Maldoror, *1869,*
I, 9.

Guide de lecture
••

**1. En quoi ce texte
est-il un hommage ?
2. Relever et analyser
les éléments de compa-
raison de l'océan avec
l'homme.**

**3. Comment le déses-
poir du poète se ma-
nifeste-t-il dans cet
extrait ?**

HUYSMANS   *(1848-1907)*

Du naturalisme au surnaturalisme.   D'origine hollandaise mais né en France, Joris-Karl Huysmans a toujours vécu célibataire dans le même quartier parisien. Ce fonctionnaire connaît une crise mystique : en 1891, il se convertit à une vie quasi monastique. Ami de Zola, il participe aux « soirées de Médan » (voir p. 134) et écrit d'abord des romans naturalistes (comme *les Sœurs Vatard*, 1879). Mais son roman surnaturaliste, *À rebours* (1884), privilégie le caractère supranaturel d'un certain nombre d'actions humaines et fait de lui le maître du spiritualisme décadent (le décadentisme étant un mouvement littéraire empreint de pessimisme et lié au symbolisme). Ses dernières œuvres, comme *En route*, (1895), et *la Cathédrale*, (1898), comme sont très marquées par le catholicisme.

À rebours (1884).   Jean des Esseintes se retire dans une maison encombrée d'objets rares. Il veut vivre « à rebours » (à l'envers), privilégiant des sensations raffinées. Il ruine sa santé, et la seule issue à ses névroses lui paraît être la foi.

« La science du flair »

Il sonna son domestique : « Vous ne sentez rien », dit-il ? L'autre renifla une prise d'air et déclara ne respirer aucune fleur : le doute ne pouvait exister ; la

névrose[1] revenait, une fois de plus, sous l'apparence
5 d'une nouvelle illusion des sens.

Fatigué par la ténacité de cet imaginaire arôme, il
résolut de se plonger dans des parfums véritables,
espérant que cette homéopathie nasale le guérirait
ou du moins qu'elle retarderait la poursuite de l'im-
10 portune frangipane[2].

Il se rendit dans son cabinet de toilette. Là, près
d'un ancien baptistère[3] qui lui servait de cuvette,
sous une longue glace en fer forgé, emprisonnant
ainsi que d'une margelle argentée de lune, l'eau
15 verte et comme morte du miroir, des bouteilles de
toute grandeur, de toute forme, s'étageaient sur des
rayons d'ivoire.

Il les plaça sur une table et les divisa en deux sé-
ries : celle des parfums simples, c'est-à-dire des ex-
20 traits ou des esprits, et celle des parfums composés,
désignée sous le terme générique de bouquets.

Il s'enfonça dans un fauteuil et se recueillit.

Il était, depuis des années, habile dans la science
du flair ; il pensait que l'odorat pouvait éprouver des
25 jouissances égales à celles de l'ouïe et de la vue,
chaque sens étant susceptible, par suite d'une disposition naturelle et d'une érudite culture, de perce-
voir des impressions nouvelles, de les décupler, de
les coordonner, d'en composer ce tout qui constitue

---

1. Trouble mental dont le malade est conscient.
2. Parfum évoquant celui du jasmin rouge utilisé surtout pour parfumer les peaux. Ici, il s'agit d'une hallucination olfactive.
3. Grande vasque où s'administre le baptême.

30 une œuvre ; et il n'était pas, en somme, plus anor-
mal qu'un art existât, en dégageant d'odorants
fluides, que d'autres, en détachant des ondes so-
nores, ou en frappant de rayons diversement colorés
la rétine d'un œil ; seulement, si personne ne peut
35 discerner, sans une intuition particulière développée
par l'étude, une peinture de grand maître d'une
croûte[1], un air de Beethoven d'un air de Clapisson[2],
personne, non plus, ne peut, sans une initiation
préalable, ne point confondre, au premier abord, un
40 bouquet créé par un sincère artiste, avec un pot-
pourri[3] fabriqué par un industriel, pour la vente des
épiceries et des bazars.

Dans cet art des parfums, un côté l'avait, entre
tous, séduit, celui de la précision factice[4].

À REBOURS, *1884,*
chap. X.

---

1. Mauvais tableau.

2. Ludwig van Beethoven, compositeur allemand (1770-1827) ; Clapisson, chansonnier français (1808-1866).

3. Mélange de fleurs séchées odorantes.

4. Artificielle.

MAUPASSANT   *(1850-1893)*

Maupassant (voir p. 225) est non seulement un écrivain naturaliste, mais aussi un conteur fasciné par les forces spirituelles inquiétantes.

LE HORLA (version de 1887).   Maupassant a écrit trois versions de cette nouvelle fantastique (voir p. 338). Celle-ci se présente comme le journal d'un homme en proie à une hallucination : sa vie est envahie par la présence d'un autre, son double. Il sombre peu à peu dans la folie et finit par se suicider.

« Je l'ai vu ! »

19 août — Je le tuerai. Je l'ai vu ! je me suis assis hier soir, à ma table ; et je fis semblant d'écrire avec une grande attention. Je savais bien qu'il viendrait rôder autour de moi, tout près, si près
5 que je pourrais peut-être le toucher, le saisir ? Et alors !... alors, j'aurais la force des désespérés ; j'aurais mes mains, mes genoux, ma poitrine, mon front, mes dents pour l'étrangler, l'écraser, le mordre, le déchirer.
10   Et je le guettais avec tous mes organes surexcités.

J'avais allumé mes deux lampes et les huit bougies de ma cheminée, comme si j'eusse pu, dans cette clarté, le découvrir.

En face de moi, mon lit, un vieux lit de chêne à colonnes ; à droite, ma cheminée ; à gauche, ma porte fermée avec soin, après l'avoir laissée long-temps ouverte, afin de l'attirer ; derrière moi, une très haute armoire à glace, qui me servait chaque jour pour me raser, pour m'habiller, et où j'avais coutume de me regarder, de la tête aux pieds, chaque fois que je passais devant.

Donc je faisais semblant d'écrire, pour le tromper, car il m'épiait lui aussi ; et soudain, je sentis, je fus certain qu'il lisait par-dessus mon épaule, qu'il était là, frôlant mon oreille.

Je me dressai, les mains tendues, en me tournant si vite que je faillis tomber. Eh bien ?... on y voyait comme en plein jour, et je ne me vis pas dans ma glace !... Elle était vide, claire, profonde, pleine de lumière ! Mon image n'était pas dedans... et j'étais en face, moi ! Je voyais le grand verre limpide du haut en bas. Et je regardais cela avec des yeux affo-lés ; et je n'osais plus avancer, je n'osais plus faire un mouvement, sentant bien pourtant qu'il était là, mais qu'il m'échapperait encore, lui dont le corps imperceptible avait dévoré mon reflet.

Comme j'eus peur ! Puis voilà que tout à coup je commençai à m'apercevoir dans une brume, au fond du miroir, dans une brume comme à travers une nappe d'eau ; et il me semblait que cette eau glissait à droite, lentement, rendant plus précise mon image, de seconde en seconde. C'était comme la fin d'une éclipse. Ce qui me cachait ne paraissait point posséder de contours nettement arrêtés, mais une

45 sorte de transparence opaque[1], s'éclaircissant peu à
peu.

Je pus enfin me distinguer complètement, ainsi
que je le fais chaque jour en me regardant.

Je l'avais vu ! L'épouvante m'en est restée, qui me
50 fait encore frissonner.

LE HORLA,
version de 1887.

Guide de lecture
....

**1. Comment la syntaxe
traduit-elle l'angoisse
du personnage ?
2. Étudier le champ
lexical (voir p. 338) de
la vue et expliquer son
importance.**

**3. Comment se crée ici
une atmosphère fantas-
tique (voir p. 338) ?**

1. Oxymore (voir p. 338) qui rend compte de l'étrange nature du horla.

RIMBAUD (1854-1891)

DE L'ADOLESCENT RÉVOLTÉ À L'AVENTURIER. Arthur Rimbaud, orphelin de père, né à Charleville, s'est très tôt révolté contre toutes les institutions. C'est un professeur qui l'encourage à écrire. Mais l'adolescent, écœuré par sa vie mesquine, fugue à trois reprises au moment de la guerre contre la Prusse. Très précoce, il écrit ses premiers textes dès 1868, regroupés dans ce qu'on appelle aujourd'hui le « Cahier de Douai » (1868-1870) et « Poésies » (1870-1871). En 1871, il peut gagner Paris sur l'invitation de Verlaine, en compagnie duquel il va mener une existence de poésie et de débauche, jusqu'au drame qui conduit Verlaine en prison pour avoir tiré sur son ami. Rimbaud, déçu par les êtres, par la poésie même, part à Londres avant de s'embarquer pour l'Afrique en 1880. Il y devient commerçant, trafiquant et regagne Marseille en 1891 pour y mourir, amputé d'une jambe.

LE « VOYANT ». Rimbaud écrit d'abord des poésies très formelles, dans le sillage du Parnasse, avant de considérer la poésie comme moyen de dénoncer le monde grâce au pouvoir des visions. Alors que ses poésies de jeunesse critiquent tous les abus de la société et de l'Église, *Une saison en enfer* (1873) transpose la crise vécue avec Verlaine et met au point une stratégie poétique nouvelle. Il s'agit de transcrire des hallucinations contrôlées, et d'accéder à la sainteté par la poésie. Les *Illuminations* (1874), elles, sont composées d'images

315

fulgurantes et étranges qui ont le caractère insolite des formules alchimiques.

« LE CAHIER DE DOUAI ».   Dans les premiers poèmes écrits par Rimbaud de 1868 à 1870 et réunis dans « le Cahier de Douai », on trouve deux courants : la fraîcheur des premières émotions adolescentes, et la révolte contre le Mal à l'œuvre dans le monde, à travers la guerre par exemple, dénoncée ici.

Le Dormeur du val

C'est un trou de verdure où chante une rivière
Accrochant follement aux herbes des haillons
D'argent ; où le soleil, de la montagne fière,
Luit : c'est un petit val qui mousse de rayons.

5 Un soldat jeune, bouche ouverte, tête nue,
Et la nuque baignant dans le frais cresson bleu,
Dort ; il est étendu dans l'herbe, sous la nue,
Pâle dans son lit vert où la lumière pleut.

Les pieds dans les glaïeuls, il dort. Souriant comme
10 Sourirait un enfant malade, il fait un somme :
Nature, berce-le chaudement : il a froid.

Les parfums ne font pas frissonner sa narine ;
Il dort dans le soleil, la main sur sa poitrine
Tranquille. Il a deux trous rouges au côté droit.

CAHIER DE DOUAI, *1868-1870.*

Guide de lecture
....

1. Étudier la représen-
tation de la nature.
2. Montrer comment le
texte progresse vers

l'inquiétant.
3. Analyser le rythme
des vers.

« Poésies » (1870-1871).   Soucieux d'associer, comme
Baudelaire, les sensations éprouvées, le monde réel et
celui de l'écriture, Rimbaud propose ici une audition
colorée des voyelles qui s'inscrit dans ce qu'il nomme
ailleurs « l'alchimie du verbe ».

Voyelles

A noir, E blanc, I rouge, U vert, O bleu : voyelles,
Je dirai quelque jour vos naissances latentes[1] :
A, noir corset velu des mouches éclatantes
Qui bombinent[2] autour des puanteurs cruelles,

5   Golfes d'ombre ; E, candeurs des vapeurs et des
[tentes,
Lances des glaciers fiers, rois blancs, frissons
[d'ombelles[3] ;
I, pourpres, sang craché, rire des lèvres belles
Dans la colère ou les ivresses pénitentes[4] ;

---

1. Cachées.
2. Néologisme qui signifie « bourdonner ».
3. Groupe de fleurs.
4. Qui se repentent.

U, cycles, vibrements divins des mers virides[1],
10   Paix des pâtis[2] semés d'animaux, paix des rides
Que l'alchimie imprime aux grands fronts studieux ;

Ô, suprême Clairon plein des strideurs[3] étranges,
Silences traversés des Mondes et des Anges
— O l'Oméga[4], rayon violet de Ses Yeux ! —

Poésies, 1870-1871.

---

1. Vertes. Signifie aussi fraîches et jeunes (latinisme).
2. Pâturages.
3. Bruits perçants.
4. Dernière lettre de l'alphabet grec.

Guide de lecture
....
1. Justifier l'ordre des voyelles.
2. Expliquer les images associées à chaque lettre.
3. Montrer que l'« alchimie » tient aussi à l'emploi d'un vocabulaire rare.

Composé à la fin de l'été 1871, le long texte qui suit était destiné à impressionner les poètes parisiens qui découvraient le jeune Rimbaud. Il s'agit du voyage hallucinatoire d'un navire qui, prenant la parole, décrit son aventure poétique.

Le Bateau ivre

Comme je descendais des Fleuves impassibles,
Je ne me sentis plus guidé par les haleurs[1] :
Des Peaux-Rouges criards les avaient pris pour cibles
Les ayant cloués nus aux poteaux de couleurs.

5 J'étais insoucieux[2] de tous les équipages,
Porteur de blés flamands ou de cotons anglais.
Quand avec mes haleurs ont fini ces tapages
Les Fleuves m'ont laissé descendre où je voulais.

Dans les clapotements furieux des marées
10 Moi, l'autre hiver plus sourd que les cerveaux
                                        [d'enfants,
Je courus ! Et les Péninsules démarrées[3]
N'ont pas subi tohu-bohu[4] plus triomphants.

La tempête a béni mes éveils maritimes.
Plus léger qu'un bouchon j'ai dansé sur les flots
15 Qu'on appelle rouleurs éternels de victimes,
Dix nuits, sans regretter l'œil niais des falots[5] !

---

1. Hommes qui tirent les bateaux le long des rives.
2. Indifférent à.
3. Qui ont largué les amarres.
4. Chaos primitif ; ici tumultes.
5. Lanternes sur les quais.

Plus douce qu'aux enfants la chair des pommes
[sures
L'eau verte pénétra ma coque de sapin
Et des taches de vins bleus et des vomissures
20 Me lava, dispersant gouvernail et grappin[1].

Et dès lors, je me suis baigné dans le Poème
De la Mer, infusé d'astres, et lactescent[2],
Dévorant les azurs verts ; où, flottaison blême
Et ravie, un noyé pensif parfois descend ;

25 Où, teignant tout à coup les bleuités[3], délires
Et rythmes lents sous les rutilements du jour,
Plus fortes que l'alcool, plus vastes que nos lyres
Fermentent les rousseurs amères de l'amour !

Je sais les cieux crevant en éclairs, et les trombes
30 Et les ressacs et les courants : je sais le soir,
L'Aube exaltée ainsi qu'un peuple de colombes
Et j'ai vu quelquefois ce que l'homme a cru voir !

Poésies, *1870-1871,*
« le Bateau ivre », strophes 1 à 8.

Guide de lecture
....

**1. Quel est le pouvoir
de l'aventure ?
2. En quoi le voyage
est-il aussi une aventure
poétique ?**

**3. Relever et justifier le
vocabulaire de l'halluci-
nation.**

---

1. Petite ancre.
2. Semblable à du lait.
3. Néologisme de Rimbaud.

ILLUMINATIONS (1874).   Les poèmes, pour l'essentiel en prose, qui composent ce recueil confinent à l'hallucination. Ils sont un appel, souvent obscur et mystérieux, à une poésie nouvelle dans un univers lui aussi renouvelé. Certains mettent en scène l'origine du monde (« Déluge »), des êtres (« Enfance »), ou des jours, comme cette « Aube » symbole d'innocence fragile.

Aube

J' ai embrassé l'aube d'été.
Rien ne bougeait encore au front des palais. L'eau était morte. Les camps d'ombres ne quittaient pas la route du bois. J'ai marché, réveillant les haleines
5   vives et tièdes, et les pierreries regardèrent, et les ailes se levèrent sans bruit.

La première entreprise[1] fut, dans le sentier déjà empli de frais et blêmes éclats, une fleur qui me dit son nom.

10   Je ris au wasserfall[2] blond qui s'échevela à travers les sapins : à la cime argentée je reconnus la déesse.

Alors je levai un à un les voiles. Dans l'allée, en agitant les bras. Par la plaine, où je l'ai dénoncée au coq. À la grand'ville elle fuyait parmi les clochers et
15   les dômes, et courant comme un mendiant sur les quais de marbre, je la chassais.

---

1. Participe passé : à qui je m'adressai.
2. Mot allemand, « cascade. »

En haut de la route, près d'un bois de lauriers, je l'ai entourée avec ses voiles amassés, et j'ai senti un peu son immense corps. L'aube et l'enfant tom-
20 bèrent au bas du bois.

Au réveil il était midi.

ILLUMINATIONS, *1874*.

Guide de lecture
....

**1. Quelle est la compo-
sition du texte ?**
**2. Analyser les rapports
entre l'enfant et l'aube.**

**3. À quoi tient la poésie
de ce texte en prose ?**

LETTRE À PAUL DEMENY (1871).   Cette lettre adressée à son ami (et mauvais poète !) Paul Demeny présente le programme poétique de Rimbaud : la révolution doit être poétique et linguistique.

« Le Poète se fait *voyant* »

L a première étude de l'homme qui veut être poète est sa propre connaissance entière ; il cherche son âme, il l'inspecte, il la tente, l'apprend. Dès qu'il la sait, il doit la cultiver ! Cela semble
5 simple : en tout cerveau s'accomplit un développe-
ment naturel ; tant *d'égoïstes*[1] se proclament au-

---

1. Simplement parce qu'ils expriment leur Moi apparent.

teurs ; il en est bien d'autres qui s'attribuent leur progrès intellectuel ! — Mais il s'agit de se faire l'âme monstrueuse : à l'instar des comprachicos[1], quoi ! Imaginez un homme s'implantant et se cultivant des verrues sur le visage.

Je dis qu'il faut être *voyant,* se faire *voyant.*

Le Poète se fait *voyant* par un long, immense et raisonné *dérèglement de tous les sens.* Toutes les formes d'amour, de souffrance, de folie ; il cherche lui-même, il épuise en lui tous les poisons, pour n'en garder que les quintessences[2]. Ineffable torture où il a besoin de toute la foi, de toute la force surhumaine, où il devient entre tous le grand malade, le grand criminel, le grand maudit — et le suprême Savant ! — Car il arrive *à l'inconnu !* Puisqu'il a cultivé son âme, déjà riche, plus qu'aucun ! Il arrive à l'inconnu, et quand, affolé, il finirait par perdre l'intelligence de ses visions, il les a vues ! Qu'il crève dans son bondissement par les choses inouïes et innommables : viendront d'autres horribles travailleurs : ils commenceront par les horizons où l'autre s'est affaissé ! [...][3]

Donc le poète est vraiment voleur de feu.

Il est chargé de l'humanité, des *animaux* même ; il devra faire sentir, palper, écouter ses inventions ; si ce qu'il apporte de *là-bas* a forme, il donne forme ; si

---

1. Voleurs d'enfants qui, par des mutilations, en faisaient des monstres.
2. Condensés où s'exprime l'essentiel de quelque chose, de la façon la plus pure.
3. Ici, Rimbaud insère un poème.

c'est informe, il donne l'informe. Trouver une langue. — Du reste, toute parole étant idée, le temps
35 d'un langage universel viendra ! Il faut être académicien, — plus mort qu'un fossile — pour parfaire un dictionnaire, de quelque langue que ce soit. Des faibles se mettraient à *penser* sur la première lettre de l'alphabet, qui pourraient vite ruer dans la folie !

40 Cette langue sera de l'âme pour l'âme, résumant tout, parfums, sons, couleurs, de la pensée accrochant la pensée et tirant. Le poète définirait la quantité d'inconnu s'éveillant en son temps dans l'âme universelle : il donnerait plus — que la formule de sa
45 pensée, que l'annotation *de sa marche au Progrès !* Énormité devenant norme, absorbée par tous, il serait vraiment *un multiplicateur de progrès !*

Lettre à Paul Demeny, *15 mai 1871.*

Guide de lecture
....

**1. En quoi consiste la
« voyance » ?**
**2. Quel est le rôle du
poète dans l'Histoire ?**

**3. Quelles seront les
caractéristiques de la
langue poétique ?**

LAFORGUE   *(1860-1887)*

·····································

UN EXILÉ, POÈTE DU MALHEUR.   Né en Uruguay, Jules Laforgue vient faire ses études en France. Mais sa mère meurt bientôt et son père le laisse seul. Il échoue trois fois au baccalauréat et mène une vie précaire jusqu'à ce qu'il obtienne, en 1881, le poste de lecteur de la princesse Augusta en Allemagne. Il peut alors publier ses œuvres. Lorsqu'il revient à Paris, il est marié à une jeune Anglaise atteinte de phtisie (tuberculose) et ses difficultés financières recommencent ; il meurt phtisique, à vingt-sept ans. Laforgue appartient au groupe des « décadents », terme inventé par Baudelaire et qui désigne des êtres déçus par la vie et faussement désinvoltes vis-à-vis d'elle. Sa poésie, empreinte de pessimisme, incarne le mal de cette fin de siècle sans illusions (*les Complaintes,* 1885 ; *Imitation de Notre-Dame la Lune,* 1886 ; *Derniers Vers,* publication posthume en 1890). Son œuvre se caractérise par ses libertés poétiques, son ton sarcastique, ses familiarités de langage, qui le rendent très moderne, tant dans sa poésie que dans ses nouvelles (*Moralités légendaires,* 1887).

LES COMPLAINTES (1885).   Sous la forme de chansons populaires, ces poèmes décrivent des destins malheureux ou pathétiques. Laforgue voile son désespoir de pudeur discrète ou d'ironie désabusée : le monde est pour lui un vaste néant. Le recueil a rencontré la sympathie des quelques lecteurs, fervents de Verlaine, Mallarmé ou Rimbaud, qui y ont eu accès.

Complainte d'un autre dimanche

C'était un très-au vent[1] d'octobre paysage,
Que découpe, aujourd'hui dimanche, la fenêtre,
Avec sa jalousie[2] en travers, hors d'usage,
Où sèche, depuis quand ! une paire de guêtres[3]
5 Tachant de deux mals blancs[4] ce glabre[5] paysage.

Un couchant mal bâti suppurant du livide ;
Le coin d'une buanderie aux tuiles sales ;
En plein, le Val-de-Grâce[6], comme un qui préside
Cinq arbres en proie à de mesquines rafales
10 Qui marbrent ce ciel crû[7] de bandages livides.

Puis les squelettes de glycines aux ficelles[8],
En proie à des rafales encor plus mesquines !
Ô lendemains de noce ! ô bribes de dentelles !
Montrent-elles assez la corde, ces glycines
15 Recroquevillant leur agonie aux ficelles !

---

1. Néologisme de Laforgue signifiant « excessivement venteux ».
2. Volet mobile.
3. Bandes de tissu ou de cuir qui recouvrent le haut des chaussures.
4. Inflammations ou infections superficielles des doigts.
5. Sans poils.
6. Ancienne abbaye parisienne devenue hôpital militaire.
7. Participe passé du verbe « croître ».
8. Plantes grimpantes, souvent fixées aux murs par des ficelles, aux fleurs odorantes mauves.

Ah ! qu'est-ce que je fais, ici, dans cette chambre !
Des vers. Et puis, après ? ô sordide limace !
Quoi ! la vie est unique, et toi, sous ce scaphandre,
Tu te racontes sans fin, et tu te ressasses !
20   Seras-tu donc toujours un qui garde la chambre ?

Ce fut un bien au vent[1] d'octobre paysage...

LES COMPLAINTES, 1885.

---

1. Très venteux (voir note 1, page précédente).

Guide de lecture
....

I. Analyser la syntaxe des phrases (ordre des mots, tournures exclamatives, interrogatives, etc.).

2. Étudier dans la description du paysage le travail du poète sur la fadeur.
3. Déterminer l'état d'esprit du narrateur.

DERNIERS VERS (publiés en 1890).   Réunis après la mort du poète, ces poèmes se veulent à l'image d'une vie fragile et marquée par le néant.

Méditation grisâtre

Sous le ciel pluvieux noyé de brumes sales,
Devant l'Océan blême, assis sur un îlot,
Seul, loin de tout, je songe au clapotis du flot,
Dans le concert hurlant des mourantes rafales.

5 Crinière échevelée ainsi que des cavales[1],
Les vagues se tordant arrivent au galop
Et croulent à mes pieds avec de longs sanglots
Qu'emporte la tourmente aux haleines brutales.

Partout le grand ciel gris, le brouillard et la mer,
10 Rien que l'affolement des vents balayant l'air.
Plus d'heures, plus d'humains, et solitaire, morne,

Je reste là, perdu dans l'horizon lointain
Et songe que l'Espace est sans borne, sans borne,
Et que le Temps n'aura jamais... jamais de fin.

DERNIERS VERS, *1890.*

Guide de lecture
....

1. **Analyser les termes appartenant au champ lexical (voir p. 338) de la mer.**
2. **Qu'apporte la comparaison avec des animaux ?**
3. **Étudier l'évolution de la position (physique, puis morale) du poète.**

---

1. Juments de race.

MAETERLINCK *(1862-1949)*

Du symbolisme mélancolique à la sérénité. Né à Gand (Belgique), Maurice Maeterlinck renonce à la profession d'avocat pour écrire ; il publie d'abord des œuvres symbolistes empreintes de mélancolie et d'étrangeté, comme le recueil poétique *les Serres chaudes* (1889) ou le drame *Pelléas et Mélisande* (1892). Puis il trouve une certaine sérénité dans des essais philosophiques (*la Sagesse et la destinée,* 1898) et métaphysiques peu conformes au catholicisme officiel. Il obtient le prix Nobel en 1911 et continue à écrire jusqu'à la Seconde Guerre mondiale.

Pelléas et Mélisande. C'est Debussy (1862-1918) qui, en le mettant en musique, a fait connaître ce drame symboliste plein de délicate poésie. Mélisande, recueillie par le vieux Golaud, éprouve une passion partagée pour Pelléas, le demi-frère de celui-ci. Golaud, jaloux de cet amour, tue Pelléas et provoquera le suicide de Mélisande. Dans cet extrait, la nuit tombe et Pelléas, qui doit partir, vient dire au revoir à Mélisande penchée à sa fenêtre.

« Mes cheveux descendent de la tour ! »

PELLÉAS.   Mes lèvres ne peuvent pas atteindre ta main...

MÉLISANDE.   Je ne puis pas me pencher davantage... je suis sur le point de tomber... — Oh ! oh ! mes che-

₅ veux descendent de la tour !... *(Sa chevelure se ré-
vulse[1] tout à coup, tandis qu'elle se penche ainsi, et
inonde Pelléas.)*

PELLÉAS. Oh ! oh ! qu'est-ce que c'est ?... Tes cheveux, tes cheveux descendent vers moi !... Toute ta
₁₀ chevelure, Mélisande, toute ta chevelure est tombée
de la tour !... je la tiens dans les mains, je la touche
des lèvres... je la tiens dans les bras, je la mets autour
de mon cou... je n'ouvrirai plus les mains cette
nuit...

₁₅ MÉLISANDE. Laisse-moi ! laisse-moi !... Tu vas me
faire tomber !...

PELLÉAS. Non, non, non ;... je n'ai jamais vu de cheveux comme les tiens, Mélisande !... Vois, vois ; ils
viennent de si haut et m'inondent jusqu'au cœur...
₂₀ Ils sont tièdes et doux comme s'ils tombaient du
ciel !... je ne vois plus le ciel à travers tes cheveux et
leur belle lumière me cache sa lumière !... Regarde,
regarde donc, mes mains ne peuvent plus les contenir... Ils me fuient, ils me fuient jusqu'aux branches
₂₅ du saule... Ils s'échappent de toutes parts... Ils tres-
saillent, ils s'agitent, ils palpitent dans mes mains
comme des oiseaux d'or ; et ils m'aiment, ils m'aiment mille fois mieux que toi !...

MÉLISANDE. Laisse-moi, laisse-moi, quelqu'un
₃₀ pourrait venir.

PELLÉAS. Non, non, non ; je ne te délivre pas cette
nuit... Tu es ma prisonnière cette nuit ; toute la nuit,
toute la nuit...

---

1. Se retourne.

MÉLISANDE.   Pelléas ! Pelléas !...

35 PELLÉAS.   Tu ne t'en iras plus... Je t'embrasse tout
entière en baisant tes cheveux, et je ne souffre plus
au milieu de leurs flammes... Entends-tu mes baisers ?... Ils s'élèvent le long des mille mailles d'or... Il
faut que chacune d'elles t'en apporte un millier ; et
40 en retienne autant pour t'embrasser encore quand je
n'y serai plus... Tu vois, tu vois, je puis ouvrir les
mains... Tu vois, j'ai les mains libres et tu ne peux
m'abandonner.

PELLÉAS ET MÉLISANDE, *1892,*
acte III, scène 2.

Guide de lecture

1. Étudier la symbo-
lique de la chevelure.
2. Comment définir
la passion qui unit
les personnages ?

3. À quoi tient la poésie
du texte ?

Symbolisme
et symbolistes

Le symbolisme est moins un mouvement littéraire unifié que le courant créatif représenté par une pluralité d'artistes épris de sens
dans un monde qui ne leur en offrait guère. La
définition même du mot n'a jamais été parfaitement claire : « cela peut vouloir dire : individualisme en littérature, liberté de l'art, abandon des
formules enseignées, tendance vers ce qui est
nouveau, étrange et même bizarre ; cela peut
vouloir dire aussi : idéalisme, dédain de l'anec-
dote sociale, antinaturalisme » (Remy de Gour-
mont, *le Livre des masques,* 1896).

Le refus du positivisme

À l'inverse des naturalistes prônant l'observation minutieuse du réel, les symbolistes
se sont tournés vers l'idéalisme, préférant la
beauté et une harmonie du monde rêvé, substi-
tuant « à la réalité le rêve de cette réalité » (Huysmans). Le dandysme (voir p. 338) de Baudelaire
et de Barbey d'Aurevilly porte témoignage de
cette tendance : en faisant de leur propre vie une
œuvre d'art, ils se retiraient du commun des mor-

tels. De la même façon, la vie de bohème menée par Verlaine ou par Rimbaud a été une mise à l'écart volontaire de la foule. Aux prétentions de la science — dont ils pensent, tel Villiers de L'Isle-Adam, qu'elles abaissent l'homme —, les artistes symbolistes opposent l'élévation spirituelle, voire le mysticisme.

Huysmans crée ainsi un héros qui vit « à rebours » du monde et cultive une névrose dans la recherche éperdue du salut de son âme ; Verlaine connaît, lors de son séjour en prison, une crise religieuse qui le bouleverse ; Barbey d'Aurevilly, avec ses héroïnes possédées par le diable ou ses personnages de prêtres inquiétants, met l'accent sur les forces spirituelles à l'œuvre dans le monde. Les contes fantastiques de Maupassant, qui suivent la voie exploitée par Balzac dans la première moitié du siècle, relèvent également de cette démarche.

Déçus par le présent, les artistes vont rechercher dans d'autres époques un âge d'or de l'esprit. Ce sera pour certains un passé relativement proche : ainsi Verlaine emprunte au XVIIIe siècle ses fêtes galantes, Barbey d'Aurevilly fait l'éloge de l'Ancien Régime. Pour d'autres, c'est la lointaine Antiquité : Gautier, dont la fantaisie s'exerce dans l'Égypte ancienne, ou Leconte de Lisle, fervent admirateur de la statuaire grecque. En peinture, Moreau (1826-1898), Khnopff (1858-1921) ou Böcklin (1827-1901) ont traité, eux aussi, des thèmes empruntés à la Bible ou aux textes de la Grèce antique. « Pour faire neuf, affirme Gauguin, il faut remonter aux sources, à l'humanité en enfance. » C'est ainsi que l'histoire de Salomé (Hérodiade) est largement exploitée en peinture (Moreau, par exemple) et en littérature (Mallarmé).

Pour Lautréamont, qui déchire l'homme à belles dents, pour Laforgue, qui se sent étranger sur terre et se considère comme un « pierrot lunaire », ou pour Villiers de L'Isle-Adam, qui crée l'« Ève future », il n'est plus question d'époques définies, mais d'un refus du temps historique et humain. La fascination qu'exercent les lointains géographiques sur des artistes comme Baudelaire ou Leconte de Lisle participe de ce même mouvement de refus du réel.

« Donner un sens plus pur aux mots de la tribu »

La préoccupation essentielle des symbolistes, qui se méfient du réel jugé trop triste et bassement matériel, est sans doute celle du langage, seul capable d'exprimer les Idées. Mais il est encombré des usages qu'en ont fait les hommes, qui l'ont affaibli et détourné de sa puissance première.

Mallarmé, en particulier, rêve de l'« œuvre pure » et se met en quête d'une expression idéale. Il aspire à « donner un sens plus pur aux mots de la tribu » (« le Tombeau d'Edgar Poe »), à retrouver au-delà de l'usure des mots leur signification originelle. Et, dans cette exigence de pureté, il devient le poète du silence, comme Verlaine est celui de la fadeur. Car le langage pur se dispense finalement des mots et se désincarne. Rimbaud, avec des moyens radicalement opposés, tendait lui aussi à court-circuiter les lourdeurs de la langue, à la rénover en l'utilisant de manière détournée. Sa démarche, par des juxtapositions d'images insolites, par une « alchimie du verbe » comme il la nomme lui-même, est à rapprocher de celle de Lautréamont. Les recherches verbales des symbolistes sont caractéristiques de ce mouvement littéraire.

L'extrême richesse du vocabulaire esthétique de Des Esseintes (le héros de *À rebours* de Huysmans) par exemple, ou le choix de mots rares ou empruntés à l'ésotérisme (voir p. 338) chez Villiers de L'Isle-Adam illustrent cette dimension linguistique.

« De la musique avant toute chose »

Le rapport très privilégié des poètes avec la matière même du langage explique les liens qu'ils ont noués à cette époque avec les musiciens. Fauré (1845-1924) met en musique Verlaine ; Debussy (1862-1918) écrit son seul opéra sur un livret de Maeterlinck, il compose différentes musiques pour des poèmes de Baudelaire et illustre orchestralement *l'Après-midi d'un faune* de Mallarmé. Baudelaire, Gautier, Villiers de L'Isle-Adam et Mallarmé ont écrit avec enthousiasme sur Wagner (1813-1883), qui renouvelait l'opéra dont il voulait faire « l'art total », à la fois théâtre, musique et poésie. La qualité de la musique à rendre compte, mieux que d'autres arts sans doute, du monde spirituel tient à son abstraction. Verlaine préconisait de rechercher « la musique avant toute chose » (« Art poétique ») dans la poésie, comme si elle seule pouvait traduire fidèlement les moindres mouvements de l'être. Verlaine et Laforgue ont été considérés par leurs contemporains comme des « mélodistes ». Baudelaire, avec son système de « correspondances », avait pressenti la puissance évocatrice de la musique, qui parle, plus directement que le langage, à l'âme.

La versification doit se plier alors aux exigences de la sensibilité artistique. C'est pourquoi les symbolistes tentent de trouver des formes mieux adaptées à leur projet. Si Baudelaire continue à respecter l'alexandrin par exemple, Verlaine rend fréquent l'usage du vers impair et Rimbaud donne au vers libre sa dimension accomplie. Bien plus, la prose elle-même épouse des rythmes marqués, comme dans le théâtre de Maeterlinck. Les écrivains symbolistes ont donc recherché une savante combinatoire des sons et du sens. Ils se sont affranchis partiellement de règles parfois si contraignantes qu'elles appauvrissaient l'authenticité de l'expression.

Mais il ne faudrait pas voir dans le symbolisme un simple mouvement formel : ses adeptes ont, à la suite de Baudelaire, accordé une place de choix à la sensualité, à la fois psychologique et artistique, et porté à son comble le plaisir de créer.

Définitions
pour le commentaire de texte

baroque *(adj.) :* renvoie à un style qui s'est développé aux XVIe, XVIIe et XVIIIe siècles, d'abord dans l'architecture, et caractérisé par la liberté des formes et la profusion des ornements.

cénacle *(n.m.) :* le cénacle est, à l'origine, la salle où le Christ prit son dernier repas avec ses disciples. Au XIXe siècle, le mot désigne la réunion d'artistes partageant les mêmes idées. Ex. : le Cénacle (romantique) qui se réunit chez Hugo.

césure *(n.f.) :* pause métrique à l'intérieur d'un vers après une syllabe accentuée. Dans l'alexandrin, la césure se place après la sixième syllabe. Ex. : « Le froid scintillement / de ta pâle clarté » (*Hérodiade,* Mallarmé).

champ lexical : ensemble de mots qui renvoient à une même notion. Ex. : le champ lexical de la mer est riche dans « Méditation grisâtre » de Laforgue.

dandysme *(n.m.) :* ensemble de manières raffinées propres à certaines personnes dont l'élégance physique ou morale relève d'un non-conformisme étudié.

darwinisme *(n.m.) :* théorie élaborée par Darwin (1809-1882) dans *De l'origine des espèces* (1859), selon laquelle les espèces naturelles découlent les unes des autres, évoluent et disparaissent, suivant les lois de la sélection naturelle.

déterminisme *(n.m.) :* théorie selon laquelle les conditions d'existence de tous les phénomènes de l'Univers sont fixées de manière absolue, si bien que, ces conditions étant posées, les phénomènes se produisent nécessairement.

didascalie *(n.f.)* : indication de mise en scène donnée par l'auteur d'une pièce.

discours direct / indirect : le discours direct est rapporté tel qu'il a été prononcé ; il suppose l'emploi de guillemets. Le discours indirect est intégré à la narration ; il est introduit par une locution du type « il dit que... », « il pense que... », etc. Ex. : *Madame Bovary,* Flaubert (l.18 à 23, p. 178).

dramaturge *(n.m.)* : écrivain de pièces de théâtre.

épique *(adj.)* : se dit du style grandiose de l'épopée. Ex. : *la Légende des siècles,* de Hugo, est un recueil de style épique.

épopée *(n.f.)* : l'épopée est un long poème où la légende se mêle à l'Histoire, et qui célèbre un héros ou un grand fait.

ésotérisme *(n.m.)* : doctrine suivant laquelle certaines connaissances (comme l'alchimie ou la magie) ne doivent pas être vulgarisées mais communiquées seulement à un petit nombre de disciples.

évolutionnisme *(n.m.)* : théorie philosophique issue des travaux du naturaliste Darwin (1809-1882) et fondée sur l'idée d'évolution, de transformation progressive d'une espèce vivante aboutissant à la constitution d'une nouvelle espèce (voir aussi « darwinisme »).

exotisme *(n.m.)* : caractère de ce qui n'appartient pas à la civilisation de référence et, notamment, de ce qui est apporté de pays lointains. Ex. : *le Rêve du jaguar* manifeste un goût pour l'exotisme de la part de Leconte de Lisle.

exposition (scène d') : partie initiale d'une œuvre dramatique, où l'auteur fait connaître les circonstances et les personnages de l'action, ainsi que les principaux faits qui ont précédé et préparé cette action.

fantastique *(n.m. et adj.)* : genre qui caractérise des œuvres où le quotidien est envahi par des phénomènes insolites que ne peut s'expliquer celui qui les rapporte. Ex. : *le Pied de momie,* de Gautier, est une nouvelle fantastique.

ironie *(n.f.)* : manière de se moquer (de quelqu'un ou de quelque chose) en disant le contraire de ce qu'on veut faire entendre.

lyrique *(adj.)* : renvoyait initialement à toute poésie destinée à être chantée puis s'est appliqué à la poésie qui exprime des sentiments intimes, au moyen de rythmes, d'images propres à communiquer au lecteur l'émotion du poète. Ex. : *le Lac,* de Lamartine.

métaphore *(n.f.)* : procédé qui consiste à opérer un transfert de sens par comparaison, mais sans terme explicite de comparaison. Ex. : la métaphore de l'orage dans « Les faux beaux jours ont lui... », de Verlaine.

métaphysique *(n.f.)* : recherche ayant pour objet la connaissance de l'être absolu (Dieu), des causes de l'univers et des principes de la conscience et de la connaissance.

métrique *(n.f.)* : en poésie, étude de l'emploi des mètres, c'est-à-dire des types de vers déterminés par le nombre de syllabes et la coupe.

mysticisme *(n.m.)* : 1. Ensemble des croyances et des pratiques se donnant pour objet une union intime de l'homme et du principe de l'être (divinité, etc.). 2. Doctrine philosophique faisant une part prédominante au sentiment, à l'intuition plutôt qu'à la raison.

narrateur *(n.m.)* : dans le roman ou la nouvelle, le narrateur est celui qui raconte. Il peut ou non être distinct de l'auteur ou du personnage principal. Ex. : dans *la Vénus d'Ille,* de Mérimée, le narrateur est un personnage qui se présente comme l'auteur de la nouvelle.

naturalisme *(n.m.)* : doctrine littéraire qui refuse toute idéalisation du réel et insiste principalement sur les aspects qui relèvent de la nature et de ses lois. Ex. : Zola est un écrivain naturaliste.

néologisme *(n.m.)* : mot nouveau créé par un auteur à des fins généralement expressives. Ex. : « bleuités », dans « le Bateau ivre », de Rimbaud.

ode *(n.f.)* : l'ode est d'abord un chant. Puis elle désigne un poème lyrique, le plus souvent constitué de strophes symétriques.

oxymore *(n.m.)* : rapprochement de deux réalités contradictoires. Ex. : « transparence opaque » (*le Horla,* Maupassant).

pamphlet *(n.m.)* : petit livre à caractère satirique qui attaque avec violence le pouvoir établi ou l'opinion commune.

Parnasse : 1. Montagne où séjournaient les Muses, dans l'Antiquité. 2. mouvement littéraire issu de « l'Art pour l'Art » qui s'est exprimé notamment dans les trois fascicules du « Parnasse contemporain » parus en 1866, 1871 et 1876.

physiologie expérimentale : Claude Bernard (1813-1878) définit ainsi cette partie de la biologie dans son *Introduction à l'étude de la médecine expérimentale* (1865) : « la science qui a pour objet d'étudier les phénomènes des êtres vivants et de déterminer les conditions matérielles de leur manifestation ».

positivisme *(n.m.) :* théorie élaborée par Auguste Comte (1798-1857) ; est positif ce qui est imposé par l'expérience et que l'esprit doit accepter, même s'il n'en connaît pas la raison d'être.

prosodie *(n.f.) :* caractères quantitatifs (durée...) et mélodiques des sons dans la poésie. La prosodie inclut la métrique et la versification.

psaume *(n.m.) :* poème religieux de la Bible et qui sert de prière dans la liturgie juive et chrétienne ; puis, poème traduisant ou paraphrasant un psaume.

rationalisme *(n.m.) :* doctrine d'après laquelle tout ce qui existe a sa raison d'être et peut donc être considéré comme intelligible, ce qui suppose une absolue confiance en la raison.

réalisme *(n.m.) :* conception de l'art selon laquelle l'artiste ne doit pas chercher à idéaliser, à modifier le réel, mais au contraire à le représenter tel qu'il est.

rhétorique *(n.f.) :* 1. Art de bien parler. 2. Ensemble des moyens et des procédés d'expression (figures, images...).

romantisme *(n.m.) :* mouvement de libération de l'art et du moi, en réaction contre la régularité classique et le rationalisme philosophique des siècles précédents.

satire *(n.f.) :* d'abord poème en vers, puis texte en prose où l'auteur attaque les vices, les ridicules de ses contemporains.

sonnet *(n.m.) :* poème de quatorze vers en deux quatrains (strophes de quatre vers) sur deux rimes embrassées (du ype ABBA) et deux tercets (strophes de trois vers). Ex. : *Fantaisie,* de Nerval.

supranaturalisme *(n.m.)* : mouvement qui s'intéresse à tout ce qui relève d'un autre ordre que celui du quotidien, qui n'est pas explicable par des lois naturelles. Ex. : *Véra,* de Villiers de L'Isle-Adam, est une œuvre développant des thèmes supranaturalistes.

symbole *(n.m.)* : objet, être vivant ou fait naturel qui évoque, par sa forme ou sa nature, quelque chose d'abstrait ou d'absent. Ex. : « la peau de chagrin », dans le roman de Balzac, est un symbole de la destinée humaine.

symbolisme *(n.m.)* : mouvement littéraire qui, en réaction contre le naturalisme, s'efforce de fonder l'art sur une vision symbolique et spirituelle du monde.

vaudeville *(n.m.)* : pièce de théâtre mêlée de chansons et de ballets, d'un ton léger, où l'intrigue est comique et extravagante. Ex. : *Un chapeau de paille d'Italie,* de Labiche.

versification *(n.f.)* : technique de composition des vers, en poésie.

Index des auteurs

RIMBAUD, p. 315 : *Cahier de Douai, Illuminations, Lettre à Paul Demeny, Poésies.*

SAND, p. 97 : *Indiana, la Mare au diable.*

STAËL, p. 22 : *De l'Allemagne, Delphine.*

STENDHAL, p. 136 : *la Chartreuse de Parme, De l'amour, Lucien Leuwen, le Rouge et le Noir.*

VALLÈS, p. 198 : *l'Enfant, l'Insurgé.*

VERLAINE, p. 296 : *Fêtes galanes, Jadis et naguère, Poèmes saturniens, Romances sans paroles, Sagesse.*

VERNE, p. 191 : *De la Terre à la Lune, Vingt Mille Lieues sous les mers.*

VIGNY, p. 62 : *Chatterton, les Destinées.*

VILLIERS DE L'ISLE-ADAM, p. 284 : *Contes cruels, l'Ève future.*

ZOLA, p. 205 : *l'Assommoir, la Bête humaine, la Faute de l'abbé Mouret, Germinal, Nana, l'Œuvre.*

Index des œuvres

Index des thèmes

Solitude
Chateaubriand, p. 37 et 42.
Hugo, p. 77.
Laforgue, p. 327.
Lamartine, p. 59.
Verlaine, p. 302.
Vigny, p. 66.
Zola, p. 210.

Souffrance
Baudelaire, p. 274.
Hugo, p. 77.
Laforgue, p. 327.
Lamartine, p. 59.
Maupassant, p. 229.
Verlaine, p. 301 et 302.
Vigny, p. 66.
Villiers de L'Isle-Adam,
p. 288.
Zola, p. 210, 219 et 222.

Temps
Balzac, p. 158.
Baudelaire, p. 271.
Chateaubriand, p. 42 et 44.
Flaubert, p. 178.
Gautier, p. 260.

Hugo, p. 73.
Laforgue, p. 327.
Lamartine, p. 57.
Lautréamont, p. 307.
Staël, p. 23.
Villiers de L'Isle-Adam,
p. 285.

Ville
Balzac, p. 161.
Baudelaire, p. 275.
Chateaubriand, p. 44.
Hugo, p. 164 et 167.
Nerval, p. 104.
Sand, p. 98.
Stendhal, p. 147.
Vallès, p. 202.
Vigny, p. 63.
Zola, p. 210.

Voyage
Baudelaire, p. 279.
Mallarmé, p. 294.
Nerval, p. 104.
Rimbaud, p. 319.
Sand, p. 98.
Verne, p. 191.

Chronologie
historique et littéraire

Événements historiques	Œuvres
1799 : coup d'État du 18 brumaire	
	1801 : *Atala,* Chateaubriand
1802 : concordat avec le pape	1802 : *Delphine,* Mme de Staël ; *Génie du christianisme, René,* Chateaubriand
1804-1814 : premier Empire, Napoléon Ier	
1804 : Code civil	
1806 : Blocus continental ; victoire de Iéna	1806 : *Adolphe,* Benjamin Constant
	1810 : *De l'Allemagne,* Mme de Staël
1812 : campagne de Russie	
1814-1830 : Restauration	
1815 : les Cent-Jours ; défaite de Waterloo	
1815-1824 : règne de Louis XVIII	
	1820 : *Méditations poétiques,* Lamartine
1822 : lois sur la liberté individuelle et sur la presse	1822 : *Trilby ou le Lutin d'Argail,* Nodier ; *De l'amour,* Stendhal
1824-1830 : règne de Charles X	
1830 : révolution de Juillet	1830 : *Hernani,* Victor Hugo ; *Contes d'Espagne et d'Italie,* Musset ; *le Rouge et le Noir,* Stendhal ; *Cours de philosophie positive,* Comte

Événements historiques	Œuvres
	1831 : *les Feuilles d'automne, Notre-Dame de Paris,* Hugo ; *la Peau de chagrin,* Balzac
	1832 : *la Fée aux miettes,* Nodier ; *Indiana,* George Sand ; *le Colonel Chabert,* Balzac
1833 : loi Guizot sur l'enseignement primaire	1833 : *les Caprices de Marianne,* Musset
	1834 : *On ne badine pas avec l'amour,* Musset
	1835 : *Chatterton,* Vigny ; *Lorenzaccio,* Musset ; *le Père Goriot, le Lys dans la vallée,* Balzac ; *Mademoiselle de Maupin,* Théophile Gautier
	1836 : *Kean,* Dumas ; *la Confession d'un enfant du siècle,* Musset
	1837 : *la Vénus d'Ille,* Mérimée
	1838 : *Ruy Blas,* Hugo
	1839 : *la Chartreuse de Parme,* Stendhal
	1840 : *le Pied de momie,* Gautier ; *Colomba,* Mérimée
	1842 : Avant-propos de « *la Comédie humaine* », Balzac
	1842-1843 : *les Mystères de Paris,* Eugène Sue
	1843 : *Illusions perdues,* Balzac

Événements historiques	Œuvres
	1844 : *le Comte de Monte-Cristo, les Trois Mousquetaires,* Dumas
	1845 : *Carmen,* Mérimée
	1846 : *la Mare au diable, la Petite Fadette, François le Champi, les Maîtres sonneurs,* George Sand
1848 : révolution de Février	1848-1850 : publication posthume des *Mémoires d'outre-tombe,* Chateaubriand
1848-1851 : IIe République	1851 : *Voyage en Orient,* Nerval ; *Un chapeau de paille d'Italie,* Labiche
1851 : coup d'État du 2 décembre	
1852-1870 : IIe Empire, Napoléon III	1852 : *Odelettes,* Nerval ; *l'Ensorcelée,* Barbey d'Aurevilly ; *Émaux et Camées,* Gautier
	1853 : *Châtiments,* Hugo
1854-1855 : guerre de Crimée	1854 : *Sylvie,* Nerval
	1855 : *Aurélia,* Nerval
	1856 : *les Contemplations,* Hugo
	1857 : *la Vigne et la Maison,* Lamartine ; *Madame Bovary,* Flaubert ; *les Fleurs du mal,* Baudelaire
	1858 : *le Roman de la momie,* Gautier
	1860 : *le Voyage de Monsieur Perrichon,* Labiche
1861-1867 : guerre du Mexique ; guerre de Sécession aux États-Unis	

Événements historiques	Œuvres
	1862 : *les Misérables,* Hugo ; *Salammbô,* Flaubert
	1862-1878 : *Poèmes barbares,* Leconte de Lisle
	1863 : *le Peintre de la vie moderne,* Baudelaire
1864 : création de la Ire Internationale	1864 : *la Cagnotte,* Labiche ; publication posthume des *Destinées,* Vigny
	1865 : *De la Terre à la Lune,* Jules Verne
	1866 : *Poèmes saturniens,* Verlaine
	1868-1870 : *Cahier de Douai,* Rimbaud
	1869 : *les Chants de Maldoror,* Lautréamont ; *l'Éducation sentimentale,* Flaubert ; *Vingt Mille Lieues sous les mers,* Jules Verne ; *Fêtes galantes,* Verlaine
1870-1871 : guerre franco-allemande ; défaite française à Sedan et chute de l'Empire	1870-1871 : *Poésies et Correspondance,* Rimbaud
1870-1940 : IIIe République	1871 : *Hérodiade,* Mallarmé
1871 : Commune de Paris	
1873-1879 : Mac-Mahon et l'ordre moral	
	1874 : *les Diaboliques,* Barbey d'Aurevilly ; *Romances sans paroles,* Verlaine ; *Illuminations,* Rimbaud

Événements historiques	Œuvres
	1875 : *la Faute de l'abbé Mouret,* Zola
	1877 : *Un cœur simple,* Flaubert ; *l'Assommoir,* Zola
	1879 : *l'Enfant,* Vallès
	1880 : *Nana,* Zola ; *Sagesse,* Verlaine
1882-1883 : Jules Ferry et les lois scolaires	
1883 : expansion coloniale française (Afrique et Asie du Sud-Est)	1883 : *Contes de la bécasse, Une vie,* Maupassant ; *Contes cruels,* Villiers de L'Isle-Adam
1884 : lois sur les libertés syndicales	1884 : *Jadis et naguère,* Verlaine ; *À rebours,* Huysmans
1885-1889 : boulangisme	1885 : *les Complaintes,* Laforgue ; *Germinal,* Zola
	1886 : *l'Œuvre,* Zola ; *l'Insurgé,* Vallès ; *l'Ève future,* Villiers de L'Isle-Adam
	1887 : *le Horla,* Maupassant ; *Poésies,* Mallarmé
	1888 : *Pierre et Jean,* Maupassant
1889-1892 : affaire de Panamà	
	1890 : *la Bête humaine,* Zola ; *Derniers vers,* Laforgue

Événements historiques	Œuvres
1891-1893 : alliance franco-russe 1892 : création de l'Inspection du travail 1894 : condamnation d'Alfred Dreyfus	1892 : *Pelléas et Mélisande,* Maeterlinck 1905 : parution au Japon d'une anthologie des symbolistes français

Conception graphique : : Vincent Saint Garnot
Coordination éditoriale : Emmanuelle Fillion
Collaboration rédactionnelle : Cécile Botlan
Lecture-correction : Larousse
Coordination de la fabrication : Marlène Delbeken
Recherche iconographique : Nanon Gardin

Illustrations :
p. 17 : « Gilliat et la pieuvre », illustration
de Gustave Doré (1833-1883) pour *les Travailleurs
de la mer,* de Victor Hugo. Bibliothèque nationale,
Paris. Photo Larousse. Détail.

p. 131 : « les Divorceuses », caricature
d'Honoré Daumier (1808-1879). Bibliothèque
nationale, Paris. Photo Larousse. Détail.

p. 241 : *Salomé dansant,* peinture de Gustave Moreau
(1826-1898). Musée Gustave-Moreau, Paris.
Photo Giraudon. Détail.

COMPOSITION : OPTIGRAPHIC.
IMPRIMERIE HÉRISSEY. – 27000 ÉVREUX. – N° 64879.
DÉPÔT LÉGAL : MAI 1994. – N° de série Éditeur 18020.
IMPRIMÉ EN FRANCE *(Printed in France).*
871594 - mai 1994.